「アラブの春」の後の
中東はどこへ?

アラブ革命の展望を考える

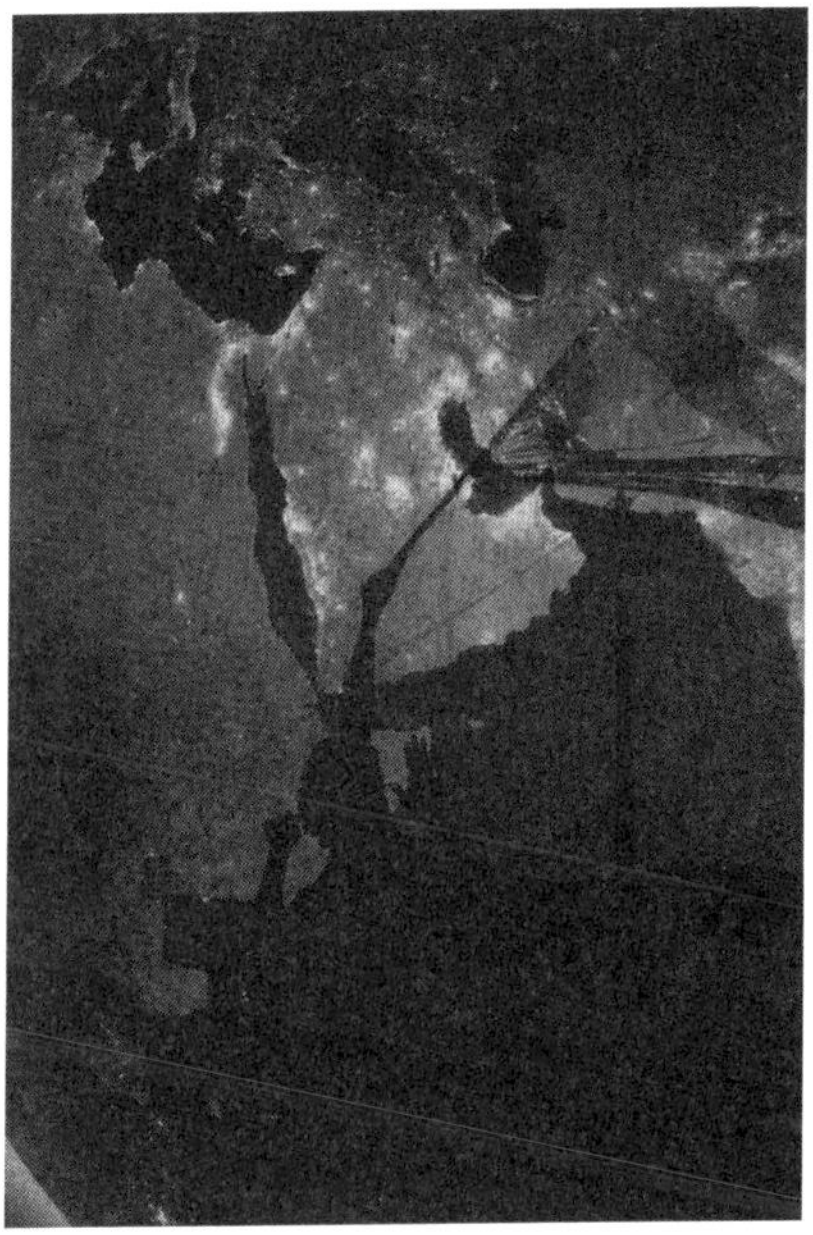

ジルベール・アシュカル
寺本勉・湯川順夫 訳

柘植書房新社

アラブ革命の展望を考える――「アラブの春」の後の中東はどこへ？　もくじ

アラブ諸国地図

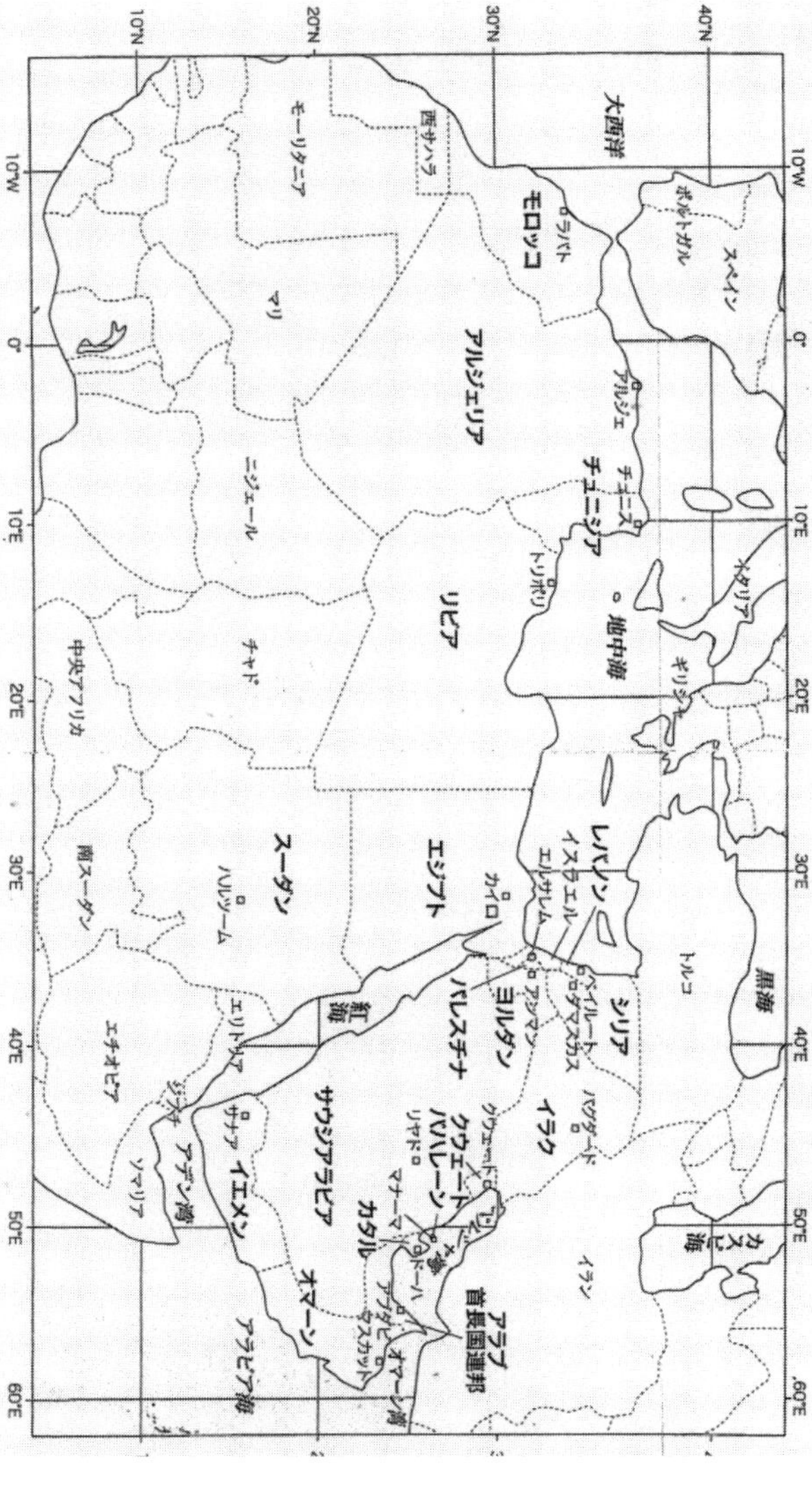

太字：本書の対象範囲

危機はまさに、古いものが死に絶えつつあるが、新しいものが生まれてくることができていないという事実にこそある：この空白の合間に、実にさまざまな病的兆候が現れる。

アントニオ・グラムシ、『獄中ノート』（一九三〇年）

この体制のおかげで、私はたちまちのうちに自分の財産を築くだろう：それから、すべての人を殺し、立ち去るだろう。

アフレッド・ジャリ、『ユビュ王』（一八九六年）

はじめに

とてもよくあることなのだが、本書はひとつの完全な本を作るという企画としてスタートしたわけではなかった。私の当初の意図は、「The People Want : A Radical Exploration of the Arab Uprising. 2013（人民は希求する：アラブの反乱に関する根本的な探求）」第二版の最新章を書くということであった。こうして、私は、二〇一二年一〇月に出版した前著を書き終えて以降に生じたその後の事態の展開についての評価を書き始めた。章としての限度を超えないようにするために、私は、鍵となる二か国——シリアとエジプト——の事態の悲劇的展開についての自らの評価に焦点を当てることにしたが、それに二〇一一年の地域反乱の舞台となったこの二カ国以外の簡単な概要を添えることにした。

当然ながら、その章は、ただでさえすでに分厚くなっていた前著への補足として収録し得る分量をはるかに超えてしまうことが、すぐにはっきりした。それで、私は、新著を出すことにした。最新の出来事の全面的な評価をおこなうために、この新著のすべてのスペースを使うことにしたのだ。前著『人民は希求する』は、内容はそのままで変えることなく今後も重版されることになる。前著は、二〇一一年にアラブ全域を巻き込み、どの地域でも消え去ることのない大変動の経済的、社会的、政治的な起源と原因を説明するためのものであり、同時に、その最初の二年間のバランスシートを含む、始まった革命の発展力学の決定要素とパラメーターを検討するためのものでもある。そうした著作として、前著を議論の対象として取り上げることができることは確かだが、前者は時代遅れにはなっていなかった。二〇一二年に私が下したいかなる診断や予測もその後の出来事とは矛盾してはいないと私は主張している。この私の主張が正しいかどうかは、読者が判断するであろう。

したがって、この新著は、『人民は希求する』の続きであるが、それと同時に、読者が前著を読んでいないかもしれないという想定にもとづいて書かれたそれ自身独立した著作でもある。そのために、私は、本書で私が論じるそれぞれのケースについて二〇一二年秋の私の評価がどのようなものであったのかを簡単に要約しておいた。その上で、前著から分析を借りてきたり――あるいは、私の述べている展開が全面的に理解できるようにするために、必要に応じてより以前の段階から分析を借りてきたりしながら――五年間の大変動を経て今後の展望がどのように考えられるかの評価を明らかにした。この新しい本が、前著同様に、時の試練に耐えられるものになることを望んでいる。だが、私の評価が悲観主義であることが進行中の出来事によって立証されることになるならば、それはそれで私にはもっとずっと喜ばしいこととなろう。

ロンドン、二〇一五年一二月二一日

謝辞

自分のイラストのひとつで本書の表紙カバーを飾ることを許してくれたアリ・フェルザートには深く感謝する。彼は、多くの賞を受け、世界で最も有名な政治風刺画家の一人になっている。彼のイラスト画は、検閲の網をかいくぐって、彼の祖国シリアにおいても、アラブ世界全域にわたっても、何十年もの間、不正義と抑圧に対して急進的な批判を提供してきた。二〇一一年、彼は、政権側の殺し屋に襲われ、打ちのめされ、腕と指を骨折した。

本書の執筆という喜びを提供してくれた、サキ・ブックス社のサラ・クリーブとスタンフォード大学のケイト・ウォールにはとりわけ感謝したい。また、本書の原稿に有益な意見を述べてくれた、わがよき友、オマル・エル・シャフェイならびにスタンフォード大学出版会の要請に応じてくれた二人の匿名の助言者にも感謝したい。

序章　革命のサイクルと季節

ああ、冬がやって来た！　多くの墓の悲嘆、
死の冷たさ、剣の大嵐、
専制の洪水、その血なまぐさい波が
信念に対峙する氷のようによどむ、魔法使いの言葉、
そして、すべての人の心を忌むべき休息の中に閉じ込める
パーシー・ビッシュ・シェリー「イスラムの反乱」（一八一八年）

「アラブの春」という言い方は、アラブの反乱が始まってから五年目の一年間を通して風刺的な意味で実に頻繁に使われた。実は、そうした風刺は地域の革命的な大変動が二〇一一年の秋になってうまくいかなくなり始めて以降、ずっと増え始めていたのだった。このことは次の事実によって促進されることとなった。すなわち、「アラブの春」とは、反乱の最初の段階にその言葉を使った人々の心の中では、状況に応じて変化し得る、春と夏の後には秋と冬が続くという終わりのない革命をめぐる一連の季節におけるひとつの局面を指し示すものではなかったのである。それはむしろ一度だけの政治的変動という意味だとみなされていたのだ。それと同じような暗喩に関連する言葉を使うならば、それはアラブ世界において長年にわたって久しく待望されていた民主主義の「開花」であるとみなされていた。この見解に従えば、アラブ語圏諸国は、遅ればせながらも、最終的には、サミュエル・ハンチントンが「民主化の第三波」――一九七〇年代に始まった一連の政治的変動――とみなしていたものに合流しつつあったということになる。[1]

民主主義への移行と革命的過程

超「現実主義者」ハンチントンの用心深い悲観論がその正しさをますます立証されているように見えていたまさにそのときに、アラブの反乱が起こったので、二〇一一年には人々の気分はそれだけよりいっそう幸福感に満ちたものとなった。一九八九年に書かれたフランシス・フクヤマの「歴史の終わり」という思い込み[2]に含まれる、楽観主義と西側勝利主義の雰囲気に反対して、ハンチントンは、自著『第三の波』で、多くの鋭い洞察力に富む潜在的要因を挙げて、「第三の揺り戻し波」と自らが呼んだものが起こる可能性があると警告した[3]。実際、アラブの大変動の前夜には、大部分の指標がまさにハンチントンの言う方向を指し示していたのだった。長年の経験をもつアメリカに本拠をおく団体「フリーダム・ハウス」によって作成された二〇〇八年度『世界の自由度年次報告』は、不安にかられてすでに次のような問いを発していた。「自由の後退──潮流が変わりつつあるのか？[4]」。この問いは間もなく悲観的な断言となった。二〇一〇年に、この同じ団体は、二〇〇九年は連続して「世界的な自由の後退が（自由の）獲得を上回った」四年目の年であった、と指摘した[5]。これは、「ほぼ四〇年になろうとする報告の歴史の中で、世界的な自由の後退が連続した最長の期間[6]」とされていた。

だから、二〇一一年の「アラブの春」が起こると、安堵のため息がもれた。それ以降、この議論は、この民主主義への大変動が「民主化の第三の波」の継続を表すものなのか、それとも揺り戻しの短い合間の後にやって来た第四の波の始まりなのか、というものに変わった。というのも、それが、フリーダム・ハウスの報告が述べているように、その年を通じてアラブ世界全体をなめ尽くした政治的反乱が、ソヴィエト共産主義の崩壊以降、強権的支配に対する最も重要な挑戦であったというだけではなく、それ以上に反乱が起きたのが「しかも、民主主義の挑戦を受ける恐れが最も少ないと思われていた地域[7]」だったからでもあった。西側の専門家は、アラブ諸国にある民主主義を受けつけないと言われているものがイスラムによるものだ、と一般に考えてきた。ハンチントン自身は、バーナード・ルイスに影響を受けた「文明の衝突」という命題を掲げるベストセラーの中で、非常に偏向した見解を述べた。この著書の中で、ハンチントンは、「イスラム文化を見れば、イスラム世界で民主主義が生まれない理由がおおよそ説明できる[8]」と断言した。

しかしながら、一九九一年にはまだ、この同じハンチントンが「一九七〇年代と一九八〇年代に全世界の各地域を次々と席巻した民主化の波は、一九九〇年代において、中東と北アフリカの政治における支配的特徴となることができるだろう[9]」と推測することができた。これは、『第三の波』の著者が、「イスラムの教義は、このように民主主義にとって受け入れられるものと、受け入れなられないものの双方の要素を含んでいる[10]」と主張して、自らのイスラム評価にまだ慎重だったからである。対照的に、彼の以前の教え子でハンチントンへの挑戦者に転じたフクヤマは、微妙な差異を気にしなかった。彼が自分の「歴史の終わり」のテーゼを展開した一九九二年の著作の中には、びっくりするほど粗雑で「オリエンタリズム」的な性格、つまり本質還元主義的な性格の「イスラム」に関する言明が見出される。そこでは、イスラムは、限定なしに「特定の人種や民族集団の構成員にとどまらず広く全世界の人々をとらえるだけの潜在的な魅力をもっている。しかもこの宗教は、イスラム世界の各地でリベラルな民主主義を現実に打ち破り、……直接にその政治的影響力が及ばない国にとっても自由主義に対する重大な脅威となってきた」し、「まさに自由主義や共産主義のような体系的で首尾一貫したイデオロギー[11]」であると言われている。

しかしながら、この著者は、「この宗教は、結局のところイスラム文化圏以外の地域では実質的な影響力を持ち合わせていないのである」「長い目でみればむしろイスラム世界のほうが、自由主義の理念に膝を屈しつつあるように思えるのであって、その逆ではないのである(12)」という事実の中に慰めを見出そうとしたのだった。

二〇〇一年九月一一日の攻撃の直後、フクヤマはさらに議論を推し進めた。彼は、遠慮なくこう述べた。「ムスリム社会は近代的なものにとくに強い抵抗を示している。これは近年、圧倒的な力を示しているイスラム教、少なくともイスラム原理主義的な見方の力によるものだと思われる(13)」。彼は、ムスリムのなかのごくわずかな少数派が「テロリズム」を支持しているとする「政治的に正しい」見解を捨てている。ここでは、この放棄が、イスラム憎悪の決まり文句の中でよりあけすけになっているのだ。

東西の政治家たちが九・一一以降に提起してきた回答は、テロリストに共感する人々がムスリムの中のごくわずかな少数派であり、イスラムの人々の圧倒的多数は生起したことに愕然としているのであり、圧倒的多数の人々にとってはこのように言って集団としてのムスリムが憎悪の対象になることを防ぐことが重要なのである、というものだった。問題は、アメリカ嫌いとアメリカ憎悪ならびにそうしたことを表現する感情の方がそうした配慮よりもずっと広範に広がっているということである。

確かに、進んで自爆攻撃の使命を引き受け、反米の共謀に加わる人々はごくわずかである。だが、即時的反応としては、崩壊するタワービルディングを見てまずは悪意に満ちた喜びにひたり、アメリカがそれに値するものになりつつありことに満足感を覚え、その後に形ばかりのこのような行為を承認するものではないと言ってみせることの中に、それに対する共感が明白になっているのかもしれない。この基準からすると、テロリストへの共感は、ムスリムの中の「ごくわずかな少数派」であるというよりはムスリム特有のものなのだ。こうした共感はエジプトのような諸国の中産階級から西側世界における移民にまで広がっている。(14)

アラブの反乱によって、他の多くの人々と同様にフクヤマも、ムスリムに対するあの本質還元主義的で蔑視的な見方を逆転させた。彼は、自分自身がこれまで何年間にわたって書いてきたことをまるで否認するかのように、突然、二〇一一年三月には、声高にこう主張した。「中東におけるこの変化は、信じられないほど急速であって、アラブ文化の考えられている受動性や近代化へのイスラムの抵抗に関する古くからの真理よりもこの変化の方がさしあたって勝っている(15)」。それから二か月後のラジオのインタビューの中で、彼はもう一度、自分自身の以前の見解を取り消したかのように思えた。しかしながら、そのことは認めないまま、代わりにむしろ世界に関する自分の最初の楽観的見方の正しさが立証されたのだと自慢するほうを選んだのだった。

一九七〇年代に始まり、八〇年代と九〇年代にわたって続いた全世界的な民主主義の復活に加わっていない世界の一つの地域は、中東だった。民主主義を取り入れようとしないのは文化のせいであって、アラブ文化の本質には世界のこの地域を別の異なるものにした何かがある、と多くの人々が語った。もしチュニジアの情勢とそれがエジプトや地域の他の箇所に広がった有様を見るならば、この地域の人々が自らの尊厳を尊重しない強権的政府を、東欧やラテン・アメリカやインドや世界のその他の地域の人々に劣らず嫌っていることは明らかだ。基本的な政治的権利を与えることによって自分たちを尊重するような国に住みたいという基本的な衝動こそが、実のところ普遍的なのである。[16]

私が以上のようにフクヤマの主張を引用したからと言って、われわれが今論じている問題についての彼の考え方が重要であると私が評価しているなどと誤解してはならない。彼の発言が重要なのはむしろ、一九八九年以来、西側の主流となる時代精神を表現することに彼がとりわけ成功をおさめてきたという事実のためである。いま示した同じような無邪気な見解が、二〇一一年の最初の数か月間には無数の西側のコメンテーターによって数え切れないほど何度も語られた。西側の学術界もまた、この大合唱に加わった。「アラブの例外主義」に関する理論がひろく「再び取り上げられる」[17]一方で、「民主化理論」と「民主主義への移行」に関する研究分野は重大な混乱期に入った。

しかしながら、真実は、アラブの反乱が「民主主義への移行」ではないということなのである。

それは単なる「民主主義への移行」でもなかったし、「民主主義への移行」が主要でさえなかった。たとえ、一見したところ、問題となっている一連の出来事が次々に出現したその結果が、部分的に、あるいは全体として、「民主化」と決めつけられるものであるとしても、「民主主義への移行」説が、単なる政治の変化にすぎないものからあらゆるものを含む変化に至るまで、根本的に異なるさまざまな情勢に無差別に適用されると、それは弱点を抱えた皮相な欠陥概念となってしまう。一方においては、南ヨーロッパ、ラテン・アメリカ、東アジアで生じた過程に見られるように、政治体制が、ブルジョア的な自由主義体制を実際に必要とし、それを生み出すような持続的な社会・経済的な資本主義的発展へと適応していくという過程が存在する。他方において、東ヨーロッパで起こったように、発展が妨げられる状態が長く続いた後に、社会・経済体制全体を覆す全面的な社会・政治革命が起こる過程があった。この両者の過程の間には途方もなく大きな質的相違が存在する。

それにもかかわらず、東ヨーロッパのこの事態は、国家官僚体制から市場資本主義へとこの地域全体の社会・経済体制の変化をもたらしたのだが、世界は、概して東ヨーロッパにおける「共産主義」官僚体制の転覆が起こった時にそれがきわめて円滑に進行したことにあぜんとした。ある種の「政治学」はこうした「全体主義」的体制が「転覆不可能だ」と数十年にわたって決めつけていた。東ヨーロッパ「共産主義」の転覆は、その後に起こっただけに、それだけより大きな驚きが走ったのだった[18]。こうして、まるでベルリンの壁の崩壊を皮切りに始まったのと同様のドミノ効果によって、今度はアラブの体制が崩壊しようとしているかのように見えたとき、「一九八九年革命」の消え去らない記憶によって、専門家も運動の担い手もともに、「アラブの春」が短期で「平和的」なものになるだろうと当初信じたのだった。エジプトで、そしてシリアでも同様に、期待に満ちたデモ参加者たちは「平和的に、平和的に！」（シリミーヤ！）と叫んだ。バラク・オバマは、ホスニ・ムバラクの失脚に当たっての自らの短い、高揚感あふれる演説の中で、マーチン・ルーサー・キング牧師の言葉と並んで、このスローガンを引用した。(19)

しかしながら、残念なことに、あらゆる希望的観測にもかかわらず、一九八九年の相対的な円滑さについてのうれしい驚きが二〇一一年に繰り返されることはなかった。苦い失望が間もなく支配することとなった。一九八九年以前の東ヨーロッパと同様に、だが、それよりも長期間のさらに先鋭な緊張を抱えながら、アラブ地域は長引く経済発展の閉塞状態を経験してきていたが、それはより悲惨な社会的結果を招くことになった。(20) その見地からすると、二〇一一年にアラブ地域で開始された反乱は、地域の全社会・経済体制を打倒する全面的な社会革命の焦眉の必要性を実は示していたのだった。理想を言えば、これは徹底した民主主義的な政治変革を果たそうとするものであっただろう。しかしながら、決定的な質的相違のために、アラブの反乱は、東ヨーロッパの変革の大部分を特徴づける（一九八九年のチェコスロバキアの革命がそう呼ばれた）「ベルベット革命」のパターンを再現することはできなかった。そして、その決定的な要因は宗教的なものでも文化的なものでもなかった。

この事態の核心点は、東ヨーロッパを支配する国家システムが、この地域が資産階級によってではなくて、党と国家の官僚、すなわち役人や公務員によって支配されていたという点で、歴史的に例外的であったということである。これらの官僚の圧倒的多数は――とりわけピラミッド型階層の下層では――市場資本主義の下で自分たちのこれまでの職をそのまま維持したり、新しい職を見つけ出したりすることや自らの購買力を向上させることとすら思い描くことができた。他方、上部階層に属する官僚のかなり多くの部分は、経済の民営化を利用して資本家的経営者へと自らを転身させるよう企てることができた[21]。だからこそ、大部分の専門家にとって驚くべき円滑さで社会・経済体制が覆されたのである。しかしながら、その円滑さを政治的民主化と混同すべきではない。東ヨーロッパ地域全体における民主化の不均衡は、複雑な一連の国内的、国際的諸要因によって決定される[22]。

それとは反対に、二〇一一年以前のアラブ地域は、縁故資本主義（クローニー・キャピタリズム）という全般的な経済的環境において、家産制的国家が優勢であることによって特徴づけられていた。これは、「ネオ家産的」体制――この概念が、縁故主義と腐敗がアラブ諸国の政府の内在的な病ではなくて、そうした縁故主義や腐敗を国家の根本的な変革なしに治癒できるのであって、「よい政府」がそれに取って代わることができるとする見解と結びつけられると、「政治学」や国際機関のマントラ的呪文になってしまう――ではなくて、それが王政であるか「共和制」であるかにかかわりなく、まさに本当に、家産制的国家なのである。言い換えれば、アラブの国家は、近代的ブルジョア国家というよりもむしろ、往時のヨーロッパ絶対主義、つまりより厳密な歴史的意味でのアンシャン・レジーム（旧体制）とより多くの共通性をもっている国家である。[23]

そのような家産制的国家――アラブの王国八か国および二〇一一年以前のリビアとシリア――では、支配的一族がどうみても国家をほとんど「所有」している。一族は自分たちの支配を維持するために近衛兵の最後の一兵まで戦う。確かに、発展途上国の多数の国家と同様に、二〇一一年以前のアラブ地域におけるそれ以外の政権の大部分にネオ家産的だという烙印を押すことはできた。しかし、あからさまな家産制的国家がこの地域で支配的であるという事実は、アラブ諸国家の中で広く共通しているその金利生活的性格とともに、アラブのネオ家産制的国家それ自身の中で、三者が相互に結びついた深く腐敗的な「権力エリート」の発展を誘発した。それは、軍事機構、政治制度、政治的決意をもつ資本家階級（国家ブルジョアジー）によって構成される三者が相互に結びついた「権力のトライアングル」であり、三者すべてが、自分たちの特権と利益の主要な源泉である国家権力への自らのアクセスを防衛することに必死になっている。[24]

こうした諸条件の下では、アラブ地域において東ヨーロッパ型の比較的平和的な根本的な変革の再来を期待するのは、まったくの勘違いであった。だからこそ、私は、この地域が、数年間の、あるいは数十年間にわたって進行する長期にわたる革命の過程を開始しつつある、と当初から主張したのだった。その一方で、「すでに大変動を経験した諸国でも、それを経験していない他の諸国でも、革命と反革命の新たな新たな出来事が次々と生起してくる」と予測したのもそうした理由からであった。[25] イエメンにおけるサーレハ大統領の見せかけ的権限移譲は言うに及ばず、チュニジアとエジプトにける氷山の一角の崩壊——ベン・アリのジェッダへの飛行機での逃亡とエジプト軍事革命評議会によるムバラクの「辞任」宣言——は、鉄のカーテンの東側における民衆による社会・経済的な「共産主義」体制全体の打倒に匹敵するようなものではまったくなかった。リビアは、二〇一一年に国家がそっくりそのまま解体してしまった唯一のアラブの国であった。しかしながら、数十年にわたって「分断支配」と政治的自由の抑圧が続き、カリギュラのような独裁者の極端な政治的移り気によっていかなる安定的な政治的制度の形成も排除されてきたこともあって、新しい社会的・政治的体制への円滑な移行がほとんどありえないことになってしまった。今日この国では、平和的な根本的変革は、緊張が支配する地域の環境の中では、よりいっそうありえないものとなっている。

一つの革命、二つの反革命

情勢は、アラブ地域独特の明確なもうひとつの特徴によってかなり複雑になった。この特徴は、ムスリムが多数派住民である他の諸国においても、その度合いは異なるが共通している。反乱に先立つ数十年間、この地域は、イスラム原理主義運動という形を取った現地の体制に対する大衆的な反抗を経験してきた。この運動の深い反動的な性格は、「アラブの春」の進歩的目標のものさしで測ると、最も顕著なものとなる。[26] 反動的体制に対するこの反動的なオルタナティブ——この抑圧的あり方は宗教的性格に力点をおくという点においてのみ反動的体制と異なるにすぎない——は、ひとつの国家によってではなくて、三か国の産油国によって育成され、資金を提供され、奨励されている。サウジ王国、カタール首長国、イラン「イスラム共和国」という三か国がいずれも、保守的なスーフィズムやムスリム同胞団からホメイニ主義、偏狭な「ジハード主義」に至るまでのイスラム原理主義のありとあらゆる潮流にまたがるさまざまな運動集団への支援を競い合っている。これら三か国——宗教をベースにした地域の専制体制のかなめであって、ひとつは西側とつながり、もう一つは西側に反対し、三つめ（カタール）は二〇一一年以前には、対立する両者を前にして日和見主義的な立場を取っていた——は、別々に戦略を練り上げて、アラブの反乱で出現した急進的な、進歩的な、解放へと向かう可能性が象徴する悪魔たちを一掃しようとした。

サウジの支配者たちは、アラブ・ナショナリズムの急激な高まり——一九五〇年代と一九六〇年代においてそれは左に向かって急進化した——以降、アラブの政治の中で自らが果たしてきたその役割を引き続き遂行した。すなわち、西側が後押しする反撃を推進するための地域の主要拠点としての役割である。この支配層は、リビア、シリア、イエメンを除く地域の旧政権を積極的に支援した。イエメンでは、サウジの支配者たちは、大統領の陣営と支配的野党勢力の陣営という二つの反動的陣営の間の妥協のための仲介人として行動した。リビアでは、サウジの支配者たちは、得体の知れないムアンマル・カダフィーの追放を長年にわたって望んできたし、「革命的である」と自称した数十年間の全体主義的支配の後に、はっきりと認められるような進歩的反対勢力が存在しない中で、カダフィーが保守的なムスリムに円滑に取って代わられることを期待した。それでも、サウジの支配者たちは、二〇一一年にNATOとともにリビアに軍事介入することを拒否した。「政権の変更」に加担することに自分たちの気が進まなかったのと、リビア内の反乱の後押しをするカタールの役割に不安を抱いたためである。シリアでは、大部分が自分たちと同じスンニ派である反政府勢力に反対して、アラウィト・バッシャール・アル・アサドを支持するなどということは問題外だった。それは、スンニ派の中で自身が属している熱烈なワッハーブ・イデオロギーとも、そしてまたこのイデオロギーを王国内で育んでいる強力な宗教的機構とも衝突することになるからである。しかしながら、地域全体を見渡してみても、サウジの支配者たちは、最も保守的なイスラムの運動、とりわけサラフィー主義派（スンニ派の厳格派）と一貫して接触を試みており、そうした運動への資金提供を増やし、これらの運動による既存の体制への支持を奨励するか、あるいは逆に、リビア、シリア、イエメンでは、そしてまたモルシ大統領統治下のエジプトでも、いかなる進歩派勢力も劣勢になるよう、反政府派の中の反動的翼を強化しようとした。

カタールの首長は、トルコのレジェップ・タイイップ・エルドアンと同盟して、これら三国すべてとワシントンの利益のためにアラブの反乱を取り込もうとして、その地域組織を長年にわたって支援してきたムスリム同胞団に賭けたのだった[27]。しかしながらそうは言っても、ドーハもアンカラも、アルカイダやアブ・バクル・アル・バクダディの「イスラム国」にまで及ぶスンニ派原理主義者のより過激な一団との間に、公然たる連絡チャンネルを維持し、時々に応じて便宜を提供するという関係を持つことをためらわなかった[28]。ではイランはと言えば、アラブの春の最初の数週間の時期にカタールやトルコに同調して反応した後、シリアの民衆的な反政府勢力が今度は地域の反乱に加わるようになると、その主要な関心がすぐさま、この反政府勢力に反対してバッシャール・アル・アサド政権を支えることに向けられるようになった。イランの支配者たちは、わずか二年前の二〇〇九年に自分たち自身が民主主義を求める民衆の運動に直面し、それを粉砕したばかりだっただけに、よりいっそう断固としてアサド政権による弾圧の大義名分を支持した。テヘランは、アサド政権を支援して、イラクとレバノンにおけるシーア派原理主義の追随者や支持者を動員した。同じ宗教的論理に導かれて、テヘランは、二〇一四年に始まったイエメン内戦において、イランのフーシ派支持者たちが同盟関係を結んだサーレハ前大統領の陣営を支援した。その結果、テヘランは、結局のところ「アラブの春」の攻撃対象となってきたアラブ六か国の支配者のうちの二つの国の支配者の側に組みすることになった。

地域のこの非常に複雑な政治的編成のために、アラブの革命的危機の発展は実に複雑で入り組んだものとなった。これに比べると、歴史上のそれ以外の大部分の革命的激動はむしろ複雑でないように見える。それは、直接的でない場合でも潜在的に三つ巴の闘争を生み出した。これは、歴史上の大部分の革命的激動におけるような革命と反革命という二項対立ではなくて、一方におけるひとつの革命的極ともう一方における二つの相互に対立し合う反革命陣営との間の三つ巴の対立なのである。後者は、地域の旧体制とそれに対する反動的な対立勢力であって、この二つはともに「アラブの春」という解放を目指す願望に同じく敵対している。[29]

この複雑さを知っていたなら誰であれ、アラブの反乱が短期で平和的なものになるかもしれないなどという幻想をけっして抱かなかったであろう。この地域では、革命的極を組織的に体現するほど十分に強力で、アラブ諸都市の広場で表明された「人民の意思」に沿った社会・政治的変革を政治的に指導する能力をもつ組織的に十分に強力な勢力が存在していない。そうした中では、二つの反革命的陣営の間の二項対立的な衝突が、革命的極を背後に追いやることによって、支配的になってしまった。このようにして作り出された情勢は、危険な可能性をはらんでいた。それは、旧体制が強固に推し進める抑圧の巻き返し、あるいは残虐な暴力への転落という二つの恐ろしい結果によって象徴されていた。この二つの結末のうちのどちらになっても、もう一方の可能性を醸成することになるのである。私は二〇一二年の著作『人民は希求する』をひとつの「予言」で結んだ。この「予言」とは、わが友、故ダニエル・ベンサイドが強調したように、どうなるだろうとただ言うのではなくて、彼が戦略的対話の特質をなすものとして述べていた「もしこうなれば」、起こるかもしれないことを知らせるという意味である。[30]前著の時点で私はこう警告した。「地域の政治的軌跡において、過去数十年間の反動的展開を消し去り、十分に民主主義的な基礎の上に進歩的な社会プロジェクトを復活させることができるような根本的な転換が起こらないならば、地域全体が野蛮に陥るという危険がある」[31]。

はたせるかな、実際には、地域の政治的軌跡の根本的で持続的な転換は起こらなかった。そうした転換は、組織的で断固とした進歩的大衆の指導部が登場した結果としてはじめて生まれ得たからである。そうした中で「アラブの春」の陶酔感は間もなく、「アラブの冬」とほとんど断定的に呼ばれるようなものの暗黒に飲み込まれてしまった。実際、各国が地域の革命的波に合流するのが遅くなればなるほど、この激動の最初の結末はそれだけ残虐なものとなった。もちろん、そこには「雪だるま式拡大」の論理という単純な論理が働いている。それは、ハンチントンが確認したようなやり方で、アラビア語圏の全体に反乱を拡大する上で中心的な役割を果たした。ハンチントンは、「民主化の第三の波」を論じる際に、「他の諸国では体制変革の継続的な試みのためのモデルを提供する、新たな国際的コミュニケーション手段によって高められたデモンストレーション効果」として「雪だるま式拡大」を定義した[32]。

しかしながら、これも予測できたことなのだが、「まだ」権力の座にいた政権も、この同じ「デモンストレーション効果」からの教訓を導き出した。地域の既存の諸政権が遅ればせの改革の約束を打ち出したにもかかわらず、ベン・アリとムバラクは失脚してしまった。地域の他の専制的支配者たちは、両者の失脚を、抗議行動に立ち上がった人々が自らの反乱の進行をりっして思いとどまることはないという事実を示すものとして受け止めたのだった。チュニジアとエジプトで抗議行動が起こり始めたとき、それを血の海に沈めようとする確固たる試みはまったく存在していなかった。[33] イエメンでは、大衆が全面的に武装していたし、国の支配的な政治的断層線がさまざまな武装勢力を貫いて走っていた。この二つの事実からすると、もし抗議行動に立ち上がった人々に対する軍隊による全面的な攻撃がなされていたとすれば、内戦に突入していただろうということを意味した。この内戦の結果は、その当時のサーレハ大統領にとっては、彼が望んでいた政治的マヌーバーを通じて達成したいと望んでいたものに比べてより高価なものになるように思われた。バーレーンでは、サウジアラビア王国や他の湾岸首長諸国の軍隊の介入による国家の容赦のない弾圧に直面して、反乱側は自分たちの自衛を組織することを思いとどまった。

　しかしながら、リビアとシリアでは、反乱に対する弾圧は、最初から他のどの四か国よりもはるかにずっとむごたらしいものとなった。この事実は両政権の世襲的性格ならびにいかなる実質的な妥協も――自らの甲冑のいかなるほころびも――自らの終わりを意味するだろうというその正しい確信と直接に関係していた。しかも、バーレーンの王政とは違って、「ジャマーヒリーヤ」（「民衆の国家」という意味）であると見せかけていたリビアの「ジュムルキーヤ」（「王政」と「共和制」とを組み合わせたアラブでは広く知られた新造語）は、地域レベルであれ国際的レベルであれ、国外のいかなる権力からも積極的な支援を受けていなかった。カダフィーは常軌を逸した異端者だったので、影響力ある国はどの国であろうと進んで彼を支援することはなかった。他方、リビアの反政府派は十分に安心できるほど保守的なように思えたので、ＮＡＴＯとカタール、アラブ首長国連邦、ヨルダンというアラブの三つの王国との同盟からすると、カダフォー軍に対する軍事介入は、反乱による解放の潜在的可能性を一掃するために、リビアの反乱を仲間にひき入れる絶好のの機会、つまり地域の反乱全体をハイジャックしようとする試みの絶好の機会になるとみなされていた。シリアの反政府派は次のように信じ込んでいた。すなわち、国連がゴーサインを出したカダフィーに反対する外国軍隊の軍事介入は、シリアの政権側が全面的な力に訴えることを断念させることになるだろう。また、まさにエジプトの軍部がムバラクを排除したのと同じように、政権の一部に対して、リビアで勃発したのと同様の戦争のリスクを負うよりはアサドを排除する方がいいと思わせるかもしれない。

部分的には西側の支援のおかげであるリビアの反乱の持続、二〇一一年八月の首都トリポリでの蜂起の成功、反乱がリビア国家機構の崩壊をもたらしたそのテンポの速さ――これはNATO自身にも驚きだった――、一〇月になってからのカダフィー自身の死亡、これらすべてはシリアの反乱を活気づける強力な役割を果たした。だが、カダフィー一族とその徒党の最後の運命は、アサド一族とその徒党たちにとってもそれが自分たちの生死に関わる同じ問題であるということを確信させた。二〇一一年一一月以降、シリア政権は都市ホムスへの猛攻撃を皮切りに全面的な攻勢に打って出た。カダフィーとは違って、ロシアとイランに支援されたアサド一族は、アメリカと西側のその同盟国が、リビアでおこなったように軍事的に介入する可能性が非常に少ないということを分かっていたのだった。リビアの大失敗――アメリカの直接的な軍事介入がイラクにおけるサダム・フセインの国家の崩壊に続いてアラブ第二位の産油国の国家の完全な崩壊に終わった――はやがて、シリアでそのような失敗を繰り返すリスクをワシントンが冒さない新たな理由となっていくのである。

アサド政権の攻撃的姿勢および頼みの綱である次第にすさまじさを増していった組織的で残虐な弾圧は、シリアを内戦の道へと容赦なく引きずり込んでいき、それはたちまち、世界がルワンダの大量虐殺や中央アフリカでの悲惨な戦争以降に目撃した最大の悲劇に転化した。政権側の殺人攻撃に応じて、シリアの反乱側もその力を強め、さまざまな地域で反撃を展開し、次々と成功をおさめていった。政権は、反政府勢力に対してますます自らの基盤を失い始めた。二〇一三年の春までには、政権が疲弊しているという兆候が増大した。危急に迫られたアサド政権は緊急な支援を求めていた。その時点で、イランがレバノンとイラクにいる地域の自分たちの代弁者たちを通じて、その支援を大々的に強めた。転換点は、二〇一三年に始まったアル・クサイルへの攻撃であった。この期間中、レバノンのヒズボラ軍は、国家防衛隊と呼ばれるイランで訓練を受けた政権側の外人民兵とともに、北レバノン国境近くのこの戦略的地域の奪還において大きな役割を果たした。この時から、シリア政権とその同盟勢力は、反政府勢力に対する反攻作戦を継続しており、それはいくつかの成功をおさめた。これは、エジプト情勢の進展によって間もなく顕著になった揺り戻しの中で、地域情勢の転換を示す兆候であった。すなわち、当初の革命的局面から反革命的局面への転換であった。

この後に続く本書の二つの章は、二〇一二年一〇月末――私が前著『人民は希求する』を書き上げた時点――以降にエジプトとシリアで起きた情勢の評価を試みたものである。この二か国の軌跡は、地域の革命過程全体の運命を最も大きく左右する。この二か国以外のチュニジア、イエメン、リビアの三か国は、蜂起によって最初の勝利が勝ちとられたが、本書執筆時点までは（バーレーンを除いて）いぜんとして混乱状態にある。これら三か国については、本書の終章で簡単に論じる。本書での私の目的は、このいまではおなじみになった季節を用いた比喩的表現にぴったり当てはまる用語を用いて、新たな予測を定式化するために、「アラブの春」を「アラブの冬」へと転換させた中心的諸問題を明らかにすることである。

序章　原注

（1）Samuel Huntington, *The Third Wave: Democratization in the Late Twentieth Century*, Norman, OK: The University of Oklahoma Press, 1991. サミュエル・ハンチントン『第三の波――20世紀後半の民主化』（坪郷実・中道寿一・藪野祐三訳、三嶺書房、一九九五年一〇月）

（2）Francis Fukuyama, "The End of History", *Norman Interest*, no. 16 (Summer 1989).

（3）ハンチントンによって明らかにされた「第三の揺り戻し波」の潜在的諸要因のひとつは、「一九二九年―三〇年の全般的な国際経済の崩壊というモデル」（ハンチントン著『第三の波――20世紀後半の民主化』、二八一頁）であった。

（4）Freedom House, *Freedom in the World 2008*, Washington, DC: Freedom House, 2008, p.1.

（5）Freedom House, *Freedom in the World 2010*, Washington, DC: Freedom House, 2010, p.1.

（6）Freedom House, *Freedom in the World 2011*, Washington, DC: Freedom House, 2011.

（7）Freedom House, *Freedom in the World 2012*, Washington, DC: Freedom House, 2012, p.1.

（8）Samuel Huntington, *The Crash of Civilizations and the Remaking of World Order*, New York: Touchstone, 1997, p.29. サミュエル・ハンチントン『文明の衝突』（鈴木主税訳、集英社、一九九八年六月、三一頁）。

（9）ハンチントン『第三の波――20世紀後半の民主化』、三〇二頁。

（10）同書、二九六頁。

（11）Francis Fukuyama, *The End of History and the Last Man*, New York: Avon, 1992, p.45. フランシス・フクヤマ著『歴史の終わり』（上・下）（渡部昇一訳、三笠書房、二〇〇五年五月、【上】、九七―九八頁）。

（12）同書、九八頁。

（13）Francis Fukuyama, "History Is Still Going Our Way", *Wall Street Journal*, 5 October 2001. フランシス・フクヤマ『まだ歴史は終焉したままだ』（中山元訳、サイト「哲学クロニクル」二二〇号、二〇〇一年一〇月一九日）

（14）Ibid.

（15）Francis Fukuyama, "Is China Next?", *Wall Street Journal*, 12 March 2011. この論文は、中国の現

実に関するフクヤマの捉え方がイスラムや中東に関する彼の理解よりもずっとましだということを確認させてくれる。

(16) Rebecca D. Costa, "Acclaimed Political Scientist, Francis Fukuyama, Forecasted Arab Uprising During Clinton Years", 5 May 2011.

(17) 次のものを参照すること。Jannis Grimm, *Mapping Change in the Arab World: Insights from Transition Theory and Middle East Studies*, Berlin: Stiftung Wissenschaft und Politik, June 2013. カオス状態にある革命過程に直面した理論的混乱のよい例は、次の論文の中に見られる「強権的＝民主主義的ハイブリッド」の特別な概念を作り上げようとする説得力のない試みである。Alfred Stepan and Juan Linz, "Democratization Theory and the 'Arab Spring'", *Journal of Democracy*, vol. 24, no. 2 (April 2013), pp.15-30. 民主主義的移行理論に対する批判としては、次の二つの論文を参照すること。Jamie Allinson, "Class Forces, Transition and the Arab Uprisings: A Comparison of Tunisia, Egypt and Syria", *Democratization*, vol. 22, no. 2 (2015), pp. 294-31. Raymond Hinnebusch, "Globalizaiton, Democratizaiton and the Arab Uprising: The International Factor in MENA's Failed Democratizaion", *Democratization*, vol. 22, no. 2 (2015), pp. 335-57.

(18) こうした冷戦のテーゼについてのすぐれた論議は、以下を参照すること。Bogdan Denitch, *After the Flood: World Politics and Democracy in the the Wake of Communism*, London: Adamantine, 1992.

(19) Barack Obama, "Remarks by the President on the Egypt", Washington DC: White House, 11

February 2011. 「シリミーヤ」とはアラビア語の女性形の「平和的」を意味する言葉である（これはアラビア語で女性形である「デモンストレーション」を暗に指している）。

（20）この点は、ジルベール・アシュカル『人民は希求する』の中の二つの章で詳細に論じられている。Gilbert Achcar, *The People Want: A Radical Exploration of the Arab Uprising*, trans. G. M. Goshgarian, Lodon: Saqi, and Berkeley, CA: University of California Press, 2013.

（21）このことは一九三六年にトロツキーが正しくも予測した通りであった。「ソ連の支配的カーストがブルジョア政党によって打倒されるとするなら、現在の官僚、管理職員、技術者、企業長、党書記、特権的上層部全般の中から、すでにブルジョアに奉仕する用意のある少なからぬ連中があらわれるであろう。この場合でもむろん国家機構の粛清を必要とする。しかし、ブルジョア体制の復活に際しては、おそらく革命党の場合よりも人間の粛清は少なくてすむであろう……」。「人民大衆の攻勢が強烈であり、またそうした条件のもとで不可避的に政府機構が分解する場合には、権力者たちの抵抗は、今日想像されるよりもずっと弱いということもあるかもしれない」。Leon Trotsky, *The Revolition Betrayed: Is the Soviet Union and Where Is It Going?*, trans. Max Eastman, New York: Pathfinder, 1980, pp.253,287. レオン・トロツキー『裏切られた革命』（藤井一行訳、岩波文庫、一九九二年二月、三一六頁、三五八頁）

（22）変化の水準と発展力学の根本問題への関心の水準との区別の欠如の例は、別のやり方で比較評価を奨励するリカン・ウェイの中にも見ることができる。Lucan Way, "Comparing the Arab Revolts: The

Lessons of 1989", *Journal of Democracy*, vol.22, no. 4 (October 2011), pp. 17-27.

（23）*The People Want*, pp.77-79. を参照のこと。ステパンとリンツは『民主化説とアラブの春』の中でウェーバーの「スルタン主義体制」という用語をキーワードとして用いた。Stepan and Linz, "Democratization Theory and the 'Arab Spring'" (pp. 27-29). この用語は、オリエンタリズムに深く染まってしまっているのに加えて、多くの伝統的束縛を抱えた社会にはあまり適切ではないので、私は、『人民は希求する』の中では「自由裁量」によって特徴づけられる極度の家産制を記述するのに、ウェーバーの「スルタン主義体制」という用語を用いなかった。

（24）私は、「権力のトライアングル」という概念をC・ライト・ミルズの『パワー・エリート（上・下）』（鵜飼信成・綿貫譲治訳、東大出版会、一九五八年）から借りた。C. Wright Mills, *The Power Elite*, New York: Oxford University Press, 1956. 私の前著を参照すること。Achcar, *The People Want*, p.179.

（25）Achcar, *The People Want*, pp.17-18.

（26）二〇一一年以前のイスラム原理主義の発展に関する研究については、同書、第三章を参照すること。

（27）サウジアラビアと競合する形で一九九〇年代半ば以降に展開されたカタールの政策については前著を参照すること。*The People Want*, pp. 126-41.

（28）カタールの役割については次の二つを参照すること。Elizabeth Dickinson, "The Case Against Qatar", *Foreign Policy*, 30 September 2014. David Roberts, "Is Qatar Bringing the Nusra Front in from the Cold?", *BBC News*, 6 March 2015. トルコの役割については、次のものを参照すること。

Barney Guito, "ISIS Sees Turkey as its Ally?: Former Isramic State Member Reveals Turkish Army Cooperation", *Newsweek*, 7 November 2014; Fehim Tastekin, "Turkish Military Says MIT Shipped Weapons to al-Qaeda", *Al-Monitor*, 15 January 2015.

（29）革命的極の評価については次の中でなされている。Achcar, *The People Want*, Chapter 4.

（30）「救世主の預言は、条件付きなのだが、自信に満ちたものであろうと諦めから来たものであろうと、予告された出来事への期待ではなくて、その出来事が出現する可能性への自覚なのである。内省的な認識の下では、認識されたことが可能なことを絶えず変更していくのであり、その時間のあり方は現在であって、未来ではない。だから、預言はあらゆる政治的、戦略的な言説の象徴的姿なのである」。ダニエル・ベンサイド『時ならぬマルクス　批判的冒険の偉大さと逆境』（佐々木力・小原耕一・渡部實訳、未来社、二〇一五年一二月、九七頁）。Daniel Bensaid, *Marx for Our Time: Adventure and Misadventure of a Critique*, trans. Gregory Eliott: Verso, 2002, pp. 55-56.

（31）Achcar, *The People Want*, p.290.

（32）ハンチントン『第三の波――20世紀後半の民主化』、九八頁～一〇一頁。

（33）二〇一一年に民衆の反乱を経験した六か国――チュニジア、エジプト、イエメン、バーレーン、リビア、シリア――のそれぞれ異なる結末は、アシュカルの前著で説明され、評価されている。Achcar, *The People Want*, Chapter 5.

第一章　シリア：野蛮の衝突

相手の側が自制しているのに、もう一方の側が容赦なく力を行使し、それが流血を伴うことになってもそのことによってもその行使がとどめられないなら、もう一方の側が優勢になるだろう。一方の側が相手の側にそれに続くよう強制するのである。それぞれの側が相手を極端へと駆り立てることになるだろう……

カール・フォン・クラウゼヴィッツ「戦争論」（一八一六年〜一八三〇年）

前著『人民は希求する』でのシリア情勢についての私の評価は次のようなものであった。

シリアの反乱の任に耐えうるような政治的・軍事的指導部が不在なので、衝突が長引けば長引くほど、宗派的衝突の発展力学が不可避的に強まってきた。政権側の一方的で徹底的な破壊的暴力が激しさを増し、政権側の特殊部隊やシャビハ（シリア政権派のアラウィ派を中心とする民兵グループ）によって犯された宗派的虐殺が積み重ねられてきた。これは、サウジアラビアのワッハーブ派の宗派的プロパガンダにそそのかされる形での、スンニ派戦士からの全体としては同類の反撃を引き起こしたのだった……。

シリアの武装反乱は二つの深刻な問題に直面している。第一は、政権側が顕著な軍事的優位性を有しているということである。……［この］優位性は国外からの支援――ロシアからの政治的支援と武器の提供、イランと地域におけるイランの同盟者からの資金援助、武器や戦士の提供――によって維持されている……。

ワシントンを先頭にして西側諸国は、介入を望まないとたえず宣言し続けた。西側諸国は、リビアにおいてと同じように、自分たちの武器が自分たちの利益に反する方向へと中長期的に向けられるようになるのを恐れて、戦闘員たちに武器を渡すのを拒否してきたのだ……。

（したがって）、蜂起が直面する第二の深刻な問題は資金の問題だ。……シリアの戦闘員に糧食を提供すると同時に、ひどく不足している武器を供与するためには、資金が必要である。この点で、シリア政権と戦っているすべての勢力の中で最も恵まれているのは、スンニ派原理主義グループである。サウジ政府やワッハーブ派の宗教機関から来る資金がこれらの戦闘員に届けられているからである。これらの資金のためにスンニ派原理主義グループは自由シリア軍を支持すると宣言している市民の闘士たちに対してあきらかに優位に立てることになる。このように、これらの資金は、こうしたスンニ派原理主義グループがシリアの反乱とこの国の将来を代表することになる危険を強めることになっているのである。この観点からしてもまた、シリア政権が倒れるのが早ければ早いほど、事態はましになるだろう。この政権が長く続けば続くほど、この国は野蛮に陥る危険がそれだけ大きくなるだろう(1)……。

二〇一二年秋に描かれた時点では、この予測は以下の点にもとづいていた。つまり、一方において、ロシアとイランの全面的な支援によってさらに強化されたシリア政権の軍事的優位に対抗できる勢力の不在という恐るべき力学があり、他方において、西側諸大国がシリア反政府勢力の創設者としての湾岸産油君主制諸国に依存していたということである。自由シリア軍（FSA）は、シリア国民評議会に、その後は国民評議会を継承したシリア国民連合（シリア革命・反政府諸勢力国民連合）につながるシリアの反政府派主流の武装勢力である。内戦の初期には、この勢力が戦場の反乱勢力の間では支配的であった。ワシントンは、この勢力に対して口先だけの支持以外のいかなるものも提供しなかった。ムスリム同胞団、伝統的政治家、世俗派のリベラル近代派から成るこの主流派反政府勢力がワシントンの利害と完全に一致しているにもかかわらず、ワシントンの態度はこのようなものだったのである。その後、この連合が反政府勢力の中で後退し始め、それとはライバル関係にある、二〇一一年の反乱の進歩的願望に敵対的であると同時に、西側ともイデオロギー的に相容れないイスラム原理主義勢力が有利になっていくと、ワシントンは自由シリア軍への支援を強めたが、それは実際の支援というよりも、むしろ象徴的なポーズの限度内にとどまる支援により近かった。要するに、シリア政権側の軍事的優位を抑えるために、シリアの反政府派が最も切実に必要としていたし、執拗に要請もしていた防衛のための武器の提供をバラク・オバマが一貫して拒絶し続けてきたということである。

シリア人民の見殺し

もちろん、空軍力の独占とシリア上空に対する全面的な制空権は、アサド政権に最も決定的な形で軍事的優勢をもたらしていた。政権はこの点では、より安価で殺傷力の高い（すなわち、より「費用対効果」のある）低空爆撃を安心して思うままにおこなっていた。二〇一二年以降、アサド政権はヘリコプターを次第に爆撃機として使うようになり、原始的だが大規模で無差別な殺戮・破壊兵器である「樽爆弾」[2]をヘリコプターに搭載するという手段に訴えるようになった。政権側のこの優勢をそぐために、反政府勢力は、その操作や使用に高度な軍事的能力を要する大型地対空ミサイルのような兵器を要請することはなかったし、そうすることもできなかった。反政府勢力は、米国製FIM―92スティンガー―RMPミサイルのような高性能携帯ミサイル（携帯型対空システム、MANPADSとして知られているもの）を要請した。この市場単価は、四万五千ドル未満だった。(3) トルコは、自国でもそうしたスティンガー・ミサイル装置を製造しているので、(4) MANPADSなどを湾岸諸国の資金を使って容易に提供することができたのだが、アメリカがそのような武器の引き渡しを早くから拒否していたのだった。

シリアの反乱勢力への武器の流れをコントロールするために、トルコとサウジアラビアとカタールは、二〇一二年の初めに、アメリカ軍将校が遠方から見守る秘密プロジェクトの一環として合同作戦室を設置した。

アメリカは反乱軍への支援を通信装置、兵站、諜報の分野に制限していた。しかし、米軍の将校は、反乱軍に武器と弾薬を送っている三つの国と連携してきた。毎週二、三回の出荷というテンポで反乱派に武器が流れ始めるにつれて、ペンタゴンとCIAはトルコ南部国境でその存在力を急激に高めた。

リビアからの情報筋によれば、七月、アレッポへの政権側の空爆に対抗するために、より効果的な対空ミサイルの提供を反乱派が要請し、引き渡しの噂は人々には周知のことになっていたにもかかわらず、アメリカは少なくともリビアからの少なくとも一八基のMANPADSの引き渡しを実際に差し止めたという。[5]

本書執筆時までにシリアの反政府派のすべての潮流がたいていの場合、旧式のソ連製対空兵器を保有していた。それらはシリア軍の兵器庫から奪取されたもので、肩に担いで発射できるミサイルを含んでいた。[6] 二〇一三年にはシリアの反乱グループに若干の中国製のMANPADSが提供された。それによって、反政府グループは二機のソヴィエト時代のヘリコプター（ミルMI―8）を撃墜することができた。この武勲を反乱グループははなばなしい宣伝で祝った。[7]（アメリカの禁輸措置を回避して、この引渡しは隠されて秘密裏になされたのだが、『ニューヨーク・タイムズ』は、それらの兵器がスーダン政府からカタールに売却され、それがトルコを経由して引き渡されるよう手配されたのだ、と報じている）。[8] これらはけっして最新式のMANPADSではなかったし（中国製のFIM―92に匹敵する製品は、より高度なFN―16である）、その大部分は作動しさえしなかった。[9] それでも、その戦果が依然として珍しいことであり続け、その度にそれなりに祝われたという事実それ自体は、シリアの反政府派の手にはそのような兵器が乏しいということを物語っている。

二〇一三年夏、シリア政権は、イランならびに地域におけるイランの代理人たちとともに全面的な反転攻勢を開始した。この時、情勢は、『ウォール・ストリート・ジャーナル』が引用した西側当局者の言葉で表現すれば、実際に「転換点」にさしかかっていたのだった。自由シリア軍の参謀長であるサリム・イドリス将軍は、「百発の携帯型ミサイル」が（その雑誌の言い回しによれば）「喉から手が出るほどほしい」と要請した。(10) 前年の夏からその要請がワシントンに対して行われていたのだが、そのかいもなく、それは受け入れられなかった。「しかし、反乱派に武器を供与すべきだとするデービッド・ペトラカスCIA長官とその当時のヒラリー・クリントン長官が提唱した提案は、ホワイトハウスでオバマ氏からの反対に遭遇した」(11)。シリア反政府派へのアメリカの支援の規模と政権側へのロシアの支援の規模との間のあからさまな対照的あり方を、ムハンマド・イドリス・アフマドは正しくも次のように強調している。

シリアにおける戦闘はアメリカとロシアの間の「代理戦争」なのだとしばしば語られる。シリアの反政府派というとき、その言葉の前に「アメリカに支援された」という表現がほとんどの場合に付け加えられる。（他方、政府軍という場合には、その表現に「ロシアに支援された」という言われることはそれほどない）。支援は確かなのだが、はっきりと異なった形を取っている。相互に争う者同士が受けている支援はそれぞれの後援者の性格を反映している。

ことを中途半端にしないのが常であったロシアは、シリア政権に爆撃機、武装ヘリコプター、防護服、ミサイルを提供してきた。他方、アメリカは、対空ミサイル兵器がシリアの反政府勢力に渡らないようにしようと長年にわたって試みてきた。自らが損害を受けることなくシリアを爆撃できる同盟国イスラエルの能力に影響を及ぼすことのないようにするためである。それに代わって、その支援は、夜間でも見えるゴーグルや衛星電話などの殺傷力のないものという形を取ってきた。長い時間がたってからようやく旧式のＴＯＷ対戦車ミサイルが提供されるようになったが、勝敗を変えるようなテクノロジーの引き渡しは控えているのだ。[12]

オバマ政権の態度が単なる「不介入」のひとつにすぎないものであったとすれば、それは、もうひとつの新たな軍事的冒険にアメリカが乗り出すことに反対するアメリカの世論に配慮するものであるとみなすこともできていたであろう。もっとも、直接的な軍事介入にまで至らない形のシリアの反乱へのアメリカの支援にアメリカの世論が反対するという兆候はまったくないのだが。しかし、オバマ政権は、シリア反政府勢力に対してそれが必要としていた質の高い兵器をこの地域のアメリカの同盟国が提供するのを妨げることによって、シリアの出来事に対して実に決定的な形で実際に介入したのであった。こうして、ロシアとイランがシリア政権の側に加わって介入した結果、力関係の不均衡がよりいっそう増すことになった。

シリアの穏健派反政府勢力への効果的な支援を自らが行っていないことを正当化するためにバラク・オバマが持ち出している論拠――口実とは言わないが――のひとつは、要求されている武器を操作できる必要な人材が欠如しているというものである。二〇一四年六月一九日、あるジャーナリストが次のような質問をした。「アメリカは、シリアの反政府派に対する大量の武器の提供と直接の訓練の点で立ち遅れてきた。シリアの戦争がイラクまで拡大すると、われわれが現在シリア反対派に提供したいと考えている武器と訓練のタイプについてあなたの考えは変わることになるのか？」この質問に対してアメリカ大統領は次のように主張した。

問題は、われわれがこれを深刻な問題だと考えているか否かではけっしていない。問題はいつも、イランとロシアの支援を受け、過激派よりも人数が多い無慈悲なアサド政権だけでなく、すでに入り込んでしまったかもしれない過激派に対しても、持ちこたえ阻止する能力を現地の穏健派反政府勢力が持っているのか、ということである。

だから、われわれは反政府派に一貫して援助を与えて来た。しばしばその挑戦課題とは、死活をかけた国外の当事者からの支援を受け、百戦錬磨である政権に対して、かつての農民や教師や薬剤師がいまは反対派として闘っているのならば、いかに迅速にそうした人々を訓練するかであり、いかに効率的にこうした人々を動員できるか、ということである。そして、これは挑戦課題であり続けている。(13)

同じくアメリカの支援の欠如を正当化しようとして、ジョセフ・バイデン副大統領は、二〇一四年一〇月二日、ハーバード大学においてかの有名な失言だらけの演説の中で、正反対のことを主張した。「実を言うと問題は穏健派と穏健派中産階級を見分けることのできる能力なのである。(反政府派の中に）穏健派中産階級は存在しない。なぜなら穏健派中産階級とは兵士ではなく、商店主から成り立っているからである。実際にはこの国の中産階級を一般に構成しているのは、こうした商店主なのである」[14]。だから、要するに、オバマ政府は、（1）シリアの反対派が兵士ではなく、農民や教員や薬剤師で構成されているので（オバマ）、反対派に強力な支援を行わなかったのであるとする一方、他方では、（2）反対派の中に「商店主」や「中産階級」がおらず、兵士しかいなかったので（バイデン）、反対派に対する強力な支援を行わなかった、とみなしているのである。大統領と副大統領の間の隠しようのない矛盾は、この口実の空虚さと偽りをおもわず暴露することになっている。反政府派の軍事的技能に対する信頼の欠如というよりも、シリア反政府派がアメリカの利害に必ず沿うと約束しないので、ワシントンがシリア反政府派のどの特定のグループをも真剣に支援しなかったのだ、という見方には信じるに足る一定の根拠がある。マーチン・デンプシー統合参謀本部議長は、二〇一三年八月アメリカ議会のある議員の正式の質問への回答でこう書いた。「今日のシリアについては、二つの陣営の間のどちらかを選ぶことではなくて、多くの陣営の中からひとつの陣営を選ぶということである。われわれが選ぶ陣営は、力関係がその陣営に有利になった時に、自らの利益とわれわれの利益を推進する準備ができていなければならないと私は確信している。今日、まだその準備はできていない」[15]。

　この政治的不信に歩調を合わせる形でなされているのが、悪者の手に落ちないようアメリカ製の武器を保管するという点でシリアの反政府派を信用できなかったのだという主張である。悪者とは、アルカイダなどのアメリカや西側に激しく敵対しているテロリスト・グループのことだ。

これが実際、対空兵器のシリア反政府派への供与を拒否する、そしてまたそうした武器がたとえそれがアメリカ製でなかったとしても、この地域のアメリカの同盟国が供与を拒否することを正当化するためにオバマ政府が持ち出している中心的言い訳であった。アラブにおけるリシントンの同盟国が――テヘランによるアサド政権への後援のエスカレートにがく然とし、ジュネーブ会談（シリアについての国際和平会議＝ジュネーブ2会議、二〇一四年一月～二月）での妥協に向けてモスクワがアサド政権に圧力を行使しなかったことに失望して――、新たにオバマ政府に対して、対空兵器のシリア反政府派への供与の許可を要請したが、この要請はこれまでとまったく同様に拒絶された。『ウォール・ストリート・ジャーナル』はこう報じた。

こうした試みに詳しいアラブの外交筋や何人かのシリア反政府派の人物によれば、サウジアラビアははじめて、中国製の携帯用対空ミサイル・システム＝MANPADSならびにロシア製の対戦車誘導ミサイルをシリア反政府派に提供するよう提案したという。サウジの高官とはコンタクトが取れなかったので、そこからはコメントを得てはいない。

アメリカは、これらの兵器が過激派の手に渡り、それが西側や民間航空機に向けて使われるかもしれないということを恐れて、長らく反乱軍が対空ミサイルで装備することに反対してきた。サウジは、かつてはアメリカの反対のために、そうした兵器の提供を控えていた。オバマ政権の高官は、金曜日に、アメリカがそれに反対であることは依然として変わらないと語った。「政権内部ではわれわれの見解は変わっていない[16]」と。

アラブにおけるアメリカの同盟国からの同様の圧力に直面して、ホワイトハウスは、対空ミサイル兵器のシリア反乱軍への供与という選択をきわめて慎重に検討しているという印象を与えることを目的として、情報をリークした。『タイム』は、この問題についてひとつの記事を掲載した。そこでは、それが「アラブの高官」によるものだとした上で、かつて「スティンガー・ミサイル」が一九八〇年代のアフガニスタンで果たした役割と同じように、MANPADSの導入がシリアの闘いの形勢に変化をもたらす可能性があるとする見解を紹介しながらも、こうした見解に対して、戦闘におけるそのような兵器の潜在的な影響を軽視していると反論するとともに、テロによるグローバル経済の混乱という最悪のシナリオを呈示した。「二〇〇五年度ランド研究所の研究は、民間航空機の撃墜が全世界の航空を一時的に凍結し、一五〇億ドル以上の損失を生み出すかもしれないという点を明らかにした[17]」。この論文はこう結んでいる。「ジョン・マケイン上院議員でさえ、MANPADSがヘリコプター搭載の樽爆弾に対する防御用として主として人道的用途で使われることになるだろうという点を認めているように思われる。それに、少なくとも今のところ、それだけではオバマが一五〇億ドルの悪夢というリスクにかけるだけの十分な理由ではないのである」。

そこに込められている皮肉は別として、この議論は筋が通ってすらいない。それは、口実をでっちあげるためにデマを飛ばすというあくどいやり方の例である。ワシントンに本部のある戦略シンクタンクのために研究している超党派的立場に立つ軍事・安全保障問題の著名な専門家アンソニー・コーズマンは、シリアにおけるアメリカの選択肢に関する将来的、総合的な評価の中でこう指摘した。「アメリカは今まで長い年月をかけて、MANPADSやATGMs（対戦車誘導ミサイル）のような鍵となる兵器に修正を加え、使用可能時間、操作可能地域、敵に対抗するアメリカの軍事勢力への危険性を限定しようとしてきた」[18]。ワシントンが、二〇一四年春にシリア反政権派の戦士への「少量の」BGM—71TOW対戦車ミサイルの供与にしぶしぶ同意した時、『ウォール・ストリート・ジャーナル』が引き合いに出した治安問題の専門家によれば、「対戦車ミサイルは、誰が発射可能なのかを制御する複雑な指紋識別による安全装置が装備されていた」[19]という。

それに、まるでこれまでMANPADSがテロリストの手に渡ってしまったことがなく、民間航空に対して使われたことがこれまでなかったかのようだが、そんなことはないのである。アメリカ国務省政治・軍事問題局による二〇一一年度の報告書によれば、「一九七五年以降、四〇機の民間航空機がMANPADSの攻撃を受けていて、全世界で二八回の墜落事故を引き起こし八百人以上の死者を出している……数千のMANPADSが各国政府のコントロールの及ばない状態にあると信じられている。アメリカは、アルカイダを含む多くのテロ組織がMANPADSを所有しているものと信じている」[20]というのだ。これにはさらに「MANPADSの闇市場の価格は、その型式と状態によってわずか数百ドルから一〇万ドルまでの範囲で大きく変動し得る」[21]という点も付け加えるべきだ。狂信的なテロリスト・グループのもとにあるMANPADSが深刻な脅威ではないと主張するためではなくて――それはまったく危険きわまりないのだが――、一五〇億ドルというシナリオが一五セントの価値もないことを示すために、このことを言っているのである。もしシリアの反政府派に対して操作可能性が制御できるようにプログラミングされたMANPADSが提供されていたとすれば、テロリストの潜在的な脅威はそれほど高まっていなかったであろう。

実を言うと、この世間を騒がせる論調は単に、援助への冷淡さが、何よりもアラブの非産油国民の運命に対する根深い人道的無関心に基づいているのだということを覆い隠そうとしているだけなのである。[22]バラク・オバマはシリア人民の惨禍を聴いても、悩んだりはしないだろう。数十万人のシリア人民が殺害されたり、障害を負ったりしても（何百万人もの難民は言うまでもなく）、「通常の兵器の」爆撃で殺害されるかぎりにおいては、彼の考えでは許容できることである。化学兵器の使用だけが「限界線」となった。そして、これは、それがイスラエルをはじめとするシリアに隣接する諸国を危険に陥れるかもしれないためである。「人道的支援」と化学兵器の「限界線」に関する自らの立場の原則について、二〇一二年八月、アメリカ大統領自らが言ったことが雄弁に物語っている。

われわれが言ってきたことは、第一に、われわれが人道的援助を提供しているという点をはっきりさせたいということだ。これまでのところ、確か八二〇〇万ドルだと思うが、大枚それだけの額を出してそうしてきた。そして、おそらく結局のところ少しそれをうわまわる援助になるだろう。なぜなら、騒乱から連れてきている何十万人もの難民が、挙句の果てに、騒ぎ立てたり、あるいは悲惨な状況に陥ったり、さらにシリアの隣接国を不安定化させたりしないことを確実にしたいからだ。

現時点で、私は情勢に対する軍事的関与を指示していない。しかし、化学兵器やバイオ兵器をめぐる問題が決定的なポイントとなる。これは、単にシリアだけに関係する問題ではなくて、イスラエルを含むわれわれの地域の同盟国に関係する問題である。そのことがわれわれの関心事である。化学兵器や生物兵器が無法者の手に入るような情勢をわれわれは受け入れることはできない。

われわれの立場はアサド政権に対してとても明確であるが、同時に戦場でのそれ以外の担い手に対しても同じであり、われわれにとっての限界線とは、化学兵器の移送や利用の全一連の動きの監視に着手する（かどうか）ということである。それが私の計算を変えるだろう。それが私の方程式を変えるだろう。(23)

第二に、シリア反政府派への武器提供に関するオバマ政府のことさら不安をかき立てようとする議論の基本的論調は、シリアへの介入に乗り気でない自らの中心的な政治的理由を覆い隠すためなのであった。すなわち、二〇一一年以来、私が何度も強調してきたように[24]、シリアの国家機構の大部分を残すことによって「整然とした移行」を確保し、イラクでの大失敗の二の舞を避けるという強迫観念である。この評価は、ヒラリー・ローダム・クリントンの証言によって完全に確認されている。二〇一四年の自らの言行録の中で、彼女は、「シリアにおける行動のコースをめぐって政府内で意見の相違があるにもかかわらず、シリアの国家とその制度を保全すること、とりわけ、サダム・フセインが打倒され、イラク軍とその政府が解体された後にイラクでわれわれが経験したような類の混乱を防ぐために十分な治安面のインフラを確保することが重要であるという点ではすべての人が一致していた[25]」と主張している。

その当時の国務長官であった彼女は、その点について最大限の配慮がなされるよう大いに心を砕いていたので、当時のＣＩＡ長官で、アフガニスタンおよびイラクの米軍元司令官であるデービッド・ペトラカスとともに、――彼女自身も自分で巧妙な説明を行っているが――次のように主張した。シリアの反乱軍の訓練と装備について、「その目的は政権を打倒できるような強力な部隊を作るということではなかった」のであり、むしろ、「その考え方は、アサドとその支援者たちに、軍事的勝利が不可能であることを十分に納得させることができるような現地でのわれわれの協働パートナーをわれわれにもたらすということであった[26]」。

バラク・オバマが二〇一三年八月の「化学兵器」危機に対処した時の実にさえないそのやり方の背後にも同じこの政治的理由が横たわっていたのだった。これは、オバマがそのような兵器の使用が「限界線」だと宣言してからまさに一年後のことだった。そのとき、オバマは、ダマスカス近郊のゴウタで、その日までアサド政権によって行われていた残虐きわまりない化学兵器攻撃の問題に直面した。彼は行動を遅らせて、運まかせで議会からの承認を求めた。ヒラリー・クリントンによれば、これは「ワシントンの多くの人を驚かせた」[27]。それからしばらくすると、クリントンの後任となったジョン・ケリー国務長官が、ダマスカスがその化学兵器工場を手放し、「国際社会」にそれを引き渡すという処置がなされれば、アメリカ政府は満足すると間接的だったがモスクワに公然と提案した。モスクワはただちにこの提案に飛びついたが、アサド政権もそれにならった。アサド政権は恐れおののいて、抑止力をもつ唯一のこの大量破壊兵器をすぐさま引き渡した。自分たち自身や地域の同盟国や支援者たち自身のプロパガンダによれば、ダマスカスが勇敢に「対決している」ことになっている当の相手であるイスラエルがあらゆる種類のそうした武器を大量に装備しているにもかかわらず、そうしたのである。

化学兵器攻撃に際しての全当事者の驚くべき迅速な対応の本当の理由は、アサド政権の突然の崩壊を避けたいとする共通の懸念にほかならなかった。実際、ダマスカスを拠点にしている元将校の私の通信員が私に語ってくれたところによれば、この当時、シリア政権をターゲットとする巡航ミサイルをアメリカが発射するかもしれないとする恐怖が政権の軍事機構をも巻き込むパニックの波を引き起こしていたという。オバマ政府の高官が、計画されている攻撃は限られたものになると主張した――これは爆撃に対するアメリカ国内の反対をなだめようとする試みの一環である――にもかかわらず、このようなパニックになったのである。この通信員は私に対して、もしアメリカの攻撃が行われていたとしたら、政権側の軍隊はただちに大量脱走と解体の危険に直面していたことだろう、と断言した。

バクダットの正式の承認とダマスカスからの暗黙の承認を得て、アメリカがイラクとシリアの両国にまたがる「イラクとシャームのイスラム国」（ＩＳＩＳ、これは時にはＩＳＩＬとも呼ばれる）[28]への爆撃を開始したのは、まさにこの同じ理由のためであった。これについて、アメリカはアサド政権に関連するいかなるターゲットをも攻撃しないよう特別な配慮をおこなった。そして、二〇一四年一二月、ワシントンがアメリカのコントロール下にあるシリアの「穏健派」勢力を訓練し、それに装備を提供する五億ドルの計画を開始したとき、兵士募集について定められた規定のうちの鍵となる条件は、それがＩＳＩＳに対してのみ戦うべきだ、とするものだった。当然にもこれは結局のところ茶番のような失敗で終わった。その点を二〇一五年一〇月の記者会見でバラク・オバマは率直に認めた。

訓練と装備のこの計画は、われわれがこの国の東部において穏健派の一部をＩＳＩＬに集中させることができるかどうかを見るための国防総省による特別なイニシアチブであった。そして、私はまず第一に、この計画が想定した通りにはいかなかったことを認めるものである。……そして、率直に言うならば、その原因の一部は次のようなものだった。われわれがその部隊をまさにＩＳＩＬ

への攻撃に集中させようと試みたときに、われわれが受けた反撃は、毎日欠かすことなく受けることになった政権側からの樽爆弾や攻撃であった。このような時に、どうしてわれわれがＩＳＩＬへの攻撃に集中できようか？　そんな状況だったので、西方から爆弾が自分たちに向かってやってくる時に、東方に向かうことを再び最優先させることは困難であった。[29]

シリア政権を害さないというこうしたすべての配慮の結果は、「アメリカが行動を起こすことはないと確信したアル・アサドが、化学兵器攻撃以前の二十八か月間に比べて、その後の二十八か月間で三倍の民間人を殺害した[30]」ことであった。バラク・オバマは、「通常兵器」で殺してもよいという事実上のライセンスをアサド政権に与えた。それによって、オバマは、イラクとその人民の破壊に主要な責任がある過去三代の大統領の後を引き継いで、シリアとその人民の破壊に中心的な責任を有するアメリカ大統領として歴史に残ることになるだろう。それまでの大統領との違いは、前の三人の大統領がアメリカの直接の軍事介入によってイラクを荒廃させたのに対して、オバマは、シリアの独裁政権がその独裁的統治をおもうがままにおこなうのを許すことによって、シリアの荒廃を促進したということである。

潜在的な救援可能者が自身や他人を傷つけることなく行動できるのにもかかわらず、危難にあっている人を救援しないというのは、いくつかの国で刑法にもとづく罪に問われる可能性がある。モラル的観点からして、危難のある現地のすべての人を救わないというのは、もっとずっと大きな犯罪である。実際、それは人道に対する罪への暗黙の共犯に等しい。それでもなお、この犯罪は、国際法の中にそうしたものとして記載されてはいない。国際法は、国連の安全保障理事会の常任理事国の間の合意に合致する場合の「保護の責任」（R２P）を規定しているにすぎない(31)。もちろん、ワシントンは、自らの利害がかかっているとみなす時には介入のための国連のゴーサインを待つことはない。アメリカは、国連の承認を得ることなく、一九九九年にはセルビアを爆撃し、二〇〇三年にイラクに侵攻した。その観点からすると、シリアに対するワシントンの犯罪は、イラクに対してアメリカが犯した犯罪に劣らず非難されるべきである。

シリアの災厄を作り出したもの

ジョージ・W・ブッシュとバラク・オバマの間にある対称性――ブッシュによる軍事侵攻とオバマによる支援拒否という正反対の方法で、二人は同じような結果を生み出した――は、両国が蒙った荒廃にはとどまらない。それはまた、その荒廃の恐るべき帰結の一つに関係している。ブッシュが指揮を取ったアメリカのイラク侵攻は、二〇〇六年にアルカイダが宣言した「イラク・イスラム国」（ＩＳＩ）の台頭とアラブ地域全域に同系統の組織の拡大をもたらす諸条件を作り出したが、もう一方、シリア反政府派への決定的な支援を拒絶するというオバマが下した決定は、シリアでＩＳＩが発展し、それが二〇一三年のＩＳＩＳに変異することを可能にする条件を作り出した。この後に続いたのは、翌年に一定の地域を「イスラム国」と宣言し、さらにアラブ全域やそれ以外の地域においても支部を開設するという事態だった。

バラク・オバマのシリア政策に同意できないという理由で二〇一四年二月にシリア駐在アメリカ大使を辞任したロバート・フォードは、この悲惨な成り行きの責任はアメリカ大統領にあるときわめて明確に指摘している。彼は、辞任から数か月後に『PBSニュースアワー』でのインタビューの中で、ISISに触発された二〇一五年一二月二日のサン・ベルナルディオの銃撃事件のようなアメリカ本土への将来の攻撃を予告する警告を含めて、こう語った。

現地の出来事は動いていたのであり、われわれの政策はきわめて迅速だったというわりではなかった。たえず後手にまわった。そして、そのためにわれわれは今や自国内での過激派の脅威に直面しているのだ。明らかに、われわれはフロリダ出身の若者が自爆攻撃に関与するという事態を経験したし、それに類するより多くの問題が今後起こるのではないかと私は危惧している。われわれの政策は進化していなかった。そして、結局、それが、私自身がその政策を公然と擁護することができなかった点なのだ……。

われわれは一貫して後手にまわり続けてきた。現地の出来事は、われわれの政策がそれに適応するよりももっと急速に動いている。そして、同時に、ロシアとイランが、とりわけイランが、シリア政権への支援を強めていること、着実に大規模にそれを強めていることによって、それに拍車がかかっている。

そして、その結果は、アサドが取り戻すことのできない無統治状態の地域において、われわれにとっての脅威がよりいっそう高まってきたということである。これまでもずっと必要なことだったのだが、いまわれわれに必要なことは、シリアの反政府派の中の穏健派を兵器と兵器以外の両方の面で支援することである。もしわれわれが二、三年前にそうした支援を行っていたならば、そうした支援を強めていたならば、あえて言わせてもらうと、すでに支持者を獲得しているアルカイダ・グループであっても、穏健派と競合することができていなかっただろう。しかし、穏健派は両手を背中で縛られたまま戦っていたのだった。穏健派は、アサドやシリアのアルカイダ・グループが保持しているのと同じような援助源をもっていないからである……。

そして、現地での力関係がアサドにみせかけの選挙の実施ではなく、政治的取引の交渉を強制する――私はその言葉「強制する」を正確に用いているのだが――までは、われわれは政治交渉にまで行き着くことができない。本当に、現地の情勢が鍵を握っているのだ[32]。

イラクの場合もそうだったが、ワシントンそれ自身の中で多くの当事者が、まさにロバート・フォードがしたように、この一連のこの行動の――むしろシリアのケースでは行動しないことの――不幸な結末をホワイトハウスに対してずっと警告し続けてきた。アンソニー・コーズマンは、二〇一三年に次のように書いたとき、それは的を射ていた。

シリアの穏健派反乱勢力がアサド政権に重大な脅威となっていたまさにそのときに、そして反乱の成功が絶頂に達していたそのときに、アメリカが決定的に行動しなかったために、事態はまったく改善しなかったのであり、シリアが交渉による決着へと一歩前進しなかったのである。アメリカの政策の振り子は、ブッシュ政権のイデオロギーに駆り立てられた過剰反応と愚かしい戦略的楽観主義のものから、それとは正反対の方へと振られたのだった……。

アメリカ政府が行動しなかったことが、むしろイランとヒズボラの力を、さらにまたアルカイダや過激なスンニ派勢力の力を一貫して強めることとなった。それはシリアだけでなくレバノンとイラクでも、そうである……。

アメリカがシリアに対して取った何ら行動しないという政策は、リスクを伴うことがない。……軍事レベルでのいかなる「成功」も、どのような構成になるか予測し得ない新しい政府の樹立や永続的な政治的問題という遺産、そして地域全体にわたる緊張を意味するからである。

しかしながら、何もしないということはまた、ひとつの意思決定の形なのであって、行動することの代償とリスクを誇張することもそれによる報いを受けている。アメリカはすでに地域への洪水のような武器流入を目の当たりにしているし、イランの影響力が増大し、スンニ派とシーア派／アラウィ派の過激派の強力な台頭が見られる。(33)

このポスト二〇一一年に事態が転換したのにはワシントンに責任があることは、同政権の二人の閣僚によっても同様に確認されている。もっとも、この二人は、オバマ政府を引き裂くシリアをめぐる論争で正反対の立場に立っているのだが。前国務長官のヒラリー・クリントンは、二〇一四年八月一〇日に発行された『アトランティック』誌のジェフリー・ゴールドバーグによる教訓的なインタビューの中で、シリア問題についてこう語った。

> シリアでは一七万人以上の人々が死んだ。アサドによる自国民に対する容赦ない攻撃によって作り出された空白にわれわれは直面している。この攻撃は過激派グループを育てた。そのうちの最も知られているのがＩＳＩＳ――あるいはＩＳＩＬ――であって、今やシリア国内とイラク国内で文字通りその領土を拡大しつつある……。
>
> 　われわれは、アサドに反対する最初に抗議した人々からなる信頼できる戦闘勢力――そこにはイスラム主義派、世俗派、中産階級の中のあらゆる潮流がいた――を強化することができなかった。そのことに失敗したことが大きな空白を残し、その空白をジハード戦士が埋めたということを私は承知している。
>
> 　ジハード戦士は他の勢力からしばしば無差別に兵器を提供されているが、われわれにはこの見境のない兵器提供を実際に阻止できるような手立てをわれわれはもっていなかった。[34]

この点を確認する第二の発言は、ジョセフ・バイデン副大統領によってなされた。これは二〇一四年一〇月二日のハーバード大学でなされた。すでに述べた失言ばかりの演説の中で、ヒラリー・クリントンへの反論の積りで発言したのだが、それはクリントンの主要な論拠を事実上確認することになった。

シリアにおいては地域でのわれわれの同盟国が最大の問題だった。トルコはわれわれの重要な友だった。サウジ、アラブ首長国連邦などもそうだった。これら諸国は何をしていたか？　これらの諸国はアサドを引きずり下ろすと固く決意し、スンニ派とシーア派の代理戦争を基本的にしてきた。これら諸国は何をしたか？　アサドに反対して戦うのなら誰であろうと、それに何億ドルもの資金と数万トンもの兵器を注ぎ込んだのだ――しかしながら、そうした提供を受けていたのはヌスラ戦線とイラクのアルカイダや世界の他の地域からやって来たジハード派の過激派分子だった――……。では、今何が起こっているのか？　突如として、すべての人が事態に気づいた。というのは、イラクのアルカイダであるＩＳＩＬと呼ばれるこの集団が、基本的にイラクから放り出されると、シリア東部に空白になっているスペースと地域を見出し、早くからわれわれがテロリスト集団であると宣言し続けて来たヌスラ戦線と提携したからである。しかも、われわれはそうした勢力への資源の提供をやめるようわれわれの同盟国の仲間を説得できなかったのである。(35)

半ば公然となっていたことを確認するものとして、アサド政権の支持者は、バイデンのこの発言を歓呼しながら大々的に引き合いに出すこととなった。この公然の秘密とは、トルコや王政下の産油諸国が、シリアで決起している人々の中のスンニ派原理主義勢力を支援していたという事実である。バイデン発言を引き合いに出すとき、熱心なアサド政権支持者たちは、バイデン副大統領の発言が結局のところ、シリアの反乱の始まり以降アサド支持派自身が主張し続けて来たことに対する反論となっているという事実を見落としてしまったのだ。すなわち、その主張というのは、反アサドの決起が、本質的にはアメリカに後押しされた、シリア政権に反対する反乱だ、というものであった。この政権は、アラブの熱狂的支持者からは「愛国的（ワタミ）」とみなされ、西側の「左翼」支持者からは「反帝国主義」と考えられていたのである。こうした熱心なアサド支持者は、彼らが主張したように、もしアメリカが真剣に反対派を支援していたならば、現地の情勢は全く違っていただろうという明白な真実を無視したのだった。政権は、住民虐殺や国土破壊をおこなうこともできなかっただろう。政権側は、空軍と重火器の優位性によって、何とかそうすることができたのだが、それらはロシア・イラン から供与されたものだった。

シリア情勢は結局のところ、二つの勢力の衝突の狭間に入り込んでしまったのである。一方は、イランの代弁者で宗派性をますます強めているレバノンとイラクのシーア派原理主義者に支援され、次第に残虐となった政権[36]であり、もう一方は宗派性と狂信性を強めるスンニ派原理主義者の反アサド政権の勢力である。こうした情勢を許してしまったのは実は、シリア反政府派主流に対してアメリカが初期から支援をおこなわなかったからなのである。実際、オバマ政府の主要な責任は、このように、考えられ得るあらゆる結果のうちでも最悪のものを作り出してしまったという点にある。これは、シリア人民にとってだけではなくて、アメリカ帝国主義それ自身にとっても最悪のものである。それは、イラクに対するブッシュ政府の的外れで誤った対応が、疑いなくこれまでのアメリカ帝国主義の歴史上最大の戦略上の失敗をもたらしたのと同じである。この失敗は、残念なことに、冷戦終結以降、最悪の部類に属する現在進行中の人間的悲劇につながっている。帝国主義の悲惨な破綻が、恐ろしい人間的悲劇という代償を伴いつつ生じているこのとき、真に人道主義的な反帝国主義的な観点に立つならば、人の不幸を喜ぶようなことは問題外である。

アサド政権は当初、大部分が青年からなる共闘委員会（タンシキヤット）によって指導される平和的反乱に直面した。これら青年たちは、自由、民主主義、社会的公正を求める願望を共有していた。[37]これらの願望は、二〇一一年の「アラブの春」と呼ばれるもののイニシアチブを取ったすべての人々を鼓舞したものと同じであった。二〇一二年一二月、ヒズボラとつながりのある親ダマスカスのレバノンの新聞『アル・アクバル』紙の編集長が、他ならぬバッシャール・アル・アサドの公式の副官であるファルーク・アル・シャラ副大統領が自分に対して、次のように語ったと報じた。すなわち、「事態の最初の段階には、（アサド）政府側は、町の屋根の上にたった一人でもいいから（反政府派の）戦闘員かスナイパーがいるのが見つかるよう心から願っていた[38]」というのだ。

このインタビューは、自宅監禁されていると信じられていたシャラが自由に発言していることを示すためであった。インタビューそれ自身の中で語られている状況はむしろ、野蛮な政権が君臨する諸国で自宅軟禁にある非常に多くの人物に対するインタビューと同様に、統制された自由のもとで実施されたものであったことを示していた。それでもやはり、この危機に対処する方法をめぐって、シリア国家の最上層部に大きな意見の相違が存在していたことを暴露したという点では、このインタビューはきわめて重要であった。すなわち、政治的解決を唱える人々と――アサド自身をはじめとして――危機を力の行使によって終結させたい人々とが争っていたということがそこでは示されているのだ。

平和的な抗議の参加者の人数の減少は、どうかすると武装した人々の人数の増加をもたらすこととなった。市民に対して治安を保障するのは国家の義務であるというのは本当なのだが、これは危機に対して治安的解決策を選択することとは別のことである……。

大統領に会うことができる人々は、大統領から、これは長い闘いであり、多くの連中（テロリスト、強盗団、悪徳商人）による大きな陰謀なのだ、という話を聞かされることだろう。大統領は、現場での完全な勝利を達成するために軍事力を行使したいという自らの願望を隠してはいない。そうして勝利したときに、政治的対話が可能になるだろう、というわけである。［他方］、［バース］党や［バース党指導下にある国民進歩］戦線や軍隊の中の多くの人々は、危機の始まりから今日に至るま

で、政治的解決に代わる代替案はないし、過去に戻ることもないと信じてきた。(39)

政権は、反乱の最初の数か月の平和的な抗議に対して、暴力の強化によって対決するという選択をおこない、最初はその闘争を思い止まらせようと試み、次にはありとあらゆる種類の武器を自由に使うために、この対立を暴力的な対決に変えることに全力を尽くした。(40) 政権はまた、二〇一一年三月の運動のまさにその最初から大々的に宣伝してきた「自己実現的予言」、すなわち、この反乱が「タカフィル」（破門された）サラフィー派ジハード主義者の軍事的陰謀である、という話を作り出すのに全力を挙げた。(41) ムアンマル・カダフィーも、リビアの反乱が始まったときにまったく同じ嘘に訴えた。この時、カダフィーは、この陰謀はアルカイダによって画策されたものだと主張した。どちらのケースでもこのようなでっち上げの主要な目的は、反乱にいかなる形ではあれ西側が支援の手を差し伸べるのを思いとどまらせることであった。

シリアのケースでは、それは、この国の宗教的少数派と多数派であるスンニ派富裕層との両方を脅すというもうひとつの目的をもっていた。(42) 蜂起した人々が自衛武装に訴えるように仕向け、そうすることによって自己の主張が正しいことを認めさせ、無慈悲なその暴力のエスカレーションを正当化するために、アサド政権は残虐な鎮圧作戦をエスカレートさせることによって必然的に生じる効果に頼ったのであり、それは反政府派に秘かに武器を提供するなどのひどくねじ曲がった方法をも組み合わせたものだった。(43) 反政府派内部のサラフィー派ジハード主義者の台頭を促進するために、政権はこの種の潮流に属する著名な戦士たちを獄から釈放することとすらしたので、そのうちの何人かはさまざまなジハード派グループの中心的指導者にその後なることとなった。[44] これは、二〇一一年の後半に起こったことだが、この時期、政権は平和的な抗議に参加した民主派の何千人もの人々を逮捕しつつあった。ＩＳＩＳについて書かれた最良の調査記事のひとつは、『ガーディアン』にマーチン・チュロフが書いたものであるが、その中で彼はこの過程を描いている。彼が語るこの話は、シリアの反乱の変貌を実によく物語っている。

若きジハード派アブ・イッサが二〇一一年末、アレッポの中央刑務所から釈放されるときまでには、ＩＳＩＳというトロイの木馬的作戦はかなり進行していた。この作戦は、トルコ国境における多くの抜け道の存在やアサド政権の残虐さ、そして反政府派の戦士たちをひとつの強固な勢力に組織しようとする無責任な試み、さらにはアブ・イッサのような獄中戦士の釈放によって焚き付けられたものだった。アブ・イッサは、このグループの最初の時期を体現するイラクのアルカイダとの歴史的結びつきをもつシリア人だったが、彼と同類の数十人とともに、アサド政権によるイスラム教徒拘留者に対する恩赦の一環として釈放された。それは、長年、政権と闘ってきた人々に対する政権による和解として宣伝された。

起訴されたアルカイダ構成員の大部分は、アサドに対する反乱が始まる前には長年にわたって悪名高いシリアの刑務所に拘留されていた。「シリアではわれわれは最悪の地下牢の中に入れられていた」とアブ・イッサは語った。彼は、ＩＳＩＳの前身であったさまざまな組織に属していて、二〇〇六年にバクダッドを逃れる前の二〇〇四年と二〇〇五年には米軍と闘った。「もしわれわれのような罪状で告訴されることになると、ダマスカスにある政治治安刑務所あるいはセイドナヤかアレッポの空軍情報部かのどちらかに送られる。そこでは看守に話しかけることもできなかった。それはまさに野蛮と恐怖そのものだった」。

しかし、アブ・イッサが釈放される数か月前、アブ・イッサと他のジハード戦士の大きなグループは、どこか他地域の独房からアレッポ中央刑務所に空輸された。そこで囚人たちは、互いのコンタクトがより可能で快適な生活を送るようになった。彼はこう語っている。「それはまるでホテルのようだった。信じられなかった。タバコ、毛布など欲しいものは何でもあった。若い女性を手に入れることさえできた」。間もなくして、拘留されている人々は刑務所で別の奇妙な事態に戸惑った。アサド政権に抗議したためにアレッポで逮捕された大学生たちが刑務所に到着したのだ……。

アブ・イッサと他のイスラム主義派の囚人たちはしばらくして、自分たちがある理由からアレッポ刑務所に移されたのだと思うようになった。すなわち、自分たちがここに送り込まれて来たのは、大学生たちの中により強硬なイデオロギー的路線を叩き込むためである、ということに気付いたのだ。学生たちはその時、シリア最大の都市で反乱の最前線に立っていた……。

アブ・イッサと彼の友人の多くが釈放されたのと同じ日に、ダマスカスの支援を受けているレバノン政府もまた七〇人以上のジハード戦士を釈放した。これらの戦士たちは、テロの罪で有罪を宣告され、長い刑に服している最中だった。この釈放は、四年以上にわたって、起訴されてレバノンの獄中にいるジハード戦士の多くの運命を見てきているベイルートの西側当局者を戸惑わせた。[45]

マーチン・チュロフが述べたアブ・イッサの例のように、二〇一一年に釈放されたジハード戦士の多くは、以前にはシリア政府の黙認の下にイラクで戦ったことがあった。アメリカのイラク占領の最初の数年間、アサド政権は、そのマキャヴェリズム的性格にふさわしく、シリアと接する長い国境を越えてシリアと外国のジハード派の戦士がイラクに潜入するのを事実上許していた。[46] 同政権はまた、もとのサダム・フセイン忠誠派のシリアへの亡命を許し、イラクのスンニ派宗派主義者が国境を越えたイラクで反乱するのを許した。スワシア（Swasia）慈善財団の弁護士で人権活動家のカトリーヌ・アル・タリが、二〇〇八年〜二〇〇九年のセイドナヤ刑務所の暴動に対する残虐な弾圧をめぐる状況について自らが調査したことにもとづいて、ダマスカスのアメリカ大使館に語ったように、シリア政府はすでに自身の刑務所からジハード派の戦士を釈放して、イラクへと送り込んでいたのであった。

タリが接触している人々の情報によれば、アメリカのイラク侵攻後、シリア・アラブ共和国政府は、セイドナヤ刑務所の収監者が、そこで軍事訓練を受けて、その後、イラクに移り、有志連合の軍隊と闘う機会を提供したという。……タリはどれほどの人数の収監者がそれに加わり、いつイラクに送られたのかについてのそれ以上の情報はもっていなかった。彼女の報告によれば、イラクからシリアに戻った者の中には、(政権と関係を持ちながらも)拘留されなかった者もいたし、レバノンに送られた者や再逮捕されてセイドナヤ刑務所で再拘留された者もいた……。

タリの報告は、セイドナヤ刑務所の囚人たちが、イラクにおける戦闘作戦のためにシリア国内で訓練することをシリア政府が許容しているという、すでに存在する山のような証拠にさらに新たな証拠を付け加えるものだったに。(47)

二〇〇五年にバッシャール・アル・アサドが西側への懐柔策の一環としてデービッド・レッシュに書かせた自分の準公式伝記――こうすることによって同じ目的からパトリック・シールに頼った父親の先例に倣ったのだが(48)――の中には、次のような考えを宣伝し売り込もうとするお粗末な試みが見えていた。すなわち、シリア人が隣国でのジハード派の反乱を助長し、支援することはアサド個人の手に余ることである、というのだ。アサドは、基本的に、われわれに対してこう言っているのだ。「バッシャールはまだ抜け道の多いシリア国境を厳しく取り締まることも、背後でイラクの反乱派と取引したり結びついたりする一方で政権と繋がる諸勢力を弾圧することも、まだできていないのだ(49)」と。

しかしながら、テヘランの緊密な同盟者であり、ダマスカスの長年の友人であるニーリー・アル・マリキが二〇〇六年五月にイラク首相になってからは、ジハード戦士をイラクに輸出するという命がけのゲームをアサド政権は中止せざるをえなかった。というのは、特にイラク情勢が宗派間戦争になってしまい、その中でスンニ派陣営を強化することがもはや政権の利益にならなくなって以降、それを遂行することがシリアの地域的同盟関係にとって有害となったからである。ダマスカスは、イラクから帰還したジハード戦士の（再）投獄をさらに強化した。「セイドナヤに戻った外国人戦士たちの一団は、シリア・アラブ共和国が自分たちを獄中に送り返すなんて自分たちを欺いたのだと感じた、とタリは説明した。在監者たちは待遇の改善を、おそらく釈放をすら期待していた。そして、刑務所の待遇に逆上した」。このために在監者たちが「刑務所の待遇をめぐる暴動的な抗議」を展開することになった。(50)

アサド政権の好ましい敵

しかし、建前上は「世俗的」で「社会主義的」（バース党は公式には自らをそう呼んでいる）な政権が、一体どうしてジハード主義者の隣国における武将反乱を助長し、さらに自国の地で活動するように誘ったのか、不思議に思われるかも知れない。しかし、その答えは、二つの場合の両方を支配する同一の論理、つまり民主主義の潜在的な感染力に対するアサド政権の強い嫌悪である。バッシャール・アル・アサドの父ハフェズは、一九九一年のアメリカ主導のイラク戦争を支持しそれに参戦したが、その時の目的はイラク勢力をクウェートから放逐することであり、そうすることによってイラクがイランに対する八年間の戦争で疲弊した後にそのスタミナを再び取り戻すのを阻止することに限定されていた。同じバース党でありながら、シリア政権にとってイラク政権は「双生児の敵」だったからである。二〇〇三年のイラク侵攻はまったく異なったものだった。シリア政権の同盟者であるイランは、サダム・フセインの政権の崩壊とその国家機構の瓦解によって生み出される空白を埋める用意が一番できているのは自分たちだということを承知していたので、前の戦争に対してと同様にこのアメリカの戦争にも暗黙の支持を与えたのだが、バッシャール・アル・アサドはそれに続くことはできなかった。

隣国のバース党政権がアメリカ主導で転覆されたという先例は、いかに反目しあっていたとはいえ、シリアのバース党政権にとって見過ごすには危険過ぎた。ブッシュ政権が、イラク侵攻をこの国にモデルとなる自由民主主義を確立するための序幕であると偽って描き出していただけに、それはよりいっそう危険であった。アメリカ占領軍が、二〇〇四年に強まったシーア派の大衆運動の圧力によって、選挙にもとづく民主主義の約束を果たさざるを得なくなり、二〇〇五年には二回の自由選挙の開催を許すまでに至ったとき、イラクの経験を失敗させることへのシリア政権の関与は決定的なものとなった[51]。アルカイダとそのＩＳＩ（イラクのイスラム国）が支配的なイラクのジハード派の反乱の発展は、ダマスカスの目的に役立つものだった。それは、アラブ世界のこの地域のスンニ派の中で、バース党独裁体制に対する唯一のオルタナティブがテロリスト・タイプのジハード派サラフィー主義であるとする主張を強めることになるからである。実際、イラクのアラブ人スンニ派のバース党員たち自身は、流れに抗することができず、流れに身を委ねる選択をしたとき、それが個人の転向であろうと、地下のバース党指導部の決定によってであろうと、いずれにしても最後には大挙してアルカイダに合流した。その点では、ダマスカスがそれを助けたのだった。[52]

イラクの政権が明らかに、マリキを首班としてテヘランの支配下に置かれながら、ますます強権的で腐敗にまみれたシーア派宗派主義の形を取りつつあったときに、ダマスカスは国境を超えたアルカイダの作戦を助長するのをやめた。こうして、ダマスカスはシリア人民を鼓舞するモデルをもはや代表することができなくなったのである。イラクのスンニ派ジハード主義に対するシリアのそれまでの支援は、ダマスカス同様に、実際にはテヘランにも好都合だった。テヘランにとっては、ダマスカスと同様に、イラクにおける宗派主義的緊張を高めることになるという予想しうる結果が利益にかなうことだったからである。宗派主義の激化は、バクダッドにおけるシーア派が多数を占める自由民主主義政権の展望を葬り去った。この展望は、シリアのバース党独裁政権にとってと同様に、イラン・イスラム共和国にとっても忌まわしいものなのである。同じ理由から、イラクでの宗派主義的緊張の高まりは、バクダッドにおいて同じシーア派である宗派的で強権的な政権の成立を可能にすることによって、イランの影響力を高めることに実に大きく貢献することとなったのである。

にもかかわらず、シリアの諜報機関は、ジハード派集団の中に自分たちを「紛れ込ませる」という長らく確立されてきた慣習に従って、イラクのジハード派との結びつきを維持していた。シリアの情報総局（ＧＩＤ）のアリ・マムルーク将軍は、二〇一〇年にダマスカスを訪れた、対テロ作戦調整担当役のダニエル・ベンジャミン率いるアメリカ代表団に対して、このようにして獲得された専門的技術を自慢した。

シリアの情報総局長官は、「われわれは理論的ではなく実践的なので」、テロリスト・グループと戦う点ではアメリカや他の諸国に比べて自分たちの方がより成功をおさめてきたと語った。シリアの成功は、テロリスト・グループへの浸透にシリアが成功したからなのであると彼は述べた。「原則として、われわれはそうしたグループを即座に攻撃したり、殺したりしない。そうではなく、われわれ自身が連中の中に入り込み、折りよいときにのみわれわれが動くのだ……」。マムルークによれば、諜報についてアメリカと連携した以前の経験は、「満足なものではなかった」という。……テロリスト・グループの中に浸透している間に、シリアが得た「情報の宝庫」をほのめかしながら、マムルークはこう宣言した。「われわれは多くの経験を有しており、これらのグループを知っている。ここはわれわれのエリアであり、この地域をわれわれは知っている。われわれが現場にいるのだ。だから、われわれが先導すべきである[53]」。

民主派の反乱がシリア自身で始まったとき、シリア政権は、最悪で最も忌まわしい類のジハード派の作戦を助成することによって、アメリカ占領下の隣国で広まった民主主義の経験（実のところ、占領下にもかかわらずということなのだが）を覆すために用いたのと同じ常套手段の策略に訴えた。この点は、アサド政権の役割に関するすぐれた記事の中でピーター・ノイマンが説明したように、二〇〇三年以降の次のような事実と直接の連続性がある。

アサドは、国内のジハード主義者が［アブ・ムサービ・アル］ザルカウィ［二〇〇六年に殺害されたイラクのアルカイダの指導者］と結び付き、中継地、アジト、補佐役を全土に配置して、レバノンからイラクに伸びる外国人戦士のパイプラインの一部になることを許した。アサドの諜報機関の活発な補佐によって、シリアの地は、リビア、サウジアラビア、アルジェリア、チュニジア、イエメン、モロッコからの経験を積んだ相互にしっかりと繋がり合っているジハード派の流入に、そしてまたその影響力に開かれることとなった。こうした兵士たちは、連絡簿と資金と軍事技術をも持ち込んだ。数年も経たないうちに、この国は、ジハード主義派の世界地図上では危険地域ではなくなった。二〇〇〇年代終わり頃までに、この国はジハード派にとってなじみの地となる一方、シリア出身のジハード戦士がイラクにおいてアルカイダの大切なメンバーとなった。イラクの地でシリアからの戦士たちは戦闘経験を身に着け、シリアを次の戦場に変えるために必要な連絡網と専門的技術をわがものとした。

現在の衝突が勃発した時、イラクへの侵入地点に位置しているシリア東部地域およびホムスやイドリブのようなレバノンに近接した地域で、ジハード派の組織が最初に出現したことはそれほど驚くべきことではなかった。政府に反撃するために、最も精力的で経験ある軍事技術と資源を備え、規律と組織を持つ戦士を提供できたのは、ムスリム同胞団ではなくてジハード派であった。こうしたジハード戦士はまた、武器や資金を供給する裕福な支持者、とりわけ湾岸地域の富裕層の国際的ネットワークを最もたやすく説得できる者たちでもあった。(54)

イラクのアルカイダは、シリアで根拠地を設けることを実際に許された。シリア空軍元大佐で自由シリア軍の創設者、リヤド・アル・アサドによれば、シリア空軍情報部はイラク内部にあるアルカイダ支部、自称「イラクのイスラム国」(ＩＳＩ)との連絡を維持していたという。アルカイダが国境のシリア側に公然と出現した二〇一二年春に、アル・アサドは、インタビューの中で、これが空軍情報部の黙認の下ではじめて起こり得ることである、とはっきり断言した。(55) ＩＳＩは、当初、シリアの自立的支部としてヌスラ戦線を立ち上げた。その後、ＩＳＩは、国境にまたがる両国の支部を「イラクとシリアにおけるイスラム国」(ＩＳＩＳ)の名称の下に統合することを二〇一三年に決定した。この決定はヌスラ戦線内部の分裂を引き起こし、その後、「イラクとシリアにおけるイスラム国」とビン・ラディン死後におけるアイマン・ザワヒリ率いるアルカイダの世界的ネットワークとの間の全面的な分裂に至った。ザワヒリはＩＳＩＳを認めなかった。こうした事態の進展においてイラクの戦士たちが決定的役割を果たした。

二〇一三年四月までにシリアで活動するイラク戦士の戦闘件数は少なくとも五〇〇〇件に達し、日々増え続けた。アメリカの占領に反対する戦闘やシーア派に対する宗派戦争の経験を積んだ古参戦士たちが、国境を越え、新しいグループの指導部の地位に就いた。このグループには、シリアにおける最も組織され最も実力のあるジハード派組織であったヌスラ戦線が間もなく組み込まれる予定だった……。

数か月内に、バグダディがその動きを開始するための駒が所定の位置にしっかりと並べられた。四月になると彼は、アルカイダと連携するヌスラ戦線が新しい名称のＩＳＩＳに組み込まれると発表した。その日の午後、アブ・イスマエルのような大部分がイラク人からなるバグダディ派部隊の構成員たちが、車両でアレッポの中心に侵攻し、ヌスラ戦線が本部としていた眼科病院からヌスラ戦線のメンバーを放逐した。それから、戦士たちは病院を黒色に塗り、占拠した。北部シリア全土にわたって、この情景が容赦ない効率で繰り返された。[56]

アサド政権が長期にわたって黙認してきたイラク人主導の組織とヌスラ戦線の名のもとに活動してきたシリア人主導の組織とが分裂したあと、政権の「ＩＳＩＳとの」結託は露骨になった。後者のグループは、当然にも、アサド政権との戦闘においてより先鋭であり、その点で反政府派の残りのグループと戦闘の面で競い合って来た。[57] このヌスラ戦線は、カタールから支援を受けてきた。放送局アルジャジーラは、ヌスラ戦線とその指導者アブ・ムハマド・ジュラニに放送の場を提供している。それは、この放送局がこれまで長年にわたってオサマ・ビン・ラディンやアイマン・ザワヒリや全世界のアルカイダのためにそうしてきたのと同じである。ヌスラ戦線はまたトルコからも支援を受けてきた。他方で、カタールとトルコの両国は、二〇一四年までISISにしてあいまいな態度を取り続けた。[58]

ISISの方は、石油と天然ガスと電力供給を中心にアサド政権と交易をおこなっていた。富をもたらすこの事業には、シリアの国家ブルジョアジーの典型的な人物で、著名なジョージ・ハスワニHESCO機械建設会社社会長が関与していて、中心的役割を果たしてきた。[59]

ISISは、かつては国営電力会社の管理下にあったシリアの三つのダムと少なくとも二つのガス・プラントを支配下に置いた。ダマスカスは、イスラム国が広い範囲にわたる送電線網を破壊してしまうよりもむしろそれとの取引をまとめようとしているように見える。

「ISISはそれらの工場を警護し、国営企業従業員を仕事に来させている」とマムードは語っている。「イスラム国は生産されたすべてのガスを調理とガソリンのために利用するとともに、それを売却するようになっている。シリア政権側は発電システムの動力として必要な一定の電力量を確保し、一部の電力をISIS地域にも送っている」。

アサド政権はガス・プラントのスタッフに給与を支払っている。それだけにとどまらず、そこの労働者が言うには、同政権は同時に国外からシステムのための部品を送り込み、修理のためにその地域に自国の専門家を派遣している、とのことである[60]。

以上の説明で明らかになったすべての理由からして、ＩＳＩＳは本当のところ、アサド政権のはるかに「好ましい敵」なのである。アサド政権のＩＳＩＳとの共謀は次の事実によってまったくまぎれもない形で明らかとなった。すなわち、二〇一四年夏に、ＩＳＩＳがイラク国内に向けて驚くべき躍進を成し遂げたとき、その攻勢の始まりの局面で、ＩＳＩＳはアサド政権の空軍を恐れることなく、輸送車両を堂々と移動させることができたからである。ハッサン・アブードは、サラフィー派とムスリム同胞団に関係のあるアーラル・アル・シャム[61]の指導者であり、二〇一四年九月九日、自らのジハード派組織の他の二七人の指揮官らとともに爆死したのだが[61]、その彼が死ぬ少し前に、この点ではシリアの反政府派の大部分の潮流に共通の見解となっている見方をイヴォンヌ・リドリーに吐露した。

「われわれにとって現地で戦闘が起こり、それが発展すれば、必ずアサド政権との衝突に入ることになることは周知のことである」。

彼はこう指摘した。シリア政府は、多くの反乱グループを攻撃の対象としたが、ＩＳＩＳはアサド政権と闘ういかなる前線にも入って来なかったし、ＩＳＩＳがアサド大統領側からの攻撃対象になることもなかったように思われる、と。

「たとえば、たとえ三台の車であっても地方を旅していると、アサド側の空軍はそれが（反政府派の）輸送隊に違いないと確信してそれらの車を爆撃するだろう。移動にたいしてそれほど厳重な監視がなされているときに、どうしてＩＳＩＳが、たった一度の爆撃に遭遇することも、政権側のいかなる検問地点でも抵抗に遭うこともなく、二〇〇台の輸送隊をある県から別の県へ移動させ、最終的にはイラクに入り込むことができたのか？私にはわからない[62]」。

しかしながら、ＩＳＩＳが破竹の勢いでイラクにその勢力圏を拡大することによって、ＩＳＩＳがイラクにおけるイランの利害にとって脅威となったので、ＩＳＩＳと対抗するためにテヘランがワシントンとの事実上の同盟へと引きずり込まれることになると、二〇一三年以降、イランに全面的に依存するようになっていたダマスカスは、そのやり口を手直しせざるを得なくなった。それは、かつて、二〇〇六年以降にイランがイラク政府の中で支配的影響力をもつようになったときに、ダマスカスが自らのやり口を手直ししなければならなかったのとまったく同じことであった。シリア政権は、ＩＳＩＳとの形ばかりの対決を始めたが、その一方で、ドーハ（カタール）とリヤド（サウジアラビア）に支援された反政府派に対して、これまでとは比較にならないほどの強力な集中的攻撃を開始した。アサド政権は、結局ほどなくして二〇一五年の春にはＩＳＩＳと共謀する道に再び逆戻りし、ＩＳＩＳ以外の反政府派に対する攻撃を加速させていった[63]。アメリカ情報部の前将校がこの状況を適切にも次のように要約している。

シリア政権への主要な脅威は、東部および中央部シリアのＩＳＩＳの拠点からではなくて、さまざまな勢力から成る反乱グループから来ている。これらのグループは、政権の存続にとっての鍵となる西部地域、すなわち、とりわけ北部ラタキア、イドリブ、北部ハマー、ダマスカス南部における危険の増大を引き起こしているのだ。実際、政権は決してＩＳＩＳを軍事作戦の最優先の対象とはしておらず、その時の軍事情勢についてのプラグマティックな評価にもとづいて時に応じて諸グループと協調したり、戦ったりしている。(64)

シリア政権は、その主要な敵、すなわちトルコや湾岸地域君主国に後押しされている反政府派主流に対する戦闘の中で、自らの立場を強めることになると確信する場合にのみ、そしてそのかぎりにおいて、ＩＳＩＳと戦うのである。

トルコと湾岸地域君主国の好ましい友

逆説的になるが、二〇一一年以降に高まったダマスカス（シリア）とアンカラ（トルコ）の深刻な反目にもかかわらず、ＩＳＩＳはまた、トルコ国家の好意的な放任的アプローチからも利益を得て来た。この信じられない立場の接近は、ＩＳＩＳが、ダマスカスから見たシリアの敵とも、アンカラから見たクルド人という敵とも同時に衝突しているという事実のせいである。実際、トルコ国家の主要な関心は、シリア国境内にある三つのクルド人行政区（クルド人はこの地域をロジャヴァ、つまり西クルディスタンと呼んでいる）がクルド民主統一党（クルド語の名称の頭文字ではＰＹＤ）による自治的統治下に永続的に置かれ続けるという展望を押しとどめることにある。ＰＹＤは、クルディスタン労働者党（クルド語の頭文字ではＰＫＫ）の事実上のシリア支部である。もしこうした事態になれば、ＰＫＫは「解放区」を手に入れることになり、そこからトルコ国内のクルド人居住区における権限委譲のための試みを大いに強めることができるだろう。アンカラが、二〇一四年秋に始まったコバニの戦闘において、交戦するＰＹＤ－ＰＫＫとＩＳＩＳの両陣営を同じ「テロリスト」だとして退け、「どっちもどっち」だとするスタンスを取るふりをしたのはまさにこうした理由からである。

実を言うと、アンカラのこの態度は、援軍がトルコ国境を越えてコバニに行くのを妨げることによってＩＳＩＳを助けていた。アメリカが、トルコの態度にいら立って、その地域を防衛しているクルド人戦士たちに対して空中からの武器投下を始めたとき、アンカラは即座にそのスタンスを変更し、自由シリア軍兵士とイラクのクルド自治政府の戦闘員（有名なペシュメルガ）――両方ともトルコとの緊密な同盟者である――がその中に含まれることを条件にして、援軍の国境通過を許可した。アンカラが、二〇一五年七月一四日にワシントンとテヘランとの間で合意された「核協定」を受けて、トルコが除け者にされるのではないかという恐れから、ようやくＩＳＩＳへの爆撃を開始したのはこの年の七月になってからにすぎない。しかし、アンカラは、ＩＳＩＳを攻撃しながらも、もう一方で同時に宿敵であるクルド人組織のＰＫＫをも攻撃している。そして、この攻撃はＩＳＩＳへの攻撃よりもはるかにずっと激烈で決然としたものだった。

民主主義の感染力に対する強い嫌悪が、アサド政権を悩ませているのと同じくらい、アラブ地域の「アンシャン・レジーム」（旧政権）全体をも悩ませている。だから、地域の中の最も反動的な要である湾岸産油君主国が、宗教上の旗を掲げるありとあらゆるすべてのグループに資金を提供することによって、シリア反政府派内部のイスラム原理主義グループを育成するのに大きな役割を果たしているというのはしごく当然のことなのである。そうすることによって、これら君主国は、世俗的民主主義派のネットワークを圧倒するという点でシリア政権と客観的に結託していた。イスラム原理主義のスンニ派宗派主義勢力は、世俗派民主主義勢力とともにシリアの反乱を開始したのだが、民主主義派のネットワークに比べて湾岸諸国の王制をはるかに安心させるようなある種のイデオロギーを強力な動機として持つ勢力であった。湾岸産油君主国の中でも地域の二つの主要国であるサウジ王国とカタール首長国は、エジプトやチュニジアのような諸国においてはまったく対照的な立場を保持している。サウジ王国は旧政権を支持したのに対して、カタールはムスリム同胞団と協調する反乱勢力を取り込もうと試みたのである。シリアでは両国の利害は小さな競合や摩擦があるものの、基本的に同一のものへと収斂する。アサド政権への支持は、アサド政権のアラウィ派宗派主義的性格からしても、またアサド政権がテヘランと同盟関係を結んでいるという点からしても、問題外であった。したがって、この地における反革命の観点からする唯一の選択肢はリヤド（サウジアラビア）がドーハ（カタール）といっしょになって反乱派を取り込むことであった。

地域におけるもっとも緊密な同盟国家であるレジェップ・タイイップ・エルドアン率いるトルコと連携しながら、西側の支援を受けて、カタールがイスタンブールに本拠地を置くシリア国民評議会（ＳＮＣ）の二〇一一年の結成を促進する上で指導権を取った。国民評議会の中では、シリアのムスリム同胞団が支配的勢力であった[65]が、この情勢は二〇一三年になると変わった。このとき、国民連合がシリア反政府勢力の主流を代表するものとして国民評議会に取って代わり、サウジアラビアがこの国民連合を支配するようになった。その間、サウジアラビアは国民評議会が後援している自由シリア軍と対抗するサラフィー派勢力に資金を与えていた。カタールは、主としてシリアのムスリム同胞団と結び付いたイスラム・グループとコンタクトを取っていたが、その一方でリヤドの反抗的な子であるアルカイダの公式シリア支部であるヌスラ戦線とも関係を保っていた。しかし、シリアをめぐるサウジとカタールの立場が基本的に一致したために、ヌスラ戦線とＩＳＩＳ以外の主要なイスラム原理主義諸組織が二〇一三年にイスラム戦線の下に再結集することが可能となった[66]。

湾岸地域のそれ以外の君主国は、同一の観点に立っていて、地域の反乱の民主主義的可能性を一掃し、それを宗派的問題にすり替えてしまおうとしている。この観点から、気前よく資金援助するという点に関してサウジとカタールに合流した。最後に言っておくべき重要な点は、次のことである。すなわち、湾岸君主国全体を通じて、民間の資金提供者・資金調達者のネットワークや宗教機関のネットワークが、アルカイダやISISを含めて誰であろうと、イスラム原理主義派やスンニ派宗派の旗を振りかざす勢力であれば、シリア反政府派内の力関係においてそうした勢力を有利な立場に立たせる役割を果たした、ということである。実際、イスラム原理主義者を装いひげをたくわえることが――まったくの日和見主義的理由から――シリアの反政府派の陣営においては資金を確保する最も安易な方法となったのであり、その結果、その内部でイスラム原理主義グループが拡大することとなった。ハッサン・ハッサンとミシェル・ヴァイスが指摘しているように、「シリア内戦のほとんど見過ごされてしまっている側面は、本来民族主義や世俗主義に傾いていた戦士たちによる兵器（資金をも付け加えるべきだが）を求める競争入札合戦が、いかに急進化を加速させたか、あるいは少なくとも急進化したように見せかけることをいかに加速化したかという点である(67)」。

アサド政権はこのようにして作り出されている宗派的潜在意識を実に入念に発展させ、激化させた(68)。反政府派の宗派的暴力を育成する最も確実で最も効果的な方法が、当然にも、宗派的暴力を行使することであるとすれば、アサド政権はそのような目的のための殺し屋にけっして不足していなかったし、殺し屋たちが宗派的暴力を行使するがままにまかせることに後ろめたさを感じるなどということはまったくなかった。

シリア国内では、市民が親アサド派民兵によって虐殺されているという報道が国際的なニュースとなった二〇一二年半ば以降、戦士たちが過激グループの方へと流れていく傾向が生まれていた。反政権派シリア人の心理に与えた虐殺の衝撃もまたきわめて大きかった。自身が急進化したことを自覚しているシリアの人々は一般に、二〇一二年末に近づくにつれてイスラム主義やジハード派の反乱派に自身が転向していった理由が、ホウラやアル・ベイダなどの虐殺事件であったと指摘している。しかしながら、シリア生まれのシリア人たちは、外国人をより受け入れるＩＳＩＳよりもむしろ国内育ちの過激派に入る傾向にあった。それでもやはり、ＩＳＩＳは、それとは別の点から、アサド政権の虐殺から恩恵を得ていた。ひとつには、虐殺の陰惨な手口が斬首へのある程度の寛容を生み出すこととなったということである。斬首は、政権とそれに与するイランによって結成された民兵に対する懲罰として多くのシリア人に受け入れられた。

最も知られている政権側の虐殺は、アラウィ派、スンニ派、イスマイリ派（シーアの別の分派）の村や小村落が相互に隣接し合っていて、宗派間の報復の流血が促進されやすい地域で概して生じた。虐殺は急襲というパターンに伴っても生じた。村が一晩中、シリア・アラブ軍［シリア政府軍のこと］によって砲撃を浴び、翌朝になると、近くの民兵が村を襲う。ナイフや軽火器で武装した民兵たちが殺しまくり、男、女、子どもを虐殺する。殺害は組織的に演じられ、宗派的な自警主義によって駆り立てられる。拷問のビデオもまた国防軍の先鋒としてのシャビーハ（アサドの民兵）と人民委員会が、スンニ派のシンボルをあざけったり、犠牲者にアル・アサドの神聖さを宣言させたり、他人を冒涜するようなことを言わせたりするところを映し出していた。[69]

シリア人権ネットワークが発表した宗派的・「民族的浄化」殺人に関する二〇一五年の調査によれば、二〇一三年六月までは、シリア政府とその準軍隊的同盟者だけが、非武装の住民多数を巻き込んだ虐殺をおこない、その中には相当数の女性や子供が含まれていた。[70] 同じ組織の情報によれば、全部で五六件の宗派的虐殺が二〇一五年六月までに犯されたが、そのうちの四九件はシリア政府とその同盟者の責任によるものだった。残りの七件はヌスラ戦線やＩＳＩＳなどのさまざまな反政府勢力によって犯されたものだった。このぞっとするような計算のどの数字を正確だとみなすにしても、次の点は明白である。すなわち、本章の最初に私が引用した二〇一二年一〇月のシリア情勢に関する私の評価の最後の結論――「この政権が長く続けば続くほど、この国は野蛮の中へと転落する危険がそれだけ大きくなる」――が、何とも残念なことに真実であることが証明されたのである。悲しいかな、シリアはすでにこの状態に達してしまっている。アサド政権の野蛮がＩＳＩＳの野蛮の発生を促進したことによって、シリアは、私が「野蛮の衝突」と名付けた恐ろしい弁証法の主要舞台となってしまった。二〇〇一年の九・一一の攻撃の直後の時期に、私はこの「野蛮の衝突」の力学について分析した。[71]

その当時、私は、こうしたさまざまな恐ろしい攻撃をこの破滅的な弁証法におけるひとつの特殊な瞬間であって、その最初の主要なはずみとなったものは、一九九一年のアメリカ主導のイラク侵攻に代表される中東におけるアメリカ帝国主義の暴力の大幅な質的エスカレーションだった、との評価をおこなった。この議論の同じ筋道に沿って、私は二〇〇三年、米軍の前にバグダッドが陥落した五日後に、次のように予測した。

アメリカが、アラブ世界におけるプレゼンスをよりいっそう拡大すればするほど、アメリカ軍は余りにも薄く引き伸ばされる。アメリカがすべての中東の国々とイスラム世界全体に呼び起こしている憎悪はすでにその面前で何度も爆発して来た。二〇〇一年九月一一日は、これまでの憎悪のうちの最も劇的で、最も破壊的な表現にすぎなかった。イラク占領はこの全般的な憤りを極端にまで押し進めるだろう。それはワシントンが後押しする地域秩序の崩壊を加速させるだろう。「パックス・アメリカーナ」（アメリカの平和）はけっして生まれないだろう。新たな進歩的諸勢力が世界のこの地域に登場しないかぎり、むしろ、アメリカとその同盟者の野蛮がそれと正反対の宗教的熱狂の野蛮を養うことによって、野蛮への転落のさらなる一歩が生まれるだろう。(72)

アメリカの占領という圧倒的な野蛮に直面する中で、二〇〇三年以降、アルカイダの対抗的野蛮がイラクのアラブ人スンニ派地域で定着するようになった。同様に、二〇一一年以降シリアにおいてアサド政権とその同盟者が開始した陰惨な野蛮によって、アルカイダの野蛮がシリアとイラクの両国でＩＳＩＳという形を取ってその頂点に達するような諸条件が作り出された。米軍グアンタナモ基地秘密収容所タイプのオレンジ色の収容者用つなぎ服をＩＳＩＳが使用していることほど、アメリカ帝国主義のもともとの野蛮とＩＳＩＳの野蛮との間の直接的な関係を示す印象的な例証はない。予想し得る近い将来、内戦がシリアで激しく続くかぎり、「(第一に、戦争の本質は）原始的な強力行為にあり、この強力行為は、ほとんど盲目的に自然的本能とさえ言えるほどの憎悪と敵を伴っている」[73]とクラウゼヴィッツが述べた悪循環のまま、この国では野蛮の衝突と両極端へ向かう傾向という破滅的な力学からの脱出口はないだろう[73]。

二〇一一年の反乱の始まりとともにシリアに出現した新しい進歩派勢力は、自分たちがまったく準備できていなかった内戦の発展力学によって息の根を止められてしまった。実際、ソーシャル・メディアの利用によって促進される即席のネットワークを通じて達成できることはひどく限られている。この点は、シリアやその他のアラブ諸国などの独裁国ではとりわけそうである。シリアの不幸は、根本的な政治変革を目指す健全な戦略的ビジョンを備えた有効な組織を欠いていたことにより、どんな犠牲を払うのかを示すもう一つの悲劇的な実例なのである。地域調整委員会(ＬＣＣ)――シリアの反乱を開始し､その最初の局面で反乱を導いた調整委員会(タンシキャート）のより広範なネットワークにおける重要な構成要素――は､その役割を放棄し､イスタンブールに本拠を置くシリア国民評議会（ＳＮＣ）に合流した。ＬＣＣは、民主人民党（ＤＰＰ）と緊密な結びつきをもっている。この党は、一九七二年のシリア共産党内の大きな分裂を起源にして生まれた組織である。シリア国民評議会は、基本的には、二〇〇五年の国家の民主的変革を求めるダマスカス宣言——これはDPP、シリアの反政府派左翼、リベラル派のグループ、ムスリム同胞団のシリア支部が連合したもの——の後継組織である。(74)

産油君主国からの資金提供を受けた結果、シリア国民評議会とその後継組織の国民連合は、PLOがたどったのと同様のきわめて急速な堕落へと転落していくこととなった。PLOは一九六七年以降に同様の懐柔目的の資金提供の影響を受けて堕落の過程をたどった。PLOが経験したこの過程は、PLOがレバノンから追放された後に、各国ばらばらに分散的亡命を余儀なくされたときに完成された。その当時、この堕落を非難するパレスチナ人の批判者たちはそれを「五つ星のPLO」と呼んだ。(75)国民評議会と国民連合はこのニックネームにまったくふさわしい組織である。まさに文字通り、両組織の会合は常に五つ星のホテルで開かれるからである。一九七五年にレバノンの内戦が始まったとき、PLO指導部の腐敗は兵員レベルでの大量の略奪や恐喝行為が行われるまでに変質した。同じ現象が自由シリア軍ならびに湾岸諸国からの資金提供を受けている他のグループをも堕落させた。それは、多くの場合、対照的にヌスラ戦線やISのようなイデオロギー的により厳格な組織の方が、高潔さの手本として地域コミュニティから歓迎されるようになるところまで到達していた。実際、この点に、自由シリア軍の大きな破綻の中心的原因があるのだ。自由シリア軍は早い段階から活動を始めていたのであるから、もしそうした堕落がなかったなら、事態の進展は異なったものとなり得ていただろう。[76]

シリアの泥沼

有効な進歩的組織が存在していたならば大きな違いが生まれていただろうという点は、シリアの場合には、クルド民主統一党（ＰＹＤ）とその軍事組織である人民防衛隊（ＹＰＧ）、女性防衛隊（ＹＰＪ）の達成した成果によって立証されている。彼ら・彼女らは、シリアの北部から北東部にまたがるクルド人が多数を占める地域（ロジャヴァ）で支配的勢力になることに成功した。二〇一二年以降、シリア内にあるクルド人が多数を占める三つの行政区でクルド民主統一党によって創設された自治政府――西側の善意の観測筋が信じているような急進的民主主義の指針にまでなっていないとしても[77]――が、社会的・ジェンダー的展望から見て、二〇一一年の反乱の舞台となった六カ国において今日まで起こった最も進歩的な経験であることにはほとんど疑問の余地はない。自治政府に対しては、デービッド・ハーベイが正しくも「ヨーロッパ・北米の左翼的人々が抱いている『ああ、すごい。ここがその場所だ。ついに[78]』という作り話にも似た感情、ロマン」と呼んだものに陥ることもなく、そう評価できるのだ。このことのひとつの帰結は、アメリカ主導の同盟勢力が、イラクとシリアにおけるクルド人地域やイラクにおけるアラブ人シーア派地域に向けたＩＳＩＳの進撃を食い止めるために二〇一四年夏に爆撃を開始したとき、――この爆撃で、すべてのクルド勢力もバクダッドやテヘランもほっと一息ついたのであり、アサド政権もそれに暗黙の承認を与えていた。ワンパターンの言動を繰り返す「反帝国主義」左翼の側からは、かつてリビアにおいてベンガジ市へと進撃するカダフィー軍を食い止めるために同じようなアメリカ主導の連合勢力がカダフィーの部隊に対して爆撃をおこなった時に比べて、はるかに少ない抗議の声しか聞こえてこなかった。同じ「反帝国主義者」たちは、クルド地域の都市コバニに対するISISの包囲を打ち破るためのアメリカの空爆およびそれと並行したこの都市のクルド民主統一党防衛隊へのアメリカの空中からの武器投下に対して、わけのわからないことをぶつぶつ言うか、困惑の沈黙に包まれるのかどちらかであった。クルド民主統一党指導部とコバニの地区当局がアメリカ政府とアメリカ主導の連合勢力に心から感謝したときにも、こうした反帝国主義者たちからは何の抗議の声も聞こえてこなかった。[79]

二〇一一年三月に、ベンガジの住民たちがカダフィー派の飛行機や軍隊が自分たちの町を壊滅させ、大量虐殺をおこなうのを阻止するために、空からの国際的支援を必死に訴えたとき、そしてそれからほどなくして、平和的なデモをおこなっていたシリアの人々が国土と人民への破壊を阻止するために同じことを要請したときに、ワンパターンの言動を繰り返す同じ「反帝国主義」左翼は、住民やデモ参加者を軽蔑と激しい非難で迎えただけだった。同様に、シリアの反政府派主流や蜂起住民が切実に必要とされていた防衛用武器を懇請したとき、ここでもまた「帝国主義の手先」として非難され、同じようなののしりの言葉で責め立てられたのだった。

ここに働いている唯一の論理とは、この種の「反帝国主義左翼」は、苦境の中でどちらの陣営から来るものであれ、そこから来る助けを必死に求めている民衆に対して、自分たちとイデオロギーを共有する人々によって指導されている場合にだけ、一定の理解を示すことができるというものである。[80] この「反帝国主義左翼」が、シリアの衝突において、シリアの反政府派支援のための西側の介入をはるかに凌駕するロシア帝国主義によるアサド政権支援の介入に直面して、それを承認しはしないが、いぜんとして沈黙し続けているというのは言うまでもないことである。同じことが、イランのホメイニ主義的イスラム原理主義政権によるアサド政権の側に立った介入にも当てはまる。この介入は、シリア反政府派の側に立ったサウジアラビアとカタールのワッハーブ派イスラム原理主義政権の介入よりは大規模なものであるのだが。

これは、悲しむべき事実であるが、ロジャヴァの経験がアラブの左翼内部よりも西側左翼の内部でより大きな反響を呼んでいたということなのである。ロジャヴァの戦いは、国民の中では少数派であるクルド人がほぼ単独で担い、クルド人居住地域に限定されていたため、ロジャヴァにおける出来事のインパクトは、シリアの他の地域よりもトルコやイラクのクルド人居住地域においての方が随分と大きかった。この点では、民族的な親近感や毛嫌いが重要な役割を果たした。この事実は、アラブの反乱の他の舞台は言うまでもなく、全体としてのシリアの反乱に対して、ロジャヴァの経験が刺激を与える上で、厳しい制約となった。実際のところ、望まれていない場合に、ＰＹＤ支配地域の外でＩＳＩＳとの戦闘でＰＹＤが重要な役割を果たそうとする場合にそのPYDの力にさえ、そのために制限が加えられている――アメリカの後ろ盾を得て、その目的のために、PYD主導の多民族的なイラク民主軍が結成されたにも関わらずである[81]。PYDがワシントン・モスクワ双方との関係だけでなく、シリア内戦の両陣営との関係を維持しており、自らのマヌーバーの余地を拡大しトルコ・ロシア間やトルコ・アメリカ間に楔（くさび）を打ち込むために、そうした対立関係を利用しているという事実は、こうした事態を悪化させている[82]。

いずれにしても、今では「クルド地域と」同様の進歩的な武装自治がアラブ系シリア人の間で登場してくるには余りにも手遅れとなっている。一方ではロシアとイランに支援された専制的政権があり、他方では反動的勢力が優勢で湾岸産油君主国の支配を受けている反政府勢力があり、この両勢力が破砕機のふたつのあごになって挟み付けている中で、武装した進歩的オルタナティブが登場できるとは、戦争の論理のためにほとんど考えられない。いかなる進歩的潜在力であっても、それがシリア人民の中において組織された政治的形態をとって具体化するためには、戦争の停止が現段階での前提条件である。この点では、四年間にわたる戦争の後でシリアに起きた救いようのないほどひどい状況、殺害と破壊のぞっとするほどの水準、難民や流民となった人々（シリアの人口の約半分）に代表される途方のない人間的悲劇を考えると、シリア政権と反政府派主流との間の妥協に達するために、現在展開されている国際的努力の成功を望むことしかできない。

情勢は、暫定的と言われる期間において、アサド自身を権力の座にとどめておくという和解案――これが西側各国の首都でますます頻繁に浮上しつつある構想である――さえもが今日ではよりましな悪に見えるほどまでに進んでしまっている。要するに、もしこの構想に成功のチャンスがあるとすればの話なのだが。ダマスカス郊外ドゥマの住民であるアドナン・トバジ博士は、戦争で引き裂かれた地域にある仮設診療所で負傷者の外科的治療に従事している勇敢な人々の一員だが、『ニューヨーク・タイムズ』が引用したこの医師の話では、「われわれにとってアサドの運命は、シリアという国、そしてその国民と子どもの運命に比べれば、およそ問題にもならないものでしかない」[83]。これは、バラク・オバマによって早い時期から追求されていたシナリオ以下のものになるだろう。このシナリオは言い換えると「イエメン方式の解決策」、つまり交渉による妥協策であって、バース党国家の大部分とアサド一族の権力基盤をそのまま保持する一方で、アサド自身は退陣して、反政府派にとってより同意可能な政権内の人物に権力を移譲するというものであった。シリア反政府派の国民連合はアサドが大統領を退任するという点を明確に盛り込むという条件付きで、このシナリオをずっと以前に承認していた。

この「イエメン方式の解決策」を追求するワシントンの具体的な政策はこれまでのところ、その実現につながる情勢を作り出すどころか、むしろ実際には、そのシナリオに向かういかなる展望をも遅らせ、悲劇を長引かせ、それを助けるものだった。すでに説明したように、これは、オバマの政策が最初から自由シリア軍が要求していた防衛的手段の提供を拒否するということを伴っていたからである。もしシリアの反政府派が政権側にとって十分な脅威の存在となれるようオバマ政権が反政府派を支援し、その結果としてシリアのバース党政権が妥協を追求せざるを得ないと感じるほどまでになっていたならば、シリアにおいてもっと以前にずっと少ない代償で「イエメン方式の解決策」が明確に実施されていたかもしれない。しかしながら、四年間の悲惨な戦争の後になって悲劇がほとんど頂点に達すると、シリアの荒廃を背景にシリア政権側と反政府側の両者がともに疲弊した結果として、同じ「イエメン方式の解決策」が再び前面に出て来たのである。

近い将来において積極的なシナリオが残されていない中、「イエメン方式」が一番望ましい選択肢と考えられるようになってきた——たとえイエメン自身は二〇一四年に崩壊し、内戦に陥ってしまっているとしてもである。いかに成功の可能性が少ないとしても、当面、それよりましな展望が存在していない。もし、反政府勢力の中でイスラム原理主義民兵がますます支配的になるのに応じてシリア国家が崩壊してしまえば、シリアのよりいっそうの分解を含む恐ろしい結果をもたらすだけだからである。しかし本当のところ、シリアで現に機能している国家を維持するという政権移行計画の成功の見込みは、衝突が始まった最初の二、三年の頃に比べて今でははるかにずっと時間がかかるものとなっている。四年以上にわたる破壊的で残虐な戦争を経て、公式の国家機構は徐々に衰退しているし、その一方で、政権側は自らの統治に対するいかなる民主主義的なオルタナティブをも破壊することに全力を挙げてきた(84)。その上、アサド政権は、暴力から生まれてきた最悪の反政府派に勝るとも劣らない補助部隊を作り出している。アンソニー・コーズマンは、二〇一五年九月に「今はもはや二〇一一二年ではない。穏健派を支援するための実際の時間の窓は閉じられてしまっているだけなく、煉瓦でかたく塞がれてしまっている[85]」ので、実際のところ今日の諸条件の下では、「シリアはせいぜい、一番ましな選択肢の国となるしかないだろうし、一番ましというのが次の五年間に本当にひどいものになる可能性もある[86]」と語った。

一番ましなシナリオによって、最悪のシナリオがこれ以上広がるのを食い止めることができる見込みは、それ自身かなり限定的である。今日のシリアでは、アメリカ、ロシア、イラン、トルコ、湾岸君主国すべてが共同で支持するならば、妥協が成立して、ほんのわずかだが履行される可能性を持つだろうが[87]ワシントンは、テヘランとの間の「核協定」の締結以降、この方向に全面展開すべくその努力を傾けてきた。この中で、ワシントンは、二〇一四年以降にサウジ王国が仕掛けた「原油価格戦争」を通して、ロシアとイランにかけられた強力な経済的圧力を利用していた[88]。

しかしながら、ヨーロッパへ渡って来るシリア難民の数が急増した結果、二〇一五年に西側諸国が深刻な問題に直面したことによって、オバマ政権はシリア情勢についてうろたえ、バッシャール・アル・アサドとの妥協についてより一層語るようになった。ワンパターンなことしか言わない一面的な「反帝国主義者」が無視している明白な真実が、ほかならぬロシア国連大使のヴィタリー・チュルキンによってCBS放送に対してはっきりと明かされた。

これはアメリカとの間で、アメリカ政府との間で今日、共有されている見解だと思う。アメリカ政府はアサド政府の崩壊を望んでいない。アメリカ政府はシリア政府を害することにならないやり方で［ＩＳＩＳと］戦うことを望んでいる。その一方で、アメリカ政府は、シリア政府が［ＩＳＩＳに］対するアメリカの作戦を利用して欲しくないと考えている。だが、アメリカ政府は自らの行動によってシリア政府が打撃を受けるようになることは望んでいない。これは非常に複雑な問題だ。……私には次の点はまったく明白だ。すなわち、今日、アメリカ政府のきわめて深刻な懸念のひとつは、アサド政権が崩壊し、［ＩＳＩＳが］ダマスカスを占拠し、アメリカがその事態について非難されるようになることなのだ。[89]

ＣＮＮ局のクリスチャン・アマンプーアに対して、イランのハサン・ロウハーニー大統領が二〇一五年一〇月二日に語ったことは、このチュルキンの確信と全面的に一致していた。実際、これこそ、ワシントンがモスクワとテヘランの両方に伝えた印象なのである：

いいかね、シリアでわれわれの第一の目的がテロリストを駆逐し、テロリストと戦ってそれを打ち破ることであるときに、われわれには権力の中枢としてのこの国の中央当局と中央政府を強化する以外に解決法はないのだ。

だから、今日、すべての人が、われわれがテロリストと戦うことができるように、アサド大統領がその座にとどまらなければならないという点を受け入れたと私は思っている。しかしながら、この動きがさまざまなレベルで成功に達して、テロリストを一歩ずつ駆逐し始めるようになるや否や、次には反政府派の声も聴くために他の計画を実施に移さなければならない。

政府に反対しているが、テロリストではない人々が会談と交渉のテーブルにつき、政府の代表を含むさまざまなグループと話し合い、そこからひとつの決定に達し、決定を下し、シリアの将来のためのその決定を実施しなければならない。(90)

ロシアの介入と西側の動揺

ワシントンの隠れもない明白な混乱は、ロシアがシリア政権への軍事的支援だけでなく、シリアで直接の軍事的プレゼンスを強化する道を切り開いた。これは、イランのロウハーニー大統領によれば、公然ではないとしてもワシントンの暗黙の承認によってなされているという。ロウハーニー大統領はこの同じインタビューにおいて、プーチンが「私はこの問題についてオバマとも話をし、あらためてＩＳＩＳに対する戦いに加わり、その敗北を目指すとの約束を改めて果たしたいという意向を表明した」と話したと述べた。ロウハーニーによれば、プーチンはまたこうも述べたという。「オバマは私が述べた分析と計画を歓迎した。だから、事前の段階においてさえ、アメリカはそのことを承知していたのだ」と。こうしたことすべては、ＩＳＩＳとの戦いという名目で起こったことなのだが、それだけではなく、それよりもはるかに重要な点は、リビアのような形でのシリア国家の崩壊を阻止するという名目で起こったということである。これはワシントンが唯一同意し得た優先事項であった。ＢＢＣのマーク・アーバンが二〇一五年九月二三日付けの分析の中でこの点を正しくも提起している。

クレムリンの目的は、はっきり言うと、シリア国家、あるいはシリア国家に残されているものの倒壊を阻止することであった。プーチン氏は先週、リビアへの二〇一一年のＮＡＴＯの介入の後にその国で起こったような類の政府機関の完全な倒壊を阻止するつもりであると語った。それは、カダフィー大佐の打倒以降に起こった事態についての西側の罪の意識をよびさます巧妙なメッセージである。

それに加えて、暫定政権や和平プロセスに向けた作業を進めつつ、他方では、シリアの軍隊と治安機関をそのまま保持するという考えは、西側諸国では一定の支持を見出しているのである。実際、アメリカの路線も、アサド大統領が当面、権力の座にとどまり、イスラム国粉砕という目的との関係で彼の更迭を副次的なものとするという方向に最近では大きく転換している。(91)

意外なことではないが、ロシアによるシリアの戦争への軍事介入――これはアフガニスタンへのソ連邦の侵攻以降モスクワの最初の直接的な外国への介入である――は、シリアの反政府派主流がシリア政権の地位を絶えず浸食し続けていることを阻止し、巻き返しを目指す反撃に道を開くために、この反政府派主流を攻撃対象にしたものであった。ロシアの空爆作戦が始まって二週間で、イランの関与が強まったことにも助けられて、シリア政権が大規模な攻撃に乗り出した。[92]その目標は、バッシャール・アル・アサドが広範な論議の的となった二〇一五年七月二六日の演説の中で「重要地域」と呼んだ地域を完全に奪回し、固めることだった。つまり、「重要地域とは、その他の地域を陥落させないために軍隊が死守する地域のことである。これらの地域の重要性はいくつかの基準に従って定義される。これらの地域は、軍事的展望、政治的展望、そして経済・サービス的観点から重要なのである」。[93]それより二か月前、政権内の情報に通じたある人物がAFP通信にシリアの「事実上の分割」についての情報を伝えた。そうであれば、ダマスカスは「シリアの有用な部分」に執着しているにすぎないということになろう。[94]

政権に近い筋の人々は「シリアの有用な部分」への政府の退却について語っている。「シリアの分割は不可避である。政権は沿岸地方ならびにハマーとホムスのような中心都市、そして首都ダマスカスを支配下におくことを望んでいる」と政権に近いシリアのある政治的人物が語った。

名前を出さないという条件で話に応じたこの人物は、さらにこう付け加えた。「当局にとっての越えさせることのできないレッドラインは、ダマスカス＝ベイルートを結ぶ高速道路、ダマスカス＝ホムスを結ぶ高速道路であり、さらにはラタキアやタルトゥースのような都市がある沿岸地域である」と。[95]

ロシアの介入――これがなされたのは、アサド政権が反政府派からの攻勢のプレッシャーの高まりにさらされて後退している時であって、二〇一四年夏にＩＳＩＳが劇的にその領土的支配を拡大しつつあった時ではない――が、ＩＳＩＳと戦うということではなくて、主としてそして根本的に、反政府勢力全体に対抗して政権側を支えるものであることは明白である。[96] クレムリンのスポークスパーソンのドミトリー・ペスコフ自身がプーチンによる爆撃の開始時にそっけなく認めたように、「その攻撃対象はシリア軍との協力のもとに選択されたものであり」、その目的は「シリア軍が最も弱体な地域でシリア軍を助けることである」[97]。『ガーディアン』の中東地域担当編集者のイアン・ブラックは、ロシアの直接介入を生み出した本当の状況を実にうまくまとめている。

当局筋とアナリストは次のように語っている。五月における北部の都市、イドリブとその近郊のジスル・アル・シュグールの陥落がシリア軍の危機的状態についての「警鐘」の役割を果たしてから、モスクワが介入をさらに深めることを決定したというのだ。

ロシアの動きは、アサドのもうひとつの主要同盟国であるイランからもある程度促されたものであった。イランは、シリアにおいて目立たないが強力な役割を果たしているが、通常は、自国の軍隊を投入したがらない。ダマスカス駐在の外交官は「イラン側はロシア側に率直にこう語った。もしあなた方ロシアが介入しなければ、バッシャール・アル・アサドは倒れるだろう。われわれにはそれを支え続けることができない」と語った。

シリア正規軍の力は、戦前の三〇万人から八万人～一〇万人へと低下しているとみられている。衝突が宗派的性格を帯びるにつれて、疲弊、脱走、死傷の損害が重大な損失をもたらしている。このことは、かつては忠誠を誓っていたアラウィ派――アサド一族の宗派――がもはやスンニ派地域のために戦う覚悟を持っておらず、自分たちの地域を防衛する覚悟しかないことを意味する。

あるシリア専門家は、「イドリブは、シリア軍兵士が戦う気がないというただそれだけの理由から、たちまちのうちに陥落した。……アハラール・アル・シャーム・イスラム運動（反乱グループのひとつ）は、政権側の防衛がたちまち崩れてしまったのに驚いた」と語った。

アサド側部隊の戦線はひどく伸び切っている。ダマスカス地域では、大統領の弟マーヘルが指揮する精鋭の共和国防衛隊の第四師団が、東部グータなど反乱派が抑える地域を奪回することに失敗したが、グータは八月中旬に残忍な爆撃を受け、約二四〇人もの人々が殺害された。(98)

以上すべての証拠があるにもかかわらず、オバマ政権は驚くほどの自己満足と希望的観測を示した。アメリカのジョン・ケリー国務長官は実際、二〇一五年九月三〇日の国連安全保障理事会にあてた声明の中で、ヌスラ戦線への攻撃を歓迎することによって、ＩＳＩＳと無関係な攻撃対象へのロシアの爆撃に対して事前に正当性を与えたのだった。ヌスラ戦線は、二〇一五年一〇月終わり頃までは、単一軍事連合である征服軍（ジャイッシュ・アル・ファタ）の中でシリア反政府派の残りの中心的構成部分と同盟して、戦場では混成部隊を形成していた。

アメリカは、ＩＳＩＬならびにアルカイダ・グループ、とりわけヌスラ戦線と戦ういかなる誠実な努力をも支援する。もしロシアの最近の行動ならびに現に進行している活動がこうした組織を打ち破るための誠実な約束を反映するものであるのなら、われわれはそうした努力を歓迎し、われわれの作戦との軍事的衝突を回避する方法を見つけ、それによってＩＳＩＬと系列諸グループに対する軍事的圧力を強める用意がある。しかし、われわれはＩＳＩＬに対するわれわれの戦いにおいて、アサドへの支持と混同してはならないし、混同しないだろう。さらに、万一、ロシアがＩＳＩＬやアルカイダ系列グループといった攻撃対象が活動していない地域を空爆することがあれば、われわれは重大な懸念をもつだろうということを明確にもしてきた。ロシアがそうした攻撃をおこなうならば、ＩＳＩＬと本当に戦うつもりなのか、それともアサド政権をも守ろうとしているいるのかという疑念を呼び覚ますことになるだろう。(99)

アメリカ上院軍事委員会のジョン・マケイン委員長は、ケリー国務長官の声明に刺激され、公式声明で憤然として次のように述べた。「残念ながら、『軍事的衝突を回避する』という言葉は、この政権がシリアにおけるロシアの役割の拡大を受け入れ、結果としてシリア国民に対するアサドの野蛮が続くことを［ジョージ・］オーウェル流に婉曲に言い回しているに過ぎないように見える」[100]。しかしながら、実は、オバマ政権は、モスクワとテヘランがアサドを説得して退陣させることによって、シリアの泥沼からの脱出を助けてくれるという希望的観測に深くはまり込んでいたのだった[101]。ＭＮＳＢＣ局のインタビューの中で、ジョン・ケリーは、あたかも自らがアサド自身の善意に賭けているかのように受け取れる発言をしたのだ！　アサドがその地位にとどまるのを受け入れる用意があるけれども、それは「暫定的」期間だけのことだというワシントンとその同盟諸国の伝えたメッセージに沿って、彼は、ここでの問題の核心は、アサドをワシントンが拒絶しているということではなくて、「スンニ派」がアサドを拒否していることだと説明した。

【質問】けれども、アサド大統領と彼がこの三年から五年の間におこなってきたやり方からすると、どうして彼が権力の座から降りることになるなどと考えられるのでしょう？

【ケリー国務長官】それはわれわれには分からない。率直に言って、分からないのだ。だが、アサド自身が最近、何度もこう口にしている。将来も自分がその地位にとどまるべきだとシリアの国民が考えないのなら、そのとき私は一歩踏み出す——私は去るだろうと。彼はそう言ったのだ。折りにふれて彼は、何らかの政治的解決を望むということをにおわせて来た。もしシリアを救おうとするのであれば、一連の選択——子どもへの樽爆弾攻撃、国民に対する化学兵器ガスの使用と拷問、戦争の戦術としての飢餓作戦の行使——を彼がおこなったのだという点を彼にはっきり伝えることが、彼の支援者、より強力な彼への支援者の責務であると思う。私が言いたいのは、これらすべては彼がおこなったことなので、たとえ和平を実際に達成できるようにオバマ大統領が協力したいと望んだとしても、それは不可能なのだ。なぜなら、バクダッドとトルコ・シリア・イラク国境との間の地域には六五〇〇万人のスンニ派の人々がいて、これらの人々が、アサドを自分たちの一員として、正統な指導者としてけっして二度と受け入れることはないだろうからである。これらのスンニ派の人々はそれを受け入れないだろうし、われわれがどう考えているのかということはまったくかかわりなく、そうなのだ。[102]

二〇一五年一〇月二日の記者会見でバラク・オバマ自身が提起したシリア情勢の概要は、彼の考え方を実に鮮明に明らかにしている。ロシアによるアサド政権側に味方するシリア内戦への直接介入に対応してアメリカ大統領が与えた唯一の公約は、アメリカが反アサド政権勢力の破壊についてモスクワには協力しないという点だけだった！

さて、まず何よりも第一に、シリアで何が起こっているのか、そしてどうしてこのようなことになったのかを理解しよう。アサド大統領に反対する平和的な抗議運動として出発したものが内戦に発展した。アサドが想像しがたいような残虐な手段でこれを迎え撃ったからである。そして、だから、……これはシリア国民と野蛮で無慈悲な独裁者との間の対立である。

第二のポイントは、アサドが今なお権力にとどまっている原因は、ロシアとイランがこの過程を通じてアサドを支援してきたからである。そして、この意味において、ロシアが現在していることは、過去においてロシアとイランがしてきたことと取り立てて異なるものではない。この点で両国がよりあからさまになっているにすぎない。シリア民衆の圧倒的多数によって拒絶されている政権を彼らは支えてきたのだ。民衆がアサドを拒絶しているのは、アサドが進んで子どもや村に樽爆弾を無差別に投下していることを、またアサドの関心がこの国の事態よりも権力にしがみつくことにあることを見てきたからである。

それで、私がプーチン大統領と議論した際、次の点を鮮明にした。すなわち、シリアの問題を解決する唯一の道は政権移行であるが、その中には国家と軍隊には手をつけないこと、両者のつながりを維持することが含まれる。まさにこの点が含まれる。このことを実現する唯一の道は、アサドの政権委譲である、と。なぜなら、シリア国民の観点からすればアサドを復権することはできないからである。これは私ではなく、シリア人民の圧倒的多数派が下している判決である。

そして、私は、もしプーチンが進んで政権移行について彼のパートナーであるアサドやイランとの仲介の役割を果たしてくれるのであれば、プーチンと協力する用意があるし、われわれは、国際社会の残りの地域に対してもこうした仲介による解決策をもたらすことができると言った。しかし私は、軍事的解決、つまりアサドを助け、民衆を鎮圧しようとするロシアとイランの試みは両国を泥沼の中に陥らせることになるだけであると彼に告げた。そして、その試みはうまくいかないだろう。そうなると、両国は、異なる方向を取らないかぎり、しばらくこの国にとどまり続けることになるだろう。

私はまたプーチンに、アメリカ、ロシア、そして全世界がＩＳＩＬを壊滅させる点で共通の利害に立っているというのは本当であると言った。しかし、プーチンが過去にどう言ったかと関わりなく、きわめて明白なことは、ＩＳＩＬとアサド退陣を望む穏健なスンニ派反政府勢力とをプーチンが区別していないという点である。ロシアとイランの見方では、彼らすべてはテロリストなのである。これは災厄の処方箋であって、それこそ私が退ける処方箋なのである。

だから、現時点での状況は、われわれが［ロシアと］アメリカの空戦をみないですむように、衝突回避についての非公式の政治的協議を持っているということである。しかし、問題はそれだけにとどまらない。この点で問題なのは、アサドと彼がシリア国民に行使している残虐な行為であり、それを停止させなければならない、という点である。この問題に対しても自らの信念と政策にわれわれがあくまでも固執しているのであって、この点でのわれわれの立場はきわめて明白である。そして、それを止めるために、われわれにはすべての当事者と協力する用意がある。しかし、われわれが、アサドの行動に嫌悪を覚え、それに我慢が出来なくなっているすべての人々を殺害しようとしているにすぎないロシアの作戦に協力することはない[103]。

ここでの悲劇は、ワシントンの動揺的態度が和解を加速させるどころか、その達成をより困難にするだろうという点にある。同じ論理が最初から働いてきた。政権側に妥協を進んで受け入れさせるようにさせるためには、その存在それ自体が脅かされていると政権側が感じる必要がある。あるいは、政権への支援国から強い圧力を受けているような状態にする必要がある。そして支援国は、和解案に代わるオルタナティブが政権の崩壊しかないという危惧を抱いた場合にのみ、強い圧力を加えるだろう。ワシントンと西側の同盟諸国は、政権へのロシアのてこ入れを容認することによって、そしてまた政治的和解に不可欠な前提条件としてアサドが退陣し、権力を譲渡しなければならないとする西側の以前の主張からますます後退していく傾向を示すことによって、アサドが自分の地位にしがみつき、ロシアとイランがアサドに固執するのを助長しているにすぎないのだ。ちなみに、この傾向は、二〇一五年一一月一三日のパリにおけるＩＳＩＳ側のテロ攻撃を受けてより一層強まった。ニール・キリアンは正しくもこう書いている。「西側の指導者たちは、とるべき手段をほとんど持っていないのだが、その一方で、アサドが政権移行計画の一翼に組み込まれるべきだとするロシアの主張を黙認することは、紛争を長引かせ、ＩＳＩＳの訴えを広めるリスクを引き起こしているという点で、西側指導者が最終的に共犯者になるということを意味する」(104)。

シリアはどこへ行く？

反政府派と最初の民衆の反乱の中心的要求は、アサドの政権からの退陣であった。シリア反政府派のいかなる部分も、この中心的要求を放棄するとは余りにも「恥ずべき」ことなので、そうした妥協は受け入れられないということは誰にも明白であるに違いない。そのような中心的要求を含まないいかなる和解案も、武装諸勢力によって圧倒的に拒絶されるであろう。それは、武装勢力がたえず互いに他の勢力をしのごうと構えながら競い合っているだけになおいっそうである。したがって、そのような和解案は進行する悲劇を止めるものとはならないだろう。このきわめて緊急な目標を実現するためには、アサドの辞任に基礎を置く暫定的和解案だけが目的を果たすだろう。

二〇一二年一一月のシリア国民評議会（ＳＮＣ）から国民連合への移行は、シリアの反政府派をうまく操縦しようとするワシントンの介入強化に従ったものだった。これは、結果としてモアーズ・アル・ハティーブを国民連合議長に指名することにつながった。ハティーブは、ダマスカスにあるウマイヤド・モスクの元イマームであり、カタールを本拠として活動するユースフ・アル・カラダーウィーの信奉者であり、ワシントンが提唱する「イエメン方式の解決策」の支持者である。それから五か月後、アサド政権と効果的に戦うために必要な手段を反政府勢力に供与することをワシントンが許可しなかったのに失望して、彼は辞任した。[105] それ以降、ハティーブは、モスクワやシリア反政府派の一翼を占める妥協派（民主的変革勢力全国調整委員会）から主流反政府派のサラフィスト系ジハード派の勢力に至るさまざまな潮流にまたがる結びつきを構築しながら、交渉を通じた戦争の終結を向けた試みを追求している。彼は、二〇一五年五月、シリア・イスラム評議会の招きで、こうした諸勢力とイスタンブールにおいて会合をもった。シリア人の間でのモアーズ・アル・ハティーブの人気からすると、彼は妥協による政権移行のために中心的役割を果たせるような反政府派の人物である。

また、現在のジハード派の多くの部分は、そして、これらの個々のメンバーの多くはよりいっそうそうなのだが、生活の糧の提供をストップするとジハード主義から離反していく可能性があることは間違いない。二〇一五年一二月、リヤドにおいて、サウジアラビアが招集したシリア反政府派の会合がいかに多くのジハード派グループのスタンスの軟化をもたらしたのかはすでに知られている。中でも最も顕著なのは、アーラル・アル・シャムであった。[106] リヤドのこの会合は、一〇月と一一月にウィーンで開かれたいわゆる「シリア支援国際グループ」の会合から、さらにより決定的には二〇一五年一二月一八日に満場一致で採択された国連安全保障理事会決議二二五四号から決定的な後押しを受けた近い将来の政治的プロセスに備えたものだった。

アサド政権側では、ファルーク・アル・シャラ副大統領が中心的役割を果たす可能性が高い。彼は早くから、政治的解決を支持すると表明している。先に引用した二〇一二年一二月のインタビューの中で彼はこう述べた。

国民連合もイスタンブール評議会も、多極的な国内反政府派としての調整委員会も、さらには周知の国外的結びつきをもつ非暴力の反政府派や武装した反政府派のグループも、自らがシリア国民の唯一の正統な代表であるとは主張できない。同様に、現政府ならびに正規の軍隊と戦線加盟政党――第一に、長年の経験と深く根を下ろした官僚体制をもつアラブ社会主義バース党が挙げられる――は、二年間の危機を経た後では、祖国の基本構造と領土統一、そして地域主権の保持をともに担う新たなパートナーなくして、単独では変革と前進を実現することができない……。

解決策は、シリア人によるものでなければならないが、地域の主要国家と国連安全保障理事国を含んだ歴史的和解を通じたものでなければならない。解決策は、まず何よりも、同時並行的な暴力の停止と停戦、および広範な権限を有する国民統一政府の形成によって構成されるものでなければならない。(107)

たとえそのような移行が日の目を見るとしても、それがかならずや持続し、破局の流れをせき止めることに成功するに違いないとするのは楽観主義にすぎるだろう。だが、ひとつのことは確かである。つまり、それが二〇一一年に反乱を開始した人々の希求の実現とは余りにも遠くかけ離れたものとなるだろうということである。しかしながら、和解は、両陣営――アサド政権と困難を抱えた武装反政府派――に対する進歩的オルタナティブが再浮上する諸条件を作り出すかもしれない。というのは、大きな困難にもかかわらず、このようなオルタナティブの潜在的可能性がシリアではいぜんとして存在しているからである。その可能性は、多くは国を逃れたが、二〇一一年に街頭に進出してまだ生き残っている進歩的考えの若者の中に存在する。

二〇一一年と二〇一二年のシリアの注目に値する民主主義の経験――この時、地区評議会が、国家の地区機関や公共サービスの麻痺や崩壊を補うために樹立された――は、完全に消滅してしまったわけではない。二〇一二年にアメリカ国務省でシリア移行特別顧問として働いたフレデリック・ホフは最近、この潜在的可能性をはっきりと認めた。彼が認めたこの潜在的可能性は、元外交官の抑制された現実主義的な評価というよりも、むしろまるで自主管理の過剰なまでの熱烈な支持者の希望的観測であるかのように聞こえる。

今日、シリアの非アサド派地域全体に何百もの地区評議会が存在している。いわゆるイスラム国に占領された地域では、秘密裡に活動している評議会もある。アサド政権が、イランの全面的な支援の下で、ヘリコプター搭載の樽爆弾を学校、病院、モスクに投下している地域でも、活動している評議会がある。さらにまた、イランによる飢餓へ追いやるための包囲攻撃を受けている地域で活動している評議会もある。これらの地区評議会は、市民社会の組織の広範なネットワークによって支えられている。これはシリアにとってこれまでになかった経験である。これこそシリア革命のエッセンスである。

地区評議会と市民社会の諸組織のこの組合せは、下からの地区単位の試みの結合である。地区の人々のためにあらゆるリスクをものともしない女性と男性はヒーローである。それでも、これらのヒーローたちは文字通り無名である。シリアのすべての人がアサドとその強欲な一族を知っている。

シリアの多くの人々は、亡命した反政府派の人物や国内の武装グループ指導者の名前を知っている。だが、シリアの将来の政治的エリートを代表する人物たちはあまり知られていない。[108]

なかなかの理想主義者であるかのよう見えるホフは、自分が記述した下からの社会的組織化を「西側的民主主義」の特性と間違えたのだ。こうして、素朴にも、彼はアメリカとそのパートナーたちに「シリアの草の根から生まれつつあるアサドへのこのオルタナティブ」を擁護して動くよう呼びかけた。その一方で、彼は、「アサド――大量殺戮を犯した者――が余りにも早く倒れるかもしれないというオバマ政権の高官が口にした懸念[109]」を聞いて狼狽したことを表明した。しかしながら、本当は、もしこの種の急進的民主主義の経験が広がり、シリアから近隣諸国へと拡大していく恐れが出てくるようなことにでもなれば、それは、アメリカが支配する地域の秩序にとって、ＩＳＩＳが表現している難題よりもはるかにずっと大きな難題となるだろう、ということなのである。

第一章　原注

（１）Gilbert Achcar, *The People Want: A Radical Exploration of the Arab Uprising,* trans. G. M. Goshgarian, London: Saqi, and Berkley, CA: University of California Press, 2013, pp.225-27.

（２）樽爆弾は、基本的には、手製の大きな焼夷弾で、石油の樽やそれと同様の円筒形の容器の中に、爆薬と一緒にガソリン、釘、その他の未加工の破片を詰め込んだものである。それに導火線を付けて、ただヘリコプターから落とすのである。このような武器の使用の最初の記録は、二〇一二年八月末にさかのぼる。（Jonathan Marcus, "Syria Conflict: Barrel Bombs Show Brutality of War", *BBC News,* 20 December 2013）「ヒューマン・ライツ・ウォッチ」のケネス・ロス理事長による厳しい批判に満ちた論文を参照すること。Kenneth Roth, "Barrel Bombs, Not ISIS, Are the Greatest Threat to Syrians", *New York Times,* 5 August 2015.

（３）次のものを参照すること。"FIM-92 Stinger-RMP", at Deagel.com, 31 March 2015.

（４）トルコ空軍財団の関連会社であるロケットサン社がスティンガー・ミサイルを生産している。<http://www.roketsan.com.tr/en/kurumsal/>

（５）Nour Malas, "Syrian Rebels Get Missiles", *Wall Street Journal,* 17 October 2012.

（６）Matt Schroeder, *Fire and Forget: The Proliferation of Man-Portable Air Defence Systems in Syria, Small Arms Survey, Issue Brief,* no. 9(August 2014).

（７）Martian2, "Syria: Chinese FN-6 MANPADS Shoots Down Two Russian Mi-8/17 Helicopters",

Pakistan Defence, 1 April 2013.

(8) C. J. Chivers and Eric Schmitt, "Arms Shipments Seen from Sudan to Syria Rebels", *New York Times*, 12 August 2013.

(9) Ibid.

(10) Adam Entous and Julian E. Barnes, "Rebels Plead for Weapons in Face of Syrian Onslaught", *Wall Street Journal*, 12 June 2013.

(11) Ibid. 他にもこのおなじ選択肢を支持する高官がいる。

「上院軍事委員会に対する証言の中で、E・パネッタ国防長官は、自分と統合参謀本部のマーチン・E・デンプシー将軍が慎重に精査されたシリアの反乱派を武装させるという［二〇一二年の］計画を支持していたということを認めた。パネッタ氏によれば、この計画は、当時のCIA長官でデイヴィッド・H・ペトレイアスによって立案され、当時のヒラリー・クリントン国務長官に支持されたが、ホワイトハウスによって結局のところ拒否されたという……」。

「パネッタ氏もデンプシー将軍も、オバマ大統領がなぜ二人の勧告に耳を傾けようとしなかったのか、その理由を説明しなかった。しかし、アメリカの高官たちが語るところによれば、ホワイトハウスは、武器が邪悪な者たちの手に渡る可能性をも含めて、より深くシリアの危機に入り込むようになるリスクを恐れていたのである」。

Michael Gordon and Mark Landler, "Senate Hearing Draws Out a Rift in US Policy on Syria", New

York Times, 7 February 2013.

（12）Muhammad Idrees Ahmad, "Obama's Legacy Is Tarnished as Putin Fills the Vacuum in Syria", *The National* (UAE), 10 October 2015.

（13）"Remark by the President on the Situation in Iraq", Wsshington, DC: White House, Office of the Press Secretary, 19 June 2014. オバマが同じ主張に訴えたのはこれが二度目だった。その数日前、彼は米公共ラジオ局に次のように語った。「穏健な反政府派について語るとき、これらの人々の多くは戦闘経験をほとんど持たない農民や歯科医やおそらくラジオ局の記者ということなのでしょう」。"Greg Myre, "More Diplomacy, Fewer Military Missions: 5 Obama Statements Explained", NPR, 29 May 2014. オバマ政府のシリア問題前顧問として、フレデリック・ホフは正しくもつぎのようにコメントしている。

「アメリカの大衆――農民、鍛冶屋、商店主など――が外国からの武器や訓練員によって軍事的技能をまずまずの水準にまで高められたという歴史的先例はともかくとして……、しかしながら、今日、浮かび上がっている問題は、オバマ大統領が、何万というシリア軍の将校や兵士たちが、アサド政権側の大量殺戮作戦に参加するよりはむしろアサド政権から離脱したということに言及しないのか、という点にある。オバマ大統領が『穏健な反政府派』と呼ぶもの全体がなぜ、大統領によって完全に民間人であって、したがって、本質的に軍事に適さない存在であると規定されているのだろうか？　そしてまた、なぜ大統領は、彼が引き合いに出している農民、教師、薬剤師、歯科医、ラジオ局の記者のうちの膨大な割合の人々がシリアで徴兵されて事前に相当の軍事訓練を受けていると大統領はなぜ想定しないのか？ 大統領は、シリアが過去五〇年間にわたって完全に志願制の軍隊を保持してきたと考えているのか？」

Frederic Hof, "Syria: Farmers, Teachers, Pharmacists, and Dentists", *MENASource*, Atlantic Council, 20 June 2014

(14) "Vice President Biden Speaks to the John F. Kennedy Jr. Forum" (audio recording), Washington: *The White House*, 2 October 2014, <https://www.youtube.com/watch?v=UrXkm4FImvc>

(15) Gen. Martin Dempsey, "Letter to The Honorable Eliot L. Engel", 19 Aug. 2013, available at <http://www.loufisher.org/docs/syria/dempsey.pdf>

(16) Maria Abi-Habib and Stacy Meichtry, "Saudis Agree to Provide Syrian Rebels with Mobile Antiaircraft Missiles", *Wall Street Journal*, 12 Feb. 2014.

(17) Michael Crowley, "White House Debates 'Game Changer' Weapon for Syria", *Time*, 21 April 2014.

(18) Anthony Cordesman, "US Options in Syria: Obama's Delays and the Dempsey Warnings", CSIS, 23 August 2013.

(19) Ellen Knickmeyer, Maria Abi-Habib and Adam Entous, "Advanced US Weapons Flow to Syrian Rebels", *Wall Street Journal*, 18 April 2014.

(20) Bureau of Political-Military Affairs, "MANPADS: Combating the Threat to Global Aviation from

Man-Portable Air Defense Systems", Washington DC: US Department of State, 27 July 2011.

(21) Ibid.

(22) 道徳的問題に関する『ニュー・リパブリック』へのオバマの回答は、考えられうる中でも最悪の回答である。オバマがこの点に関して考えた問題のひとつは、「シリアで殺害されてきた何万人もの人々と対比して、現在コンゴで殺害されつつある何万人もの人々をどのように評価するのか」ということであった。(Franklin Foer and Chris Hughes, "Barack Obama Is Not Pleased: The President on His Enemies, the Media, and the Future of Football", *New Republic*, 27 January 2-13). この回答の中で、オバマは、別の地での救済の失敗を指摘することによって、ある地で救済をしない言い訳にしようとしている。それは、二つにケースで何が実際に起こり得たことかを比較しないというトリックを使って、実際には道徳的犯罪の余地をさらに増大させているのである（道徳、コンゴなどに関する私のコメントについては、Gilbert Achcar, *The Crash of Barbarism: The Making of New World Disaster*、邦訳『野蛮の衝突－なぜ二一世紀は、戦争とテロリズムの時代になったのか？』（湯川順夫訳、作品社、2004、12）の第一章「アメリカの〝野蛮〟はいかに生み出されているか」を参照すること）。この点に関しては、次のナタリー・ヌゲイレッドの説得力ある議論を参照すること。Ntarie Nougayrede, "If Barack Obama Ever Had a Secretary for Syria, It's Been Turned on Its Head", *Guardian*, 10 August 2015. ヌゲイレッドは正しくも「シリア市民の苦境に対するオバマの無関心さは、彼が解決策を立案できなかったということだけにとどまらず、彼の遺産の一部となるだろう」との結論を下している。

（23）"Remarks by the President to the White House Press Corps", Washington DC: White House, Office of the Press Secretary, 20 August 2012.（強調は著者による）それからほどなくした二〇一二年九月に、フレデリック・ホフは、ヒラリー・クリントン国務長官付きのシリアの政治的移行問題顧問の職から退いた。「私には、シリアがかつてない地獄、つまり人道的に嫌悪すべき最悪の状況に陥りつつあることが分かっていた。さらに、ホワイトハウスが（難民支援のために小切手に署名する以上には）市民を保護することにほとんど意欲を示さず、シリアのアサド大統領の退陣というバラク・オバマ大統領が言明した願望を実現するための戦略を練り上げることにさえほとんど関心を持たなかったということも分かっていた」。Frederic Hof, "I Got Syria So Wrong", *Politico*, 14 October 2015.

（24）次のものを参照すること。Achcar, *The People Want*, Chapter 6, " Co-opting the Uprising", pp. 236-50. ヒューマン・ライツ・ウォッチのケネス・ロス理事長はすでに述べた『ニューヨーク・タイムズ』の記事 "Barrel Bombs, not ISIS, Are the Greatest Threat to Syrians" の中で、アサド政権の戦争犯罪を停止させることにアメリカが乗り気でないその主要な理由をこう指摘した。「抑制のひとつの理由は、樽爆弾攻撃を終わらせれば、アサド氏が権力にしがみつく力を弱くしてしまい、それによってイスラム国がその肩代わりするのを促進することになるのではないかという危惧である」。

（25）Hillary Rodham Clinton, *Hard Choices*, New York: Simon & Schuster, 2015, p.386（強調は著者による）.

（26）Ibid. p.392（強調は著者による）.

（27）Ibid. p.394.

（28）アラビア語では、Al-Dawla al-Islamiyya fil-'Iraq wal-Sham といい Al-Sham(Bilad al-Sham)とは、シリアに加えて、レバノン、イギリス委託統治領パレスチナ、ヨルダン、そしてトルコやシナイ半島の隣接地域を含んだ地域である。この組織は、英語の頭文字を取って、ＩＳＩＳまたはＩＳＩＬという名称で一般には呼ばれている。ＩＳＩＬのＬはレヴァント（フランスのオリエント学用語で、以前は東地中海諸国をそう呼んでいた）を表わしている。あるいはダーエシュまたはダーイシュ（ＩＳＩＳと同義語になるが、一般的に用いられているアラビア語の頭文字を取った Da'ish を単純化した Daesh あるいは Daish）とも呼ばれている。

（29）White House, "Press Conference by the President", Washington, DC: White House, 2 October 2015, <https://www.whitehouse.gov/the-press-office/2015/10/02/press-conference-president>.

（30）Ahmad, "Obama's Legacy Is Tarnished".

（31）Ｒ２Ｐについては、以下を参照すること。Medecins Sans Frontieres, *Responsibility to Protect, Dialogue* 8, April 2009, <http://www.msf.org.uk/sites/uk\files/MSF_Dialogue_No8_R2P_200904012144.pdf> Noam Chomsky, "The Responsabilit to Protect", lecture given at the UN General Assembly, New York, 23 Julya 209.<http://www.chomsky.info/talks/20090723,htm.> シリアにに関するＲ２Ｐの議論については、次のものを参照すること。Robert Murray and Alasdair McKay, eds, *Into the Eleventh Hour: R2, Syria and Humanitarianism in Crisis*, Bristol, UK: E-International

Relations, 2014.

（32）PBS, "Former US Ambassador Says He Could 'No Longer Defend' Obama Administration's Syria Policy", *PBS Newsletter*, 3 June 2014.

（33）Cordesman, "US Options in Syria".

（34）Jeffrey Goldberg, "Hillary Clinton: 'Failure' to Help Syrian Rebels Led to the Rise of ISIS", *Atlantic*, 10 August 2014.

（35）"Vice President Biden Speaks to the John F.Kennedy Jr Forum".

（36）イラン政権とその代弁勢力の役割については、次の報告を参照すること。Naame Shaam, *Iran in Syria: From an Ally of the Regime to an Occupying Force*, September 2014, さらに、*Silent Sectarian Cleaning: Iranian Role in Mass Demolitions and Transfers in Syria*, May 2015. 以上の二つはオンラインで見ることができる。また、次の二つをも参照すること。Eskandar Sadeghi-Boroujerdi, *Salvaging the "Axis of Resistance", Preserving Strategic Depth, Dirasat*, no. 1, Riyadh: King Faisal Center for Research and Islamic Studies (November 2014), and Phillip Smyth, *The Shiite Jihad in Syria and Its Regional Effects*, Washington, DC: Washington Institute for Near East Policy, 2015.

（37）初期の局面におけるシリアの反乱に関する都市社会学の精巧な分析については、次のものを参照すること。Salwa Ismail, "Urban Subalterns in the Arab Revolutions: Cairo and Damascus in Comparative Perspective", *Comparative Studies in Society and History*, vol. 55, no.4(2013), pp. 869-94.

（38）Ibrahim al-Amin, "Al-Shara'Yakhruj 'an Samtihi: al-Hall al-'Askari Wahm, wal-Hall bi-Taswiya Tarikhiyya, *Al-Akhbar*, 17 December 2014.
（39）Ibid.
（40）次のものを参照すること。François Burgat, "Testimony of General Ahmed Tlass on the Syrian Regime and the Repression", *Noria*, April 2014.
（41）「タクフィリ」とは、イスラム諸分派全体や個々人のムスリムを異教徒だとか、背教者だとか決めつけるイスラム原理主義に対して付けられた名称である。この用語は近年、スンニ派原理主義者の諸潮流、とりわけワッハーブ主義に鼓舞された潮流に対してもっぱら使われるようになっている。次のものを参照すること。Aaron Zelin and Phillip Smythi, "The Vocabulary of Sectarianism", *Foreign Policy*, 29 January 2014.
（42）シリアの反乱の宗派主義化とその全般的な発展力学については、次のものを参照すること。Francoie Burgat and Bruno Paoli, eds, *Pas de printemps pour la Syrie. Les clés pour comprendre les acteurs et les défis da la crise (2011-2013)*, Paris: La Découverte, 2013.
（43）民主的変革勢力全国調整委員会（シリア国民連合が二〇一一年に結成された時にその国民連合を拒否し、危機に対する交渉を通じた解決策を提唱した左翼ならびにアラブ民族主義グループ・個人の連合）の前国外スポークスパーソンだったハイサム・マンナは、二〇一三年一一月に私に対して、蜂起の最初の段階において、ダルアーの町（彼の出身地）の反体制派が各家庭の扉のところに毛布に包まれた

ＡＫ－４７ライフル銃が置かれているのをどのようにして発見したかを語ってくれた。このことはその後、シリア軍治安部隊の一員でアラウィ派の中心人物によって確認された。この人物は、アブダビで発行されている英語の日刊紙（The National）にこう述べた。

「武器は、ダルアーやイドリブを含む鍵となる戦闘地域で、反政府派の急進的勢力が入手可能になるよう整えられた、と軍の元情報将校は述べた。『これは私が聞いた何かの噂話ではない。私が実際にその命令を聞いたのだ。私はそれが起きているのを見たのだ』と彼は話した。『こうした命令はダマスカスの（軍情報部）本部から下りてきたのだ』。この将校は、急進主義を焚きつけるこの戦略に今なお怒っていて、これが職を辞した主要な理由だと語った」。

Phil Sands, Jutin Vela and Suha Maayeh, "Assad Regime Set Free Extremists from Prison to Fire up Trouble during Peaceful Uprising", *The National*, 21 January 2014.

（44）「二〇一一年五月、最初の抗議行動がシリアで起こった後、シリア政府はセイドナヤの軍刑務所から、テロ行為のために投獄された最重要の拘留者を、一連の全般的な恩赦の第一回目として釈放した。過激派グループの声明や他の反乱者とのインタビューが示しているように、少なくともそのうちの九人は、その後、シリアの過激派グループの指導者になり、四人は現在、イスラム国のために活動している」。

「シリアの駐レバノン大使であるアリ氏は、『ダマスカスは、ありふれた一般犯罪者だけを恩赦で釈放した。彼らは釈放後、過激派集団から資金提供を受けて政府と闘うことになった』として、『シリアがこうした人々を釈放した時には、彼らはまだテロ犯罪を犯していたわけではなかった』と語った。『こうした人々は一般犯罪者にすぎなかった。二〇一一年に、釈放を求める呼びかけがなされ、ダマスカスが人々を投獄しているとの非難が起こった。だから、われわれの善意を［示すために］何度かの恩赦を実施したのだ』というのである。」

「その当時、シリア外務省の外交官であり、その後政権から離脱したバサーム・バラバンディは、以上とは異なる説明をおこなった。彼によれば『持続する平和的な革命に対する恐怖が、イスラム主義者を釈放した理由であった』という。『ジハード主義者の背後にある、アサドと政権にとっての論法とは、ジハード主義派が平和的革命に対するオルタナティブであるからというものである。これらの人々はジハードの教義によって組織されているのであって、西側はそうした人々を恐れているのだ』と彼は語った。」

Maria Abi-Habib, "ISIS Gained Momentum Because Al-Assad Dicided to Go Easy on It", *Wall Street Journal*, 22 August 2014.

（45）Martin Chulov, "Why ISIS Fights", *Guardian*, 17 September 2015.

（46）「シリア政府は、イスラム国の前身であるイラクのアルカイダが当時イラクに駐留していた米軍を主要な攻撃対象にしていた時には、このグループを支援していた」。

「二〇〇七年、アメリカ軍部隊が、北部イラクのシンジャールにあるアルカイダの訓練キャンプを強襲した。ウェスト・ポイントにあるアメリカ陸軍士官学校によれば、米軍は、ダマスカスがこの過激派を支援していることを示す書類の山を発見し、この記録は士官学校によって公表された。このシンジャール文書は、中東地域からシリアのダマスカス空港に至る過激派の流れの詳細を記録したものである」。

「シリア情報局員は、戦士たちが首都に降り立つと、彼らを拘束しセイドナヤ軍刑務所に拘留した。記録が示すところによれば、拘留者がシリア国家にとって脅威であるとみなされると、そのまま投獄され続けることになる。しかし、彼らがイラクで米軍と戦いたいだけならば、シリア情報当局はそれら戦士の国境を越えた移動を助けるということを記録は示している。このような移動の旅を続けているのは、多くのサウジアラビアやリビアの出身者であり、今日、イスラム国の隊列を支えているのもそれと同じ国籍の人々である」。

「イラクのマリキ首相の前スポークスパーソンであったアリ・アルダッバーグは、インタビューの中で、バクダッドがアサドに対してアルカイダ戦士の国境を越えた流入を停止するよう要請したダマスカスでの緊迫した会談に出席したが、シリアはこの要請をはねつけたと語った」。

Abi-Habib, "ISIS Gained Momentum".

(47) Wikileaks, Cable from the US Embassy in Damascus, Canonical ID: 10DAMASCUS158_a., "When Chickens Come Home to Roost: Syria's Proxy War in Iraq at Heart of 2008-09 Seidnaya Prison Riots", 24 February 2010. Catherline al-Talli の名前は "Tali" から訂正されていた。以下を参照のこと。 <http://carnegie-mec.org/publications/?fa=48713>)

(48) Patrick Seale, Asad: *The Struggle for the Middle East*, London: I.B. Tauris, 1990.

（49）David Lesch, *The New Lion of Damascus: Bashar al- Asad and Modern Syria*, New Haven. CT: Yale Univercity Press, 2005, p.187.

（50）Wikileaks,"When Chickens Com Hometo Roost".

（51）私は以下の二つの著作において、アメリカのW・ブッシュ政権が、「民主主義の促進」という自身の主張をイラクにおいていかに妨げようとしているかについて述べた。Achcar, *The Clash of Barbarism*, Chapter4（アシュカル『野蛮の衝突』第四章）; Noam Chomsky and Gilbert Achcar, *Perilous Power: The Middle East and US Foreign Policy*, ed. Stephen, Shalom, 2nd edn, Boulder, CO: Paradigm, 2008.

（52）トニー・バドランが引用しているアメリカとイラクの当局者の声明を参照すること。Tony Badran, "The 'Lebanonization' of Iraq", *NOW*, 22 December 2009, <http://now,mmedia.me/lb/en/commentary/the_lebanonization_of_iraq>, アルカイダとＩＳＩＳにおけるイラクのバース主義者の役割については、次の二つを参照すること。Liz Sly, "The Hidden Hand Behind the Islamic State Militants? Saddam Hussein's", *Wasington Post*, 4 April 2015; Isabel Coles and Ned Parker, "The Baathists: How Saddam's Men Help Islamic State Rule", *Reuters*, 11 December 2015.

（53）Wikileaks, Cable from the US Embassy in Damascus. Canonical ID: 10DAMASCUA159_a. "Syrian Intelligence Chief Attends CT Dialogue with S/CT Benjamin", 24 February 2010.

（54）Peter Neumann, "Suspects into Collaborators", *London Review of Books*, vol.36, no.7 (3 April

2014). また次のものをも参照すること。Hani Nasira, "Min Aghasi ila al-Nusra: Khibrat al-Asad fi Ikhtiraq al-Jihadiyyin", *Ma'had Al-'Arabiyya lil-Dirasat*, 16 June 2013; Muhammad Habash,"Abu al-Qa'qa'…Dhikrayat…al-Tariq ila Da'ish", *All4Syria*, 7 October 2014.. ＩＳＩＳについて、その台頭とその過程におけるアサド政権の役割に関する最良の情報を提供してくれる本には以下のものがある。Michel Weiss and Hassan Hassan, *Isis: Inside the Army of Terror*, New York: Regan Arts, 2015; Jean-Pierre Filiu, *From Deep State to Islamic State; The Arab Counter-Revolution and its Jihadi Legacy*, London: Hurst, 2015; さらに、ＩＳＩＳならびにシリアの数多くのジハード派については次のものを参照すること。Charles Lister, The Syrian Jihad: Al-Qaeda, *the Islamic State and the Evolution of an Insurgency*, London: Hust, 2015.

（55）Rita Faraji, "Riyad al-As'ad lil-Ra'y: 'Anasir al-Qa'ida'iza Dakhalat Suriyya fa bil-Ta'awun ma' al-Mukhabarat al-Jawwiyya", *Al-Ra'y*(Amman), 13 May 2012.. その素晴らしい著作の中で、ミシェル・ヴァイスとハッサン・ハッサンはシリア空軍諜報部が「イスラム国の隊列の中に二五〇人の情報提供者」を抱えているとした空軍諜報部の文書を自分が見たという、アルカイダを専門とするインターネット・セキュリティ専門家のライス・アルクーリが二人に語った話を引用している（*Isis:Inside the Army of Terror,p.199*）。

（56）Chulov, "Why Isis Fights".

（57）ヌスラ戦線については、とりわけ次のものを参照すること。Lister, *The Syrian Jihad*

(58) トルコの役割ならびにヌスラ戦線／ＩＳＩＳとの関係の展開については、次のものを参照すること、Asli Ilgit and Rochelle Davis, "The Many Roles of Turkey in the Syrian Crisis", *Middle East Report Online*, 28 January 2013; Semih Idiz, "ISIS emerges as threat to Turkey", *Al-Monitor*, 25 March 2014; Aaron Stein, "Turkey's Evolving Syria Strategy", *Foreign Affairs*, *Snapshot*, 9 February2015; Martin Chulov, "Is Vladimir Putin Right to Label Turkey 'Accomplices of Terrorists'?", *Guardian*, 24 November 2015.

(59) ハスワニは、二〇一五年三月に行われたＥＵの制裁の中心的対象者である。

「アサド政府とその不倶戴天の敵と考えられている『イラクとレヴァントのイスラム国』、つまりＩＳＩＳとの数百万ドルにのぼる石油・天然ガスの秘密取引を担当するシリアのある実業家は、ＥＵの新たな広範囲にわたる経済制裁で攻撃された一三の個人と企業のうちの一人である。ＥＵの新しい制裁に詳しいある外交官によれば、シリア系ギリシャ人で、アサド大統領との「直接の関係」を持つ実業家であるジョージ・ハスワニが、ＩＳＩＳとシリア政権との間の仲介契約の責任者だという。さらにこの外交官は、シリア最大の機械企業のひとつであるハスワニ所有のＨＥＳＣＯ社はまた、ＩＳＩＳとシリア政府によって共同に運営されているタブカの天然ガス製造施設の操業に従事していると付け加えた。ハスワニに対する制裁は、ＩＳＩＳとダマスカスとが、中心的分野で、膨大な収入によってジハード派を維持するという秘密の関係のもとで緊密に協力し合っていることを西側政府がはじめて正式に確認したものの一つなのである。

Sam Jones, "News EU Syria Sanctions Reveal Regime Collusion with Isis", Financial Times, 7 March 2015.

HESCO社が明らかにしている一連の顧客リストについては（当然、この中にはISISは含まれていない）、同社のウェブサイトを参照すること。<http://www.hescoco.com/>

（60）Erika Solomon, "The ISIS Economy: Meet the New Boss", *Financial Times*, 5 January 2015. イスラム国の財政の概要については次のものを参照すること。Frank Gunter, "ISIL Revenues: Grow or Die", *Foreign Policy Research Institute*, June 2015. また、以下をも参照すること。Rim Turkmani, *ISIL, JAN and the War Economy in Syria*, London: LSE, 30 July 2015. さらに『フィナンシャル・タイムズ』の優れた次の連載記事を参照すること。Erika Solomon, Guy Chazan and Sam Jones, "ISIS INC: How Oil Fuels the Jihadi Terrorists"; Erika Solomon, Robin Kwong and Steven Bernard, "Inside ISIS INC: The Journey of a Barrel of Oil", 14 October 2015; Erika Solomon and Ahmed Mhidi, "ISIS INC: Syria's 'Mafia-Style' Gas Deals with Jihadis", 15 October 2015; Erika Solomon and Ahmed Mhidi, "ISIS: The Munitions Trail", 30 November 2015; Erika Solomon and Sam Jones, "ISIS INC: Loot and Taxes Keep Jihadi Economy Churning", 14 December 2015.

（61）反政府派のイスラム原理主義武装派を構成する中心的グループのひとつであるアーラル・アル・シャムについては、以下を参照すること。Erika Solomon, "Syrian Islamist Rebel Group Looks to the West", *Financial Times*, 14 August 2015; Marian Karouny, "Resilient insurgent group Ahrar al-Sham to play bigger role in Syria", *Reuters*, 22 September 2015; Sam Heller, "Ahrar al-Sham's Revisionist Jihadism", *War on the Rocks*, 30 September 2015; the interview with Hussan Hassan by Dylan Collins "A Growing Jihadist Presence in Syria's Opposition", *Syria Deeply*, 30 November 2015.

（62）Yvonne Ridley, "EXCLUSIVE: Shaikh Hassan Abboud's Final Interview", *MEMO Middle East Monitor*, 22 September 2014.

（63）次のものを参照すること。Ann Barnard, "Assad's Forces May Be Aiding New ISIS Surge", *New York Times*, 2 June 2015.

（64）Jeffrey White, "Russian in Syria(Part 2): Military Implications", Washington Institute, 15 September 2015. 次のものも参照すること。Christoph Reuter, "The West's Dilemma: Why Assad Is Uninterested in Defeating Islamic State", *Spiegel Online International*, 8 December 2015.

（65）シリアのムスリム同胞団の役割については、以下を参照すること。Rafeël Lefèvre, "Islamism Within a Civil War: The Syrian Muslim Brotherhood's Stryggle for Survival", Wasington, DC: Brookings Institution, August 2015.

（66）イスラム戦線の前身はシリア・イスラム戦線であった。シリア・イスラム戦線については、次を参照すること。Aron Lund, *Syria's Salafi Insurgents: The Rise of the Syrian Islamic Front*, Stockholm: Swedish Institute of International Affairs, March 2013.

(67) Weiss and Hassan, *Isis: Inside the Army of Terror*, p.181.（強調は著者による）

(68) ハミット・ボザースランは、この政策を「自らの存続を保障するためにひとつの社会を破壊するもの」と呼んだ。Hamit Bozarslan, "*Révolution et état de violence*", *Moyen-Orient 2011-2015*, Paris: CNSR, 2015, pp.134-50. アサド政権の宗派主義については、次の二つを参照すること。Achcar, *The People Want*, pp.209-16, and Yassin al-Haj Saleh, "al-Ssltan al-Hadith: Al-Manabi al-Siyasiyya wa al-Ijtima'iyya lil-Ta'ifiyya fi Suriya", *Al-Jumhuriyya*, 26 and 30 January and 4 February 2015.

(69) Wess and Hassan, *Isis: Inside the Army of Terror*, pp. 167-68.

(70) Syria Network for Human Rights, *The Society's Holocaust: Most Notable Sectarian and Ethnic Cleansing Massacre*, London: SNHR, 16 June 2015.

(71) Achcar, *Clash of Barbarisms*.

(72) Gilbert Achcar, "Letter to a Slightly Depressed Antiwar Activists"(14 April 2003). これは、次のアシュカルの著作に再録されている。Achcar, *Easter Cauldron: Islam, Afghanistan, Palestine and Iraq in a Marxist Mirror*, trans. Peter Drucker, New York/Lodon: Monthly Review/Pluto, 2004, pp. 262-63. これはZネットに最初に掲載された。
http://zcomm.org/znetarticle/lettet-to-a-aslightly-depressed-antiwar-activsts-by-gilbert-achcar/

(73) クラウゼヴィッツ『戦争論』上（岩波文庫、一九六八年、六二頁）

(74) シリア左翼の概要については、次のものを参照すること。Akram al-Bunni, "An Analysis of

the Realities of the Syrian Left", in Jamil Hilal and Katja Hermann, eds, *Mapping of the Arab Left: Contemporary Leftist Politics in the Arab East*, Ramallah: Rosa Luxemburg Stiftung Regional Office Palestine, 2014, pp. 104-26.　シリアの革命におけるシリア左翼の役割に関する議論については、以下を参照すること。Salameh Kaileh, "Hawla Dawr al-Yasar al-Suri fil-Thawra", in Mohamed Elagati *et al.*, *Al-Yasar wal-Thawrat al-'Arabiyya*, Cairo: Muntada al-Bada'il al-'Arabi lil-Dirasat/Rosa Luxemburg Stiftung, 2013, pp. 129-63.

(75) Achcar, *Eastern Cauldron*, p. 168からの引用。この中で、私はＰＬＯに影響を与えた堕落のプロセスを分析した。

(76)「二〇一二年のラマダンの［アレッポの］アル・バブ地区は、反アサド革命の最大の勇敢さを示す兆候の一つを提供した。町を防衛する自由シリア軍は、国外の献金者ではなく地区の商人たちから資金援助を受けていたが、おそらく、自由シリア軍が守るコミュニティから支払いを受けていたためだろうが、後になって反乱派のより大きな陣営の特徴となった腐敗や収賄は、そこには痕跡すらまったくなかった」。Weiss and Hasan, *Isis: Inside the Army of Terror*, pp. 214-15.

(77) Sardar Saadi, "David Harvey: Reclaiming the City from Kobane to Baltimore" (interview), *Roarmag*, 26 May 2015.　驚くべきことに、クルド民主統一党（ＰＹＤ）に対するロマンチックな見方は、クルド労働者党（ＰＫＫ）の指導者、アブドゥッラー・オジャランからムレイ・ブックチンに

至るまでの言動に魅了されたアナーキストの界隈や出版物だけの領分ではない。『フィナンシャル・タイムズ』ですら、同様の感動を込めた長い論文を発表することによってこの組織に並外れた地位を与えている。Carne Ross, "Power to the People: A Syrian Experiment in Democracy", *Financial Times*, 23 October 2015.

(78) 次の二つのものを参照すること。Human Rights Watch, *Under Kurdish Rule: Abuses in PYD-run Enclaves of Syria*, New York: HRW, June 2014, and Amnesty International, "*We Had Nowhere Else to Go*": *Forced Displacement and Demolitions in Northern Syria*, London: Amnesty International, October 2015.

(79) 以下はクルド民主統一党の中心的な指導者、サリー・ムスリムの声明である。

「私は、有志連合による空爆が多くの市民の命を救ってきたこと、そしてそうした爆撃が人民防衛隊（PYG）の抵抗闘争に貢献してきたことを強調したい。したがって、これらの空爆がわが人民と世界の平和・民主主義を擁護する勢力との間の絆を強める上で大きな影響を与えているので、それが続けられるようにとの私の期待をここに表明する。わが党とコバニの人民とを代表して、私は、苦境にあるわが人民に対する支援について、アメリカ主導の国際的連合と全世界の人民に感謝の意を表明したい」。

"PYD Leader Thanks US Led Coalition against ISIS", 10 October 2014,

http://civroglu.net/2014/10/10/pyd-leader-thanks-us-led-coalition-against-isis/ また、次のものをも参照すること。Sharmila Devi, "Kobane Official Calls for More Outside Help to Defeat ISIS", *Rûdaw*, 5

November 2014. さらにアメリカの空爆とコバニへの武器や弾薬の空中からの投下に対してきわだって無批判的なパトリック・コックバーンの次のルポルタージュを参照すること。Patrick Cockburn, "War against ISIS: PKK Commander Tasked with the Defence of Syrian Kurds Claims, 'We Will Save Kobani'," *Independent*, 11 November 2014. コックバーンの著作は、初期段階からのシリアの反乱へのアメリカのいかなる支援をも非難しているお決まりの「反帝国主義左翼」にとって主要な参照文献となってきた。

（80）民主主義と反帝国主義の倫理についての私の議論を参照すること。Achcar, *The People Want*, pp. 238-39.

（81）次のものを参照すること。Hassan Hassan and Bassam Barabandi, "Kurds Can't Be Syria Saviors", *Foreign Policy*, 18 November 2015; Aron Lund, "Syria's Kurds at the Center of America's Anti-Jihadi Strategy", Carnegie Endowment for International Peace, 2 December 2015.

（82）ファブリス・バランシュによる有益な次の研究を参照すること。Fabrice Balanche, "Syria's Kurds Are Contemplating an Aleppo Alliance with Assad and Russia", *Policy Watch 2499*, Washington Institute for Near East Policy, 7 October 2015. また、以下をも参照すること。Sarkawt Shamsulddin, "The US, Russia Competition to Win YPG", *NRT*, 13 October 2015; Tim Arango and Anne Barnard, "Turkey Expresses Concern to US and Russia Over Help for Syrian Kurds", *New York Times*, 14 October 2015; Jonathan Steels, "The Syrian Kurd Are Winning!", *New Yorik Review of Books*, 3

December 2015.

（83）次のものからの引用。Maher Samaan and Anne Barnard, "For Those Who Remain in Syria, Daily Life Is a Nightmare", *New York Times*, 15 September 2015.

（84）次のものを参照すること。Kheder Khaddour, *The Assad Regime's Hold on the Syrian State*, Beirut: Carnegie Middle East Center, July 2015. シリア軍については次のものを参照すること。Kheder Khaddour, "Assad's Officer Ghetto: Why the Syrian Army Remains Loyal", Beirut: Carnegie Middle East Center, November 2015; Dorothy Ohl, Holger Albrecht and Kevin Koehler, "For Money or Liberty? The Political Economy of Military Desertion and Rebel Recruitment in the Syrian Civil War", Beirut: Carnegie Middle East Center, 24 November 2015.

（85）Anthony Cordesman, "Beyond Partisan Bickering: Key Question About US Strategy in Syria", CSIS, 17 September 2015.

（86）Ibid.

（87）二〇一五年九月二八日の国連総会への演説で、潘基文はこう断言した。「とりわけ、ロシア連邦、アメリカ合衆国、サウジアラビア、イラン、トルコの五か国が［シリアについての解決の］カギを握っている。」("Address to the General Assembly", UN News Center, 28 September 2015). しかし、二〇一一年以降は、シリアの事態において、カタールが鍵となる役割を演じてきている。

（88）たとえば、次のものを参照すること。Mark Mazzetti, Eric Schimitt and David Kirkpatrick,"Saudi

Oil is Seen as Lever to Pry Russian Support from Syria's Assad", *New York Times*, 3February 2015, イラン政府の視点からする「石油戦争」の戦略的評価は以下のものを参照すること。Kaveh Afrasiabi, "The Oil War II and How Iran Can Strike Back", *Iran Review*, 2 December 2014.

(89) Pamela Falk, "US Doesn't Really Want Assad to Fall" Russian Ambassador Claims", *CBS News*, 15 September 2015.

(90) "Iranian President in US after Nuclear Deal; Russia Launches Airstrikes in Syria", *CNN's Amanpour*, 2 October 2015..

(91) Mark Urban, "What is Putin's End Game in Syria?", *BBC News*, 23 September 2015.

(92) Ian Blacke and Saeed Dehghan, "Iran Ramps Up Troop Deployment in Syria in Run-Up to 'Anti-Rebel Offensive'", *Guardian*, 14 October 2015.

(93) Bashar al-Assad, "Al-Ra'is al-Assad: al-Ma'raka Ma'rakat Mihwar Mutakamil Yumarththil Mahajan min al-Istiqlaliyya wal-Karama", *SANA*, 26 July 2015. アサド政権の領土戦略については、以下の二つを参照すること。Fabrice Balanche, "Insurrection et contre-insurrection en Syrie", *Geostrategic Maritime Review*, no. 2 (Spring/Summer 2014), pp. 36-67. Aron Lud, "The Political Geography of Syria's War: An Interview with Fabrice Balanche", Carnegie Endowment for International Peace, 30 January 2015. シリアの戦争経済については、以下を参照すること。Saner Abboud, "Capital Flight and the Consequences of the War Economy", *Jadaliyya*, 18 March 2013: Jihad Yazigi, "Syria's

War Economy", European Council on Foreign Relations, April 2014; Syrian Center for Policy Research, *Syria War on Development: Socioeconomic Monitoring Report of Syria*, October 2013, *Syria Squandering Humanity: Socioeconomic Monitoring Report on Syria*, May 2014, and *Syria Alienation and Violence: Impact of Syria Crisis Report 2014*, March 2015, Damascus: SCPR with UNRWA and UNDP; David Burtter, *Syria's Economy: Picking up the Pieces*, London: Chatham House, June 2015; Hamoud al-Mahmoud, "The War Economy in the Syrian Conflict: The Government's Hands-Off Tactics", Carnegie Endowment for International Peace. 15 December 2015.

(94)「有用なシリア」という言い方は、フランス植民地の語彙が元になっている。「地理上のモロッコ」と「有用なモロッコ」」とを区別したのは、一九二五年までフランス保護領モロッコの駐在将校であったマレチャル・ユベール・リョーテイである。

(95) Sammy Ketz, "Syria Regime 'to Accept De Facto Parition' of Country", *AFP*, 24 May 2015.

(96) プーチンが目指しているものの分析については、次のものを参照すること。Alexei Malashenko, "Putin's Syrian Bet", *Le Monde Diplomatique*, November 2015.

(97) Jim Heintz,"Russia Says Islamic State Group Not the Only Target in Syria", and "Russia Defends Its Military Action in Syria", *Associated Press*, 1 October 2015. プーチンのスポークスパーソン、デミトリー・ペスコフは、自分の結婚式で六二万ドルの時計をはめていたので、二〇一五年夏のニュースで話題となった。次のものを参照すること。Leonid Bershidsky, "Where Did Putin's Spokesman Get

a $620,000 Watch?", *Bloomberg View*, 3 August 2015.

(98) Ian Black, "Wake-Up Call on Syrian Army Weakness Prompted Russian Intervention", *Guardian*, 1 October 2015.

(99) John Kerry, "Remarks at a Meeting on International Peace and Security and Countering Terrorism", US Department of State, 30 September 2015.

(100) John McCain, "Statement by Senator John McCain on Obama Administration's 'Deconfliction' Talks with Russia on Syrian Airstrikes", Senator John McCain、s website(http://www.mccain.senate.gov), 1 October 2015.

(101) これは、モスクワについては二〇一二年以降事実となっている。次のものを参照すること。Helene Cooper and Mark Landler, "US Hopes Assad Can Be Eased Out with Russia's Aid", *New York Times*, 26 May 2012.

(102) John Kerry, "Interview with Nicolle Wallace, Mike Barnicle, Mark Halperin, Richard Haass, and Katty Kay of MSNBC's *Morning Joe*", US Department of State, 29 September 2015.

(103) White House, "Press Conference by the President".

(104) Neil Quilliam, "Five Reasons Why the Inclusion of Assad in a Political Transition in Syria Is Destined to Fail", *Newsweek*, 29 September 2015.

(105) "Ai-Khatib: Al-Taqa'us al-Dawli wara' Istiqalati", *All-Jazeera*, 24 March 2013.

(106) 次のものを参照すること。 Salam Al-Saadi, "Changes in Syria's Armed Opposition", *Sada*(CEIP), 11 December 2015. リヤド会議については次のものも参照すること。 Ibrahim Hamidi, "Mu'tamar al-Riyadh Yad'am al-Hall al-Siyasi, wa Hay'a li-Tashkil Wafd al-Mufawadat", *Al-Hayat*, 11 December 2015; Aron Lund, "Syria's Opposition Conferences: Results and Expectations", Carnegie Endowment for International Peace, 11 December 2015.

(107) Amin, "Al-Shara' Yakhruji 'an Samitihi", 二〇一五年六月、ファルーク・アル・シャラがアサド政権の民兵にひどく殴られた、と報じられた。 Bahiyya Mardini, "Anba' 'an Muhawalat Tasfiyat Faruq al-Shara' ", *Elaph*, 28 June 2015.

(108) Frederic Hof, "The Self-Government Revolution that's Happening under the Radar in Syria", *Washington Post*, 26 July 2015.

(109) Ibid.

第二章：エジプト、アブドゥル・ファタハ・シシの「七月三日」

ヘーゲルはどこかで、世界史におけるすべての重要な事件や人物はいわば二度現れると述べている。しかし、ヘーゲルは、それに次のように付け加えるのを忘れていた、一回目は悲劇として、二回目は茶番としてと。

カール・マルクス「ルイ・ボナパルトのブリュメール一八日」（一八五二〜一八六九）

この言葉は、カール・マルクスからの引用句としては、一番有名で繰り返し使われ模倣されてきたものである。[1] 一八五一年一二月二日、ルイ・ナポレオン・ボナパルト（後のナポレオン三世）が率いたクーデターは、短命だったフランス第二共和政（一八四八～五一）を終わらせた。マルクスはそのクーデターを論評して、ルイ・ナポレオンの叔父である有名なナポレオン・ボナパルト（後のナポレオン一世）によって率いられた一七九九年一一月九日、つまりフランス革命暦八年ブリューメル一八日のクーデターと比較したのである。[2] しかし、マルクスの皮肉な論評が見落としたのは、〝ファルス（茶番）〟という言葉それ自身に悲劇的という意味が含まれていることだった。つまり、フランス人が「悲劇的な茶番」と呼ぶものだ。アルフレッド・ジャリの戯曲「ユビュ王」（シェークスピア「マクベス」の半ばパロディーでもある）は、この様式の最初のものと考えられている。[3] その戯曲から、フランス人は、グロテスクなまでに残酷な専制政治を意味する形容詞〝ユビュのように滑稽な（ubyesque）〟を創り出した。

もちろんのこと、七月二三日とは、エジプト王政を打倒したガマル・アブドゥル・ナセル率いる一九五二年の自由将校団クーデターの日付である。二〇一三年七月三日、アブドゥル・ファタハ・シシはクーデターを率いて、ムハンマド・モルシを倒し、短命のエジプト第二共和政（二〇一一～一三）を終わらせた。シシによるクーデターは、嘲笑の的になることをもいとわない熱狂的支持者によって、エジプトにおいて「七月二三日革命」と呼ばれるものの再来として、うんざりするほど滑稽なものにされてしまった。しかし、本当のところ同じクーデターであっても、ルイ・

ボナパルトと彼の叔父との共通点ほどには、シシとナセルとの間に共通点はなかった。つまり、［フランスの場合］本質的には改良主義的クーデターであり、フランス・ブルジョアジーの重要な転換局面を乗り切るため、革命の混乱期を終わらせるものだった。ナセルによるものは革命的クーデターの典型だが、二〇一三年七月三日はエジプトの旧体制を復活させた（実際、極端なまでに）明確な反革命的クーデターであった。(4)

私が二〇一二年一〇月末に、『人民は希求する』を書き上げた時点では、ムスリム同胞団系の自由公正党党首であるムハンマド・モルシが大統領になって四ヶ月しか経っていなかった。彼の支持者は、軍に対してシビリアン・コントロールを強制したモルシの成功を祝っているところだった。彼らの目には、二〇一二年九月一二日に軍最高評議会（ＳＣＡＦ）先任メンバー二人をモルシが引退に追い込んだことがその説明だと映っていたのだ。世界中のメディアは圧倒的に彼らと同じ評価をしていた。この広く信じられた見方に反して、私は「軍の権力と特権はモルシの下でも、ムバラク時代と比べて全く衰えていない。エジプトには、トルコの政治権力に対する軍の監督を終わらせた・・・トルコにおける諸事件とほんのわずかでも似ているようなものは全く存在しない」と強調した。(5)

経済的・社会的観点から見れば、新自由主義的な処方箋に従うことによって、「モルシと彼の政権、そしてその背後にいるムスリム同胞団は、エジプトを経済的・社会的破局への道に導いている」と私は断言した。蜂起によって引き起こされた政治的・社会的不安定によって、新自由主義的理念に従って民間投資が主導する成長見通しはより一層ありえないものになった。「そして、エジプトにおける公共投資不足をカタールが穴埋めすると信じるためには、強い信念を持たなければならない・・・」と私は述べた。[6] モルシによって続けられた経済政策失敗の結果として、社会的混乱は激しくなった。私が引用したデータによれば、エジプトでは社会的抵抗とストライキの数がモルシ大統領の治世下の最初の百日間で増加していた。「経営者と国家当局はこの闘争の復活に対して相当数の個人や集団の解雇を含む抑圧的な手段で対応した。しかし、どれも役に立たなかったし、これからも役に立ちそうにない・・・」。[7]

モルシの手足を縛っていた二つの決定的問題、つまり軍による監督（モルシ当選後、初めのうちは弱まったとしても）と社会的混乱は、実際のところ週を追って悪化し続けたのである。

ムスリム同胞団の権力に向けた試みはいかに展開されたのか？

ワシントンは、二〇一一年革命の衝撃波を吸収し自らの利益と一致する方向へと導く手段として、カタール首長国の仲裁を媒介とする、エジプトおよびアラブ地域におけるムスリム同胞団の可能性に賭けたのだった。[8] 序章で強調したように、このことによって革命的極と二つの反革命陣営との間で三つ巴の競争が起きた。二つの反革命陣営はお互いにライバルであり、解放をめざす「アラブの春」の目標とはどちらも対極にあった。革命的極が脆弱で稚拙なことによって、ライバル関係にある両陣営間の対立が支配的になり、すぐに両陣営の各々にとって最も重要な関心事となった。エジプトはこの不幸な展開の非常に鮮明な実例を提供している。

二〇一一年一月二八日、ムスリム同胞団が正式にカイロ・タハリール広場での大衆動員に参加したとき、彼らはエジプト軍に反革命的サービスを提供した。軍はポスト・ナセル主義者の突然変異体制の根幹であり、当日夜首都に部隊を展開させていた。その瞬間から、選挙の立候補者数を制限することで議会の支配を求めないという約束を裏切るまでの間、ムスリム同胞団は軍とグルになって活動した。ムスリム同胞団は、SCAFに支持された二〇一一年三月一九日憲法承認国民投票において、「フルル」（旧体制の「デブリ」つまり残存物のこと）やサラフィー主義者と好ましからざる同盟を結んで賛成キャンペーンを展開した。

これはサダトが一九七〇年代に牢獄からムスリム同胞団を解放して以来確立されてきた伝統と一致するものだった。つまり、彼らの戦略は、体制との一貫した協調に基礎を置くものだったのである。政治権力に就くことができる立場になるまで、社会・国家に道徳的・文化的影響力を及ぼすためだった。それは典型的な「陣地戦」の戦略で、いずれ時が来れば「機動戦」をおこなうための場所を用意するものだった。これらの軍事的概念は、グラムシのヘゲモニーと対抗ヘゲモニーに関する議論から借用したものである。しかし、ムスリム同胞団の場合に独特だったのは、予想に反して、体制が同胞団の宣伝する反動的イデオロギーを自らのヘゲモニーに大いに役立つと考えたことである。サダトとムバラクの二人とも、左翼やリベラル派の反対勢力に直面したときに、同胞団が政治権力に干渉しようとしてその役割を踏み越えてしまわない限り、そのイデオロギー的役割を果たすことを喜んでいた。二人の大統領は、同胞団がそのラインを越えたと感じたときにはいつでも弾圧した。

しかし、二〇一一年蜂起によって作り出された新たな状況下で、ムスリム同胞団は、自由に行動できる能力、カタールの財政的支援や（アルジャジーラを通した）テレビ宣伝を利用する能力、そして旧体制の明白な終焉後に法と秩序の代替執行者を求めていた相当数の中産階級を引きつける魅力をもっていたため、急速に拡大していった。そのことによって、ムスリム同胞団はますます自己主張し、野心を持つようになった。二〇一一年一一月後半から翌年一月前半まで実施された議会選挙において、同胞団が人民議会の大多数の議席を獲得したとき、ムスリム同胞団とSCAFの協働は深刻な綻びを見せ始めた。同胞団はSCAFが任命したカマル・アル・ガンズーリ内閣の辞任を要求し、新内閣を組閣する権利を主張した。それゆえ、同胞団は軍と衝突する方向へと自らを置くことになった。

エジプト軍が、同胞団による立法・行政権力の掌握、国家支配への挑戦を認めることはありえなかった。ムスリム同胞団が常にAKP［公正発展党］支配下のトルコを模範と考えていたことも、SCAFの憂慮を和らげはしなかった。議会内での多数派の立場に乗じてAKP政府が国家に対するトルコ軍の監督を廃止し、軍上層部を屈辱的な形で追放・投獄したことは、エジプト軍にとって自国内では認められない悪夢のようなシナリオだった。このため、トルコ式議会制度をエジプトに適用し、その強力な選挙マシーンを通じて議会に対する優位を確立しようとする同胞団の計画を阻止する必要があった。その結果、もう一つ無傷でいた旧体制機構であるエジプト司法当局は、ＳＣＡＦそれ自身によって公布された選挙法の欠陥を理由として、軍と共謀の上で新議会の憲法上の特権を問題にした。二〇一二年二月選挙の合憲性に疑問を呈し、人民議会の存在自体を不確かなものにした。四月、司法当局は、議会がすでに選出していた憲法制定会議の構成を徹底的に変更させた。

同胞団は、当初の公約の中からさらにもう一つ裏切りを重ねた。つまり、同胞団は最高権力者の地位をめざして、中心的指導者ハイラト・シャテールを大統領選挙に立候補させることを決定したのである。彼は、組織内で最高指導者ムハンマド・バディーウ同様に重要な役割を果たしていることで知られていた裕福な実業家であった。この大胆な決定は二〇一二年三月末に行われたが、同胞団がとってきた数十年間の慎重さとは対照的だった。一〇八人からなる同胞団諮問評議会（マジュリス・アル・シューラ）内でも全員一致とは程遠く、その問題をめぐっては意見が真二つに割れていた。賛成は反対をわずか四人上回っただけだった。シャテールに率いられた強硬派と連携していた同胞団青年活動家たちは、その均衡を何とかして引繰り返したのだった。[9] 批評家は、軍との正面衝突によって起こるであろう悲観的帰結を警告した。[10]

この動きはＳＣＡＦと同胞団との駒の取りあいを加速させ、お互いに他陣営の最良の候補者を立候補させないように策略を巡らした。選挙管理委員会はシャテールの立候補資格を認めなかった。それに加えて超ポピュリストであるサラフィー主義者のハーゼム・アブ・イスマイルの立候補資格も認めなかった。この二重の排除に見かけ上の公正さを与えるため、到底ありえないことにオマール・スレイマンの立候補資格も同様に拒否された。ムハンマド・モルシは、エジプト世論から同胞団の「スペアタイヤ」とあだ名を付けられているような人物だったが、彼がシャテールの代わりに立候補した。一方で、同胞団は議会を通して、前空軍最高司令官でムバラクに任命された前首相アフマド・シャフィクの立候補資格を妨害しようとしたが、却下された。

二〇一二年五月二三、二四日に実施された大統領選挙第一回投票のあと、モルシが第二回投票で十分勝つ見込みがあることが明らかになると、同胞団と軍との争いはさらに劇的な形で激化した。SCAFは、六月一六〜一七日の第二回投票のまさに最後に、一月に終了した議会選挙が憲法違反だったという憲法裁判所裁定を利用した。それは、立法権のある議会下院＝人民議会を形式上解散させ、六月一七日「暫定憲法令」を公布するためだった。この布告のおかげで、SCAFは立法権を自らの手中に取り戻した。そして、現存の憲法制定会議が任務を果たせないことが判明した場合には、新たな憲法制定会議を組織する権限を確保し、選出予定大統領の憲法上の大権的機能を縮小した。

同胞団は、国家機構が大統領選挙の結果を不正操作することを恐れていた。彼らは、ワシントンが同胞団の大統領立候補を支持し、選挙結果修正には絶対反対してくれるよう念を押した。六月二二日、『ウォール・ストリート・ジャーナル』は、編集部によるハイラト・シャテールとの長いインタビューを公表した。その記事では、彼を「百万長者の実業家」「同胞団の保守多数派」の頭目であって、かつ「イランとの親密な関係」や「シカゴ・マシーン的方法でのムスリム同胞団首領」として知られているとして、「もし同胞団が権力につけば・・・責任者になる」人物であると正確に書いていた[11]。シャテールは雑誌編集者にあけすけに次のように語った。「(同胞団にとっての)優位性は合衆国との密接な〝戦略的パートナーシップ〟であり、それが金融市場を開放し、国際的な合法性を獲得する助けになることを期待している[12]」。

結局のところ、軍は必要なら新大統領の行動を阻止できる〝合法的〟手段を自分たちで獲得したので、選挙管理委員会が選挙結果を公表し、モルシの勝利を宣言することを認めた。確かに、彼らにとってもっとも賢明なことだった。彼らは二〇一一年二月以来の怠慢により、国家運営する上での評判を大きく落としていたし、まだ人気のあるムスリム同胞団と重大な衝突を起こすというリスクを冒す立場にはなかった。おまけに、同胞団の候補者はワシントンによって公認されていた。革命的混乱の中にある国家を統治するという難題を同胞団に手渡すことで、今回は同胞団を痛い目に合わせる方がより賢明だった。それゆえ、モルシはエジプト大統領として承認されたのである。同胞団員はそれ以降、文民政府の全責任を負うことになったが、真の権力は持っていなかった。エジプトにおいては他のほとんどの国にもまして、真の権力は投票箱からではなく、毛沢東の有名なことばにあるように「銃口から」生まれるのである。

ライオンでもなく狐でもなく

しかしながら、政治権力というのは力だけが唯一の因数となる方程式ではない。つまり、合意実現能力も間違いなく必要不可欠である。「君主は狐のように狡猾で、ライオンのように獰猛でなければならない」とは、マキャベリの有名なことばである。さらに言えば、正確な政治的判断によって力を獲得することは可能だが、力によって正確な判断を得ることはできないのだ。モルシはライオンの力を欠いていたが、狐の狡猾な才能も持っていなかったため、合意形成にも無残に失敗した。彼の最初の重要な失策、つまり彼の後ろで糸を引いていたムスリム同胞団の失策は、第二回投票で彼が勝利したのは第一回投票で彼を選ばなかった何百万人の票のおかげだということを見落としたことである。彼を選んだ人々の大多数は、そのようにさまざまな要素からなっていた。それゆえ彼の政権は最大多数の合意を求めることでこの事実を反映しなければならなかった。

そうする代わりに、二〇一二年七月、モルシはヒシャーム・カンディール内閣を組閣した。カンディールはムスリム同胞団の支持者で、モルシ同様にあご髭を蓄えていたが、辞任したガンズーリ内閣の一員でもあった。内閣閣僚のうち政党支持者は、ムスリム同胞団系の自由公正党（ＦＪＰ）およびＦＪＰと近い関係にある二つの分派に所属している者だけだった。しかし「重要閣僚」（アラブ地域ではそう呼ばれる）である国防・内務・外務大臣のポストは、ガンズーリ内閣から留任した者が握っていた（例外は新内務大臣・治安長官で、ガンズーリ内閣では副大臣だった）。彼らは旧体制の多くが力を持ち続けることを保証するものだった。ガンズーリ内閣の金融大臣とそんなに重要ではない二人の大臣（三五人のうち二人だけだった女性閣僚）もまた留任だった。留任した閣僚には何人もの「テクノクラート」や旧体制のもとで働いていた男性が含まれていた。『人民は希求する』の中で、私は二〇一一年蜂起の全般的な評価を以下のように示した。

エジプトにおいてはチュニジアと同様に、権力エリートを構成する政治的要素の広範な部分とともに、旧支配一族ときわめて密接に結びついた「政治的に断固とした資本主義者」の派閥も押しのけられた。そうは言っても、新自由主義的刺激の枠組みにおける国家ブルジョアジーと市場ブルジョアジーという、社会的爆発に責任を負うべき資本家階級の構造は、それにもかかわらず大激動を生き延びた。国家の中心的弾圧装置である軍と主要民兵組織もまた生き延びた。(13)

ここでムスリム同胞団は、エジプトの中核的国家機構や国家ブルジョアジーを含む大多数の資本家階級に対して、基本的に彼らと共存して行動すると、そしてまたおよび蜂起によって切り捨てられた一部「権力エリートを構成する政治的要素」の後継者になることが同胞団の目標であると知らせたのだ。そのようにしてムスリム同胞団は旧体制が復活するのを手助けしているという非難が、左翼・リベラル反対派だけでなく、同胞団若手の反体制的メンバーによって創立された「エジプト現代党」からさえも湧き上がった。サラフィー主義者のヌール党は閣僚の相当数を自党から出せない限り内閣に加わることを拒否していたのだが、その点については、シャリアを施行するという約束を反故にしたと同胞団を非難した（有名なエジプト憲法第二条「イスラムのシャリア原理が主要法源である」において、「原理」をより拘束的な「規則」（ahkam）に置き換えるという約束を含めて）。

モルシは、「パワー・エリートの政治的構成要素」メンバーを罷免しムスリム同胞団に忠実な人々によってそれを置き換えるという意思を、著名な同胞団員である情報大臣の下で、公共放送上層部の全面的入れ替えを布告することで証明した。続く目を見張るような方策は、二〇一二年八月一二日、SCAFトップのフセイン・タンターウィとサーミー・アナーンをアブドゥル・ファタハ・シシとセドゥキ・サブヒに入れ替えたことだった。私が『人民は希求する』で説明したように、これは絶対に路線変更ではなかった。その仕組まれた偽善者ぶったやり方は、反対派の非難が偽りであることを示し、モルシを「革命的な」光の中で見せるためだったが、その姿勢は軍を苛立たせたのである。(14)

しかし、同じ八月一二日にモルシがおこなった別の動きは、軍に対するより深刻な挑戦だった。彼は、（SCAFが彼の選出直前に公布した）「暫定憲法令」を廃止し、二〇一一年三月三〇日の憲法令のおかげでSCAFが保持していた全面的な立法・行政権を自分自身に与えたのだ。軍は、合法的で正当な権力を持ち続けたかったというよりは、同胞団が政府のあらゆる部門を支配するのに憂慮していた。軍は同胞団がこれらの権力を用いて、自らの政治的役割を増大させ恒久化するとともに、軍がかつて享受していた特権を削り取る憲法を策定するのを恐れていた。さらに同じ動きとして司法当局への挑戦もおこなわれた。モルシが就任直後に人民議会を復権させようと試みたとき、彼はすでに一度は司法機関を無視しようと試みたことがあったが、その翌日には撤回せざるをえなかった。二〇一二年一〇月、彼は検察長官を辞任させることによって再び司法の腕をもぎとろうとしたが、またも直後に撤回した。

この政治的ゲームにおけるさまざまな役者たちは、憲法制定プロセスをもっとも重要な問題と考えていた。他の権限は全て暫定的だったためである。このプロセスは一一月にはうまくいかなくなった。モルシと同胞団は、合意されるべき憲法草案について左翼・リベラル反対派との合意に達することができなかった。イスラム原理主義者の多数派が自分たちの考え方を押し付け、憲法を自分好みに変えようと決めたのに抗議して、その後反対派やエジプト教会代表団は憲法制定会議をボイコットした。憲法制定会議が最高憲法裁判所によって解体されるかも知れない（その件は一〇月二三日に最高憲法裁判所に付託されていた）と気付いたので、ムスリム同胞団はさらに一歩進んで司法当局の領域を侵害することを決めた。

このエスカレーションへのワシントンの支持を確実にするために、モルシはイスラエルに関する善意のジェスチャーを数回にわたって示した。一〇月一七日、新しい駐イスラエル・エジプト大使は、当時のイスラエル大統領サイモン・ペレスにモルシからの親書を渡した。その中で、モルシはイスラエル大統領を「偉大な親密な友人」と呼び、「幸いにも両国を結びつけている愛情のこもった関係を発展させたいという強い希望」を表明し、イスラエルの「繁栄」を願った[15]。それに続いて、モルシはパフォーマンスとして、一一月にガザのハマス政権とイスラエル政府間の停戦仲裁において重要な役割を果した。その結果、一一月一四日にイスラエル軍がガザに対しておこなっていた〝防衛の柱〟作戦（一七〇人以上のパレスチナ人と六人のイスラエル人が死亡した）を終了させた。一一月二一日、シカゴでアメリカ国務長官ヒラリー・クリントンとエジプト外務大臣が合同で停戦を記者発表した。クリントンは「エジプト新政府は、この国を長い間地域の安定と平和の土台にしてきた責任と指導力を引き受けている」と述べた[16]。

AP通信が適切に述べたように、「アメリカ合衆国と世界から賞賛されたあと、モルシは彼の新たな政治的資本をすぐに生かして、地元でさらなる権力を奪った[17]」。実際、クリントンの賞賛に励まされて、モルシはまさにその翌日一一月二二日、新たな暫定憲法令を公布した。それは、大統領就任から新憲法が承認され新人民議会が選出されるまで、彼のすべての暫定憲法令、法律、布告が「最終的で、かつ拘束力があり、いかなる手段でもいかなる所へも上訴できない。それらは延期されることも取り消されることもない。それらに関係して司法機関に起こされた訴訟はそれらの決定に反する場合には無効である」と宣言した[18]。その布告はさらに、いかなる司法機関によっても憲法制定会議を解散できないようにするとともに、モルシに検察長官を任命する権限を与えた。それは前月には達成できなかったことだった。反対派は一致して非難の声を上げた。そして、モルシが「エジプトの新たな専制君主」に即位し、ムバラクが持っていた権力など及びもつかない未だかつてなかったほどの権力を持ったと糾弾した。

モルシの「白色クーデター」（と広く呼ばれている）は、旧体制と協働していた人々と一緒に左翼・リベラル政党を再編成して「国民救済戦線（NSF）」を結成する動きを促進させた。その連合は三人の主要な人物、つまりナセル主義者のハムディーン・サバヒ、リベラルのムハンマド・エルバラダイ、ムバラクのもとで体制側メンバーだったマムル・ムーサで代表されている。[19] NSFは数日間の街頭抗議行動を組織し、モルシに「辞めろ（イルハール）！」と叫んだ。「人民は政府の打倒を望む」と唱えながら、数十万人が再びタハリール広場をデモ行進した。モルシ支持者と反対派との間で衝突がすぐに起こった。同胞団とサラフィー主義者からなる憲法制定会議は、一一月末までに急いで憲法草案を完成させた。さらに一二月二日、モルシは新憲法の国民投票を二週間もたたない一二月一五日に実施すると発表した。すると緊張はさらに高まった。同じ日、ムスリム同胞団は、判事が裁判所の中に入って憲法制定会議に反対する規則を作るのを阻止するため、支持者を最高憲法裁判所の外に呼び集めた。

一二月四日、一〇万人以上の反モルシ抗議行動参加者が、国民投票と新憲法の起草をやめるよう求めて、イッティハディーヤの大統領宮殿前を行進した。続く二日間、ムスリム同胞団とその同盟グループのあご髭を蓄えたメンバーが、宮殿の外側にいた反モルシ派の平和的座り込みに対して攻撃をかけ、街頭での衝突を引き起こして一一人が死亡した。その多くは実弾で殺された。[20]

この政治的緊張の頂点にもかかわらず、一二月一五日と二二日の二回に分けて憲法国民投票が実施された。反対派の中には、反対票を呼びかけた者とボイコットを呼びかけた者がいた。憲法は六三・八％の多数で承認されたが、（六ヶ月前の大統領選挙における二五五〇万票と比べると）わずか一七〇〇万票しか投じられておらず、五分の一を少しだけ越えるエジプト有権者が憲法を承認しただけだった。

新憲法には女性や宗教的少数派の権利を制限する可能性のある条文が多く含まれていた。そして、一九七一年憲法と比較すると議会の権限を強めていた。ＳＣＡＦに譲歩したいというムスリム同胞団の願望を反映して、新憲法はまた、国家安全保障の確立のあり方や軍予算に関する事項に責任を負う国防委員会を創設し、エジプト軍の特権を目立つほど強化した。軍は、「軍に損害を与える犯罪について」民間人を軍事法廷にかける権限を保持した。しかし驚くべきことではないが、ＮＳＦは、新憲法に関する合意が欠けているという理由で新憲法が正当性を持っていないと主張した。

モルシは妥協を促進するどころか、ムスリム同胞団系の自由公正党に所属する閣僚の数を五人から八人に増やすために、二〇一三年一月初め内閣改造をおこなった。彼はこのようにして同胞団が国家への支配を拡大している（「同胞団化」とエジプト人は呼んでいた）という非難を裏付けたのである。モルシはまた、反対派の抗議行動を弾圧するのを嫌がっていた内務大臣を更迭し、この役割を果たすのにより熱心と思われたムハンマド・イブラヒム副大臣を後任に充てた。

二〇一一年の最初の蜂起二周年にあたる一月二五日以降、状況は悪化し深刻になった。その日、数十万人のデモ参加者がモルシに反対してタハリール広場やエジプト全土で行進し、多くの場所で衝突が起きた。一月二七日、ポート・サイド市での大衆的抗議行動――一年前にスタジアムでの騒乱中に逮捕された二一名の地元サッカーファンに裁判所が死刑を宣告したことへの抗議――に対して暴力的弾圧が加えられ、数十名が殺害された。モルシはこの警察の野蛮な弾圧を賞賛した。ポート・サイド市や他の都市での抗議行動はさらに二月、三月と続き、さらに数十名が殺された。

反同胞団感情はエジプト全土で激しく燃え上がり、大統領支持派との衝突やFJP事務所への攻撃を引き起こした。モルシは事態に対するコントロールを急速に失っていき、軍は彼の政府と距離をますます置くようになっていた。その一方で、国内治安当局は大統領が自分たちのトップをより同胞団寄りの将校に変えようとしているのではないかと疑惑を抱いた。モルシは国民対話の会合を招集しようとしたが、かつてムスリム同胞団員だったリベラルなアブデル・モネイム・アブール・フォトゥーフから強硬派サラフィー主義者まで、広い意味でのイスラム政党だけが出席した。

NSFは必要条件として、異論の多い憲法条項修正への同意と挙国一致内閣の組閣を要求した。この最後の要求については、サラフィー主義者のヌール党も加わったが、SCAF（そしてサウジアラビア）が確実に後押しした動きだった。四月初め、モルシはEU外相キャサリン・アシュトンが提出したNSFとの妥協案を拒絶した。それは「テクノクラート」内閣の組閣および憲法裁判所が要求する線での選挙法改正と引き換えに、反対派がモルシの合法性を承認し来るべき議会選挙に参加するというものであった。[21]その提案を同胞団は拒否したのである。

モルシは四月に議会選挙を実施するという企てをめぐって、司法との新たな抗争を開始した。しかし結局は再びその撤回に追い込まれた。五月七日、さらなる内閣改造で三人の同胞団系FJP党員が閣僚のポストを得た。これで内閣全体の三分の一近くにあたる一一人となった。火に油を注ぐがごとく、六月一七日、モルシは全部で二七州のうち一六州で新たな知事を任命した。そのうち七人が同胞団員だった。これによっていくつかの行政区域での抗議、同胞団支持者と反対派との間の衝突が引き起こされた。衝突は、反対派がモルシ辞任要求キャンペーンを強めるのに応じて、同じように増えていった。全土が沸騰点に達していた。同胞団は、コプト教徒やシーア派に対する攻撃によって、政治的緊張を同胞団とその同盟者にとって好都合な宗派対立へとすり換えようとしたが、その目論みは失敗に終わった。

国民を怒らせて

政治状況の処理についてモルシがひどく無能力だったため、経済的社会的情況の悪化で発火しやすくなっていた国民は激怒した。彼の経済運営も事態をさらに悪化させた。[22]

国際通貨基金（ＩＭＦ）による承認は、サダト時代以来の歴代エジプト政府同様、カンディール内閣の経済戦略の軸をなしていた。この連続性が優先されるので、カンディール内閣の初代金融相はガンズーリ内閣から再任されていたのだ。二〇一二年八月、ＩＭＦ専務理事クリスティーヌ・ラガルドがカイロを訪問したとき、モルシは四八億ドルの融資を申し入れた。これはＳＣＡＦが既に交渉していた三二億ドルの融資を上回るものだった。ムスリム同胞団は、反対派だったときに融資受け入れの条件としてＦＪＰが提案していたものを破棄して[23]、自分の番になると財政赤字削減、外貨準備流出阻止、海外投資家誘致のための方策をＩＭＦに委ねることにしたのだ。

モルシは、国際機関や西側・アラブを問わず、支援・融資・投資してくれそうな先にはどこに対しても、そしてエジプト資本家階級や軍産共同体に対しても、従来の政権が失敗してきたＩＭＦの厳格な条件を満たすことができると示す必要があった。彼は、国民に根ざした巨大な政治マシーンによって支えられているので、この離れ業をやり遂げられると信じていたのだ。それゆえに彼は、上述したさまざまな役者に対して、ムスリム同胞団がエジプト資本主義にとって決定的に有用であることを証明したかった。二〇一二年一二月九日、ブタンガスと電気への補助金削減の数日後に、モルシは多くの商品・サービスについて売上税の全面的増税を承認した。その中には、タバコ、シーシャ（水パイプ）タバコ、食用油、携帯電話通話料、化学肥料、除草剤、アルコール飲料、ソフトドリンクが含まれていた。

予想されたように、それが伝えられると巨大な大衆的抗議がわき起こり、同胞団にはその不満を鈍らせる能力がないことが暴露された。モルシの出身たるFJPは、彼の決定についての責任を否定し、その延期を要求した。彼らは、異論の多い憲法草案の国民投票を六日後に控えるという信じがたいほどひどいタイミングに狼狽していた。モルシによる何度目かの布告撤回のやり方は、お粗末な喜劇や政治的風刺劇みたいだった。彼は、公布後わずか数時間後の午前二時に、フェイスブックの公開ページ上に短くアップする形で、布告を延期したのだった。同意なしにエジプト市民に対して特別な負担を強制するつもりはないことを請け合いながら、それゆえ大衆から受け入れられるまで決定を延期するだろうと彼は述べた。それにもかかわらず、ダイナ・エッザトが強調したように、二〇一二年末までには「不満の夏」が水平線にぼんやりと姿を現していた。

「船に裂け目が入りつつあるが、大統領もムスリム同胞団もそれを認めたくない。それゆえ裂け目を修理するために働こうとしていない」と独立的立場の経済情報通は述べた。

この情報通によれば、モルシや「同胞団」総指導局が好むと好まざるとにかかわらず、経済的困窮がエジプトの前に立ち塞がっている。それも目の前に。

「きたるべき夏は確実に不満の夏になるだろう。商品やサービスの価格上昇についてだけでなく、サービスの質の低下や商品不足についても、激しい怒りのこもった嘲りが起こるだろう」と同じ情報通は述べた。

「カイロや他の大都市で、数時間の停電や断水を予想している。その状況を救うのに役立つ唯一の方法は、有効な経済施策をただちに採用することだ。しかし、ムスリム同胞団が権力を操り続ける限り、これは不可能だろう」と金融省を退任した情報通は話した。

「彼らは自分たちが情況を修復できると考えているようだ。しかし、いままで見てきたことからすれば、彼らは事態を悪化させるだけだ。もし彼らが同じ行動を続けるなら、完全に船を難破させるだろう」とその情報通はつけ加えた。[24]

本当のところ、モルシが大統領として迎えた最初の夏はすでに「不満の夏」になっていたのだ。エジプト労働運動の重要拠点であるマハラの繊維労働者二万四千人によるストライキに直面したのは、彼が大統領職に就いてわずか二週間後のことだった。彼らは要求した賃金引き上げを獲得していなかっただけでなく、従来受け取っていた年三回のボーナスが削減されたことに強い不満を持っていた。労働者は、これを大統領選挙においてマハラではモルシへの得票が多くなかったことへの報復だと考えた。さらにそれをモルシの選挙公約への裏切りだと考え、彼の辞任を要求するスローガンを叫んだ。モルシ就任後わずか二週間後のことだった！[25]

マハラの労働者は発生し続ける労働者の闘争の頂点にいたというだけで、闘争はすべての経済分野に広まり、モルシの下で「産業労働者による行動」の過去の記録を破っていった。[26]エジプト経済・社会権利センター（ＥＣＥＳＲ）が集めたデータによれば、あらゆる種類の社会的抗議行動の数は二〇一二年の六月以降、つまりムハンマド・モルシ就任以降に劇的に増加した。六月には一五七件だったが、七月には五六六件へと急激に増加し、モルシの失脚までそのまま非常に高い水準を保った。二〇一二年七月から二〇一三年六月までの一二か月間で四六八二件というかつてない数の抗議行動がおこなわれた[27]。その中には警察官による全国的ストライキも含まれていた。二〇一二年全体で一九六九件という数から、労働者の抗議行動は二〇一三年前半だけでも一九七二件を数えるにいたった（二〇一三年全体では二二三九件）。これらの数字は、二〇〇〇年から二〇一〇年までの一一年間で三三一三件だったこと、そして蜂起の年である二〇一一年においても労働者の抗議行動が約一四〇〇件だったことと比較されるべきである[28]。しかも、モルシ―カンディール政権が合法的かつ物理的に労働者の闘争を弾圧していた上での数字である。この弾圧のピークは二〇一三年四月だった。政権は七万人以上の鉄道労働者・従業員の大ストライキを鎮圧するために軍の動員に訴えて、何百人もの運転手を徴用し、軍の指揮のもとで働かせた。

この点に関して、労働組合・労働者サービスセンター（ＣＴＵＷＳ）は二〇一三年六月、ムスリム同胞団統治下の労働者の状況に関する手厳しい報告を公表した。その報告は、労働者に関する選挙公約をモルシと同胞団がすべて裏切ったこと、彼らには国家への支配を拡大することしか関心がないこと、前例のない労働者の権利侵害とストライキに対する暴力行為を容認していること、とりわけボスが労働者を攻撃する（いくつかの場合、銃を用いて）ために暴漢を雇うのを容認していること、モルシと同調者が労働者に反対する感情を引き起こすために公共メディアだけでなくモスクでの説教も使っていること、「独立組合を弾圧し、ムバラク支持者を排除してそれを［同胞団］総指導局員に入れ換え、公務員労働組合連合を支配しようとする同胞団員の計画など（29）・・・」を非難した。

モルシとムスリム同胞団は、自らの人気がどんどん低迷しているにもかかわらず、向こう見ずに突進して信じられないほど短期的で粗野な形で国家機構を次から次へと掌握しようと試みたが、ＩＭＦが求める新自由主義的経済改革を遂行できなかったことも含め、「法と秩序」の回復と経済再起動に完全に失敗してしまった。このことすべてがＳＣＡＦに忍耐を失わせ、自らの待機的な態度を放棄するように仕向けた。一一月二二日に行われたモルシによる「専制君主のような」権力私物化は、ますます大胆さを増す独自コースへと軍を向かわせた（30）。それは治安機関の中の軍の同盟者が軍に納得させようとしてきたことを裏付けたのだった。

「同胞団と直接の関係を持たず、彼らの醜さを知らない人々と同じように、軍は同胞団がエジプトに与えるべき何かを持っていると信じたがっていた。しかし、われわれにとっては、それは時間の無駄だった」とある治安機関高官は言った

内務省職員は軍に対して、モルシの策略は単に彼の権力を補強する方法に過ぎないと警告していた。彼らは軍の仲間に、ムスリム同胞団はエジプトに奉仕するよりはこの地域全体にイスラム教のカリフ制を作り出すことの方に関心があると伝えた。

「同胞団はエジプト国家との間で問題を抱えている」と国家治安幹部は言った。「私はモルシが同

胞団の計画を実行するようになることを確信している。・・・彼らは初めからエジプトという国家を信じていない。」

やがて内務省の中堅幹部たちが軍に対して声高に主張するようになった。そのメッセージは最高幹部にまで届いた。(31)

二〇一二年一二月八日、国民投票の一週間前、イッティハディーヤ大統領宮殿近くで死者の出た衝突が起こったあと、ＳＣＡＦはムスリム同胞団、ヌール党、国民救済戦線【ＮＳＦ】の間で、憲法に関する合意を促進するための国民対話会合を呼びかけた。この呼びかけは始めのうち大統領の承認を得ていたが、ムスリム同胞団からの反対で大統領が変心して取り消された。ＮＳＦが、自らの優先条件が満たされなければ、モルシの提案を受け入れないとしているにもかかわらず、モルシはそのような会議を招集するのは大統領の権限であると宣言した。数日後、シシは国防相としての権限で、シナイ半島（軍事的に微妙な地域）では非エジプト人への土地の売却を禁止するという布告を公布した。そのようにして、同胞団指導局の承認のもとシナイ半島で広大な土地を買収しようとしたパレスチナとカタールの計画を阻止した。(32)

二〇一三年一月下旬、ポート・サイドのサッカーファンに死刑判決が出されたあと、スエズ運河地帯の諸都市で暴動が発生したとき、モルシはテレビに登場し国家非常事態を宣言するとともに、夜間外出禁止令を出した。軍は暴力を止めるため各都市に展開していた。しかし、実際には軍は警察と抗議行動参加者の間に立って、抗議行動参加者があからさまに禁止令を無視するのを認めていた。これは、二〇一一年一～二月、タハリール広場において軍が抗議行動参加者を保護したのと同じパターンの行動であると軍は説明した。そして、これは二〇一三年六月にもより劇的に繰り返されることになるパターンであった。同時に、シナイとガザとの間の密輸トンネルの問題をめぐって、緊張が軍とモルシとの間で強まり続けていた。このトンネルは、シナイにおいて強まりつつあるジハード主義者の圧力を排除するのに役立つと信じて、軍が破壊し始めていたものだった。

それらすべてに加えて、エジプト軍士官学校が二〇一三年三月、大統領の甥を含むムスリム同胞団員の息子たちが数名、新たな訓練生となっていることを発表したとき、SCAFにとってもう一つ、越えてはならない一線が越えられたのだった。[33] 過去においては、審査の結果、反対潮流との政治的関係や親子関係のある志願者は除外するというのが伝統だった。その規則は、同胞団が今や政府内にいることで、明らかに同胞団には適用できなくなっていた。この展開は、シシが同胞団と協力関係にあるといういまだに広く流布していた気になる噂とは相反して、SCAFを率いる前は軍情報部のトップだったシシのような男を心配させるだけだった。彼と仲間たちは、もし同胞団が軍に潜入してやがては軍を支配することを許せば、同胞団がエジプト国家の掌握を仕上げてしまうかもしれないことを十分過ぎるほど知っていた。彼らはこの展望を強く嫌悪した。

軍は今やモルシの大統領在職を終わらせる決意を固めていた。しかし、この目標を達成するための最善の方法を見つけだす必要があった。ムスタファ・バルキは、ジャーナリストでありSCAFに近い前国会議員だったが、二〇一三年四月、つまり最終決着の三ヶ月前、軍と同胞団との関係について本を出版した[34]。その本の中に、軍の選択肢について評価が述べられている。それは軍自らの評価を反映したものであることは疑いない。それゆえ、その中心的なシナリオは軍が実際に辿ったロードマップに酷似していると読める。バルキによって書かれた最善のケースのシナリオは、合意の上での介入だった。軍が街頭に展開して法と秩序を回復し、その一方で同胞団はきたるべき時期に大統領選挙を実施することに同意するのである（新憲法が施行されたことを口実にして[35]）。

次善のケース（他のすべてのケースは破局的なシナリオである）では、軍は「国内の治安と安定を回復するため、新しい大統領が選出されるまでの限定された期間、政権を引き受ける」必要があるだろう。それゆえムスリム同胞団からの反対に直面するのは避けられないだろう。「しかし、この反対は内戦を宣言するという極端なところまでは行かずに、次の時期における条件についての合意を求めるだろう」。同胞団員は「軍や治安権力と関わるようになると現実的であり、彼らの戦略は」特に大衆的な支持を失ったときには「常に抗争を避けることにある」。バルキと彼の軍における友人たちもそう信じていた[36]。

仮にこうしたことが起こるとすれば、アラブ諸国は安堵して軍の動きを歓迎するだろう。とりわけ湾岸諸国はすぐに経済支援と軍の権力奪取確立のために行動するだろう。西側の反応は、特にフランス・ドイツにみられる慎重対応とアメリカ合衆国による関係断絶までには行き着かない一時的非難とに分かれるだろう(37)。バルキはさらに二〇一一年二月における権力奪取モデルにもとづいて、軍による新たな権力奪取の条件を述べた。

エジプトが目撃した一月二五日の民衆革命モデルが再現され、街頭・広場・さまざまな政府機関周辺においてしばらくの間持続する場合には、軍はその不可欠な要素になるだろう。軍は街頭に展開して、デモ参加者と彼らの安全を守り、彼らの正当な要求を支持するという従来の軍司令部の計画を繰り返すだろう。その場合、軍は自らの要求を共和国大統領に押し付けることができるだろう。つまり、限定された移行期間には、軍司令官のもとで多くの影響力のある民間人がメンバーとなる大統領評議会に権力を譲渡するか、早期に大統領選挙を実施するかのどちらかである。・・・その場合、一月二五日革命の期間に起こったのと全く同様に、国際社会は軍の介入と決定を正当性の源である民衆の意思に合致するものと考えるだろう(38)。

ここには、「一月二五日革命」の再現を二月一一日クーデターの再版への前触れとみなすSCAFの腹心の友がいた。筋立ては同じでなければならなかったが、二人の役者がリチャード二世とボリングブルック（最後にはリチャード二世を倒し王冠を奪う）を交替で演じるというシェークスピアのリチャード二世の有名な演出と同じように、登場人物のうち二人は役割を交換する必要があった。エジプトの王冠は、今回はムバラク打倒とその投獄に貢献したムスリム同胞団員を代表するムハンマド・モルシの頭上にあった。自分の番になって、今度はムバラクのかつての支持者がエジプトの街頭や広場に集まる反対派の立場になっていた。他の二人の役者は役を変えないままだった。つまり、左翼・リベラル反対派は次々に現われる大統領・専制君主に反対する動員の最前線にいたし、軍はいまだ究極の調停者と影の権力者を演じていた。

タマッルド（反乱）への突入

反モルシ「キャンペーン」のタマッルド（アラビア語で「反乱」の意味）は、二〇一三年四月下旬五人の若者によって始められた。彼らはムバラク体制反対の政治闘争で重要な役割を果たしたことで有名なケファマ運動の活動家だった。五人はナセル主義のイデオロギー潮流に所属していた。それは、ナセルの進歩的遺産のうち好ましくない部分を取り除いたイメージ――アラブ・エジプト民族主義と社会主義的ポピュリズムが混ざり合ったもの――を崇拝している。そしてエジプトの大衆的左翼意識の主要な形式でもある。二〇一二年大統領選挙第一回投票においてハムディーン・サバヒに投じられた驚くべき多数の票の中に現れたのは、まさにこの同じイデオロギー潮流だった。サバヒは、ナセル主義の民主主義的新バージョンの非常に人当たりがいい擁護者だったからである。サバヒのことばによれば、すべての指導者の中で、ナセルはわが国の最近の歴史において最も国家に献身的だった。今日、われわれはアブドゥル・ナセルに対するノスタルジアを目にする。タハリール広場で掲げられたのはガマル・アブドゥル・ナセルの肖像に他ならなかった。同じことがチュニジアやイエメンでも起こった。アブドゥル・ナセルは、彼の時代における人物だった。彼の時代は単一政党による動員の時代だった。しかし、もし彼がわれわれの時代に生きているならば、民主主義、多元主義、市民的・政治的な自由と権利、複数政党体制、公正選挙について語ったことだろう。[39]

二〇一二年六月、カーターセンターの代表団に軍の役割をどのように見るのか質問され、サバヒは一九五二年自由将校団に率いられた革命と二〇一一年の「自由な大衆」によって遂行された革命との「質的な違い」を強調した。彼は、「国内政治では軍の介入に反対である。軍の役割は外敵からエジプトを守ることに限定すべきだと信じている」と述べた。彼は「軍は憲法を守るべきであり、エジプトがトルコと似たような状況に陥らないように、選挙で選ばれた諸機関の権限を超えた権限を持つべきではない」と付け加えた。[40] 手短にいえば、エクラム・イブラヒムがサバヒの得票数について説明する際にうまく述べたように、「ナセル主義者であること、個人の自由に本気でとりくむこと、心の底から社会的公正さのため社会主義的政策を追求すること、そして外国の介入に対して民族主義的政策を約束することによって、サバヒは多くの革命家にアピールすることができた。サバヒの大統領としてのプログラムは次のような革命スローガンに要約することができる。『パンを、自由を、尊厳と社会的公正を[41]』」

タマッルドを創設した五人のナセル主義活動家は、献身的にそれと同じ観点で闘ってきた。彼らは二〇一一年一月二五日に開かれた革命的プロセスの全場面に関わってきた。それにはSCAFに対する闘いも含まれていた。何名かは二〇一二年大統領選挙第二回投票で旧体制の候補者を当選させないためにモルシに投票した。考え方が似た何十万人もの若い男女と同じように、これらの活動家はすぐにモルシ政権やムスリム同胞団との激しい闘争に引き込まれることになった。モルシを拒否することが大衆的支持を集めることであるという点に気づくと、彼らは、（不信任宣言による）モルシのリコールと早期の大統領選挙を求める嘆願書運動を開始するという素晴らしいアイデアを持つに至った。このキャンペーン開始の日として、彼らは象徴的に二〇一三年五月一日のメーデーを選んだ。嘆願書は、治安、貧困、国家主権、尊厳、経済、殉教者擁護などの問題を引き合いに出した。嘆願書は、モルシの下では革命の目的、つまりパン、自由、社会的公正、国家の独立が何一つ実現されていないと強調した。

タマッルドはこのようにしてエジプトで深い歴史的根拠を持つある伝統を蘇らせた。それは一九一九年エジプト革命前夜におけるワフド党の全国的な署名活動で、サアード・ザグルールと仲間たちにイギリスからの完全独立を要求する権限を与えるものだった。確かに、二〇一三年の若い活動家の小グループは、ワフド党の著名人や政治的ネットワークとは比較にならなかった。

しかし、彼らは物質的なネットワークの欠如をソーシャル・メディア――二〇一一年一月二五日蜂起に至る前ぶれの際立った構成要素である「四月六日」（二〇〇八）・「クルナ・ハリード・サイード」（二〇一〇）といったフェイスブック・ページの立ち上げ以来、エジプトの活動家たちがずっと得意としている技術――というバーチャルなネットワークを集中的に用いることによって補ったのだ。ソーシャル・メディアを通じて、タマッルドは嘆願書のイメージ・ファイルを拡散していった。そして、近所で署名を集めるために嘆願書の多様なコピーを印刷するように人々に頼んでおこなった。キャンペーンは目標としてモルシが二〇一二年六月に獲得した得票数を超える一五〇〇万筆の署名を設定した。そして究極的目標をモルシ就任一周年の六月三〇日の巨大な動員に置いた。

ムスリム同胞団に対する反対派の政治的社会的拡がりを持つすべての陣営から、数十万人の人々が、タマッルドのネットワークに参加した。膨大な数の一般の人々が署名集めに参加した。それゆえ多くの人々にとって、それはデモに参加する以外でははじめての政治的活動だった。NSFはキャンペーンを支持した。NSFの境界を超えてさらに幅広い範囲の政党が、左は急進的左翼、右はフルル（ムバラク残党）までが事務所やサービスを提供した。

四月六日青年運動や革命的社会主義者（RS）のようなNSF左翼批判派がキャンペーンに加わった。二〇一三年五月一九日、RSは「断固としてキャンペーンに全面参加する」ことを明らかにする声明を出した。彼らの評価は次のようなものだった。

このキャンペーンにおいて新しくてこれまでと完全に違っていることは、それが大衆的イニシアチブから始まっており、下からの革命的行動を開始する、それゆえ改良主義者の戦線［NSF］の狭い日和見主義的な地平を乗り越え、同胞団よりもずっと民主主義を嫌っているフルの計画を完全に否定する草の根反対運動を開始する論理的・実践的な可能性のための空間を開いていることである。

RSはすべての活動家に「利害と偏見に満ちた独裁体制に反対する第二の大衆的蜂起に向けた基盤をいつの日か必ず準備する闘い、そして独裁体制を多数派の利益にかなった多数派支配で置きかえることになる闘い」に参加するよう呼びかけた(42)。

後から読み返してみると、この声明は急進左翼によくある希望的考えのように聞こえるかもしれない。しかしながら、声明は現実の力関係についてはは希望的評価に終始していたが、キャンペーンの潜在的力に関してはひどく的外れだというわけではなかった。確かに、タマッルド・キャンペーンが、エジプトの歴史上、実際に単一の政治的目的を追求する組織的行動——国家元首を排除するための署名活動——に最も多くの人々を参加させたことに疑いはない。それは世界史においても最も多人数であったものの一つであることは確かだ。この巨大な動員が嘆かわしい末路を迎えたからと言って、その重要性を過小評価すべきではない。それは社会運動の歴史において画期的出来事とみなされるべきものである。

タマッルド・キャンペーンは、政治行動に何十万人もの活動家――経験豊かな者もいたが、大半は全くの初心者――を参加させただけでなく、疑いなく独立系労働運動を労働者階級の闘いの絶頂を代表するものの中に加えるものでもあった。ヘバ・エル・シャズーリはこの後者の側面を次のように要約した。

だから労働者は即時の大統領選挙を求める呼びかけを支持して、数十万の署名を集めた。一九九〇年結成以来、独立系労働運動の中心部隊である労働組合・労働者サービスセンター（CTUWS）は、全国にある六つの事務所をタマッルドの嘆願書集めに使った。エジプト独立労働組合連合（EFITU）とエジプト民主労働会議（EDLC）は組合員に六月三〇日は外に出て抗議するように働きかけた。会議がそれぞれの組合本部、地域労働組合連合、各地の組合事務所で開かれ、組合員がタマッルド・キャンペーンの方針を支持して、モルシ前大統領の支配に抗議するよう呼びかけた。

六月三〇日という指定された日の以前にも、労働者の抗議がすでに起こっていた。例えば、アル・マハラ・アル・クブラでは、六月二七日、ガズル・アル・マハラ織物工場の最初のシフト終了後に数千人の労働者が抗議デモに出た。彼らはモルシ前大統領が六月二六日におこなった演説やムスリム同胞団及びその政治部門である自由公正党（FJP）の政策に激しく怒っていた。彼らは、モルシは「辞めろ（イルハール）」とシュプレヒコールをおこなった。同じ日、FJP党員モハメド・アル・ガヤイニは、デモを阻止しなかったという理由で、ガズル・アル・マハラ社代表取締役の辞任を求めた。

六月三〇日以前に、独立系労働運動の主要な担い手であるEDLC、CTUWS、EFITUはそれぞれの事務所に、抗議行動への労働者の参加や暴力・嫌がらせ事件を調査するために「指揮センター」を立ち上げた。これらの指揮センターは、労働者がタハリール広場やイッティハディーヤ大統領宮殿に向けてデモを始める集合場所といった行動調整のために、タマッルド・キャンペーンの本部とも直接連絡を取っていた。加えて、それぞれの抗議場所では労働者のためにテントが建てられた。これらのテントは休憩場所や参加者が新しい情報を仕入れる場所になった。[43]

初期タマッルド支持者の幅広い領域のもう一方の部分には、ムスリム同胞団に対する広い意味での反対派から移ってきた、旧体制のパワー・エリートであった実業家・政治家のグループがいた。彼らのほとんどはムバラクとは衝突する関係にあった。彼らはムバラクに対するかつての「体制内反対派」メンバーであり、（寄生資本家たる国家ブルジョアジーと対照をなす）市場ブルジョアジーのリベラル派メンバーだった。[44] ヒシャーム・アル・バスタウィシは、大審院副裁判長で、二〇一二年大統領選挙でムバラク体制内の左翼反対派（アル・タガンム、国民統一進歩党）の候補者だったが、タマッルドにカイロにある本部事務所を提供した。コプト教徒で新自由主義派の実力者のナギーブ・サウィリスは、彼が一月二五日蜂起後に創設した政党「自由エジプト人党」

のすべての事務所と設備の使用をタマッルドに申し出た。より重要なことに、サウィリスは、彼が所有する影響力を持つテレビ局（ＯＮＴＶ）と日刊新聞（アル・マスリ・アル・ヨウム）でキャンペーンを後援した。建設業界の起業家マムドウフ・ハムザは、ムバラクの身内びいきのやり方に反対していた人物だが、タマッルドの嘆願書用紙を何百万枚も印刷する資金を出した。[45]

キャンペーンが弾みをつけると、参加者と支援者の範囲は、上述した人々のように一月二五日革命を支持した人々を越えていった。変化に対して頑強に抵抗していたムバラク体制のフルル（残党）をも巻き込み始めた。その中には弾圧機関のメンバーもいた。「最初のうちタマッルドは真剣な存在とみなされていなかった。しかしそれが署名を集めていくにつれて、モルシへの信頼をなくしたエジプト人が注目するようになった。その中には内務省職員もいた。内務省職員と警察官の中には、署名集めを手伝ったり、抗議行動に参加したりする者もいた。[46]」二〇一一年に解散させられた支配政党の旧党員が署名集めに参加するのが次第に目立つようになった。諜報機関員の参加も目立ってきた。

運動が成長し、モルシ就任一周年の六月三〇日大デモ行進を呼びかけると、あまりなじみのない新人たちが運動の支部に入り込んできた。

あるタマッルド活動家はロイターの取材に答えて、「私は大抗議行動の三日前に辞めた。なぜなら秘密警察とかつてのムバラク支持者が運動に侵入してきたからだ」と述べた。

「突然、様相が変わった」とB・Aは語った。彼女は諜報機関からの報復を恐れて、フルネームを載せないように求めた。「わたしが一緒に活動していた人々の多くが去っていき、私が知っている新参加者にはフルル（ムバラク残党）や、ムバラクに対するノスタルジックを抱く者がいて、国家治安機関の活動を正当化していた(47)」

これは、東ドイツのシュタージ（国家保安省）がスターリン主義者の伝統に沿ってエジプト治安機関を作って以来――後にシリアでもアサド体制のムクハラバトを同じように作ったのだが――ずっとエジプトが慣れ親しんできたものなのだが、このムクハバラト（国家保安情報局）による浸透事例はこれで終りではなかった。モルシ打倒の数日後、そのキャンペーンは「フルルと革命家」の和解に成功したとタマッルドの中心的オルガナイザーの一人が誇らしげにフランス人ジャーナリストに語ったように、むしろそれは開かれた協働の一例だった。双方とも「真の問題はムスリム同胞団員である」ことを理解していたからである(48)。NSFとタマッルドは、ムバラクの下での役割に関して有罪判決を受けたり訴追されたりしていない限り、アフメド・シャフィク自身を含むフルル（ムバラク残党）の著名な代表者たちの支援を歓迎した。

最も重要なことは、旧体制のまさに中心にいた軍が二〇一三年六月三〇日の巨大な反モルシ動員の成功にきわめて重要な役割を果たしていたということだ。タマッルドの嘆願書キャンペーンが締切りに近づけば近づくほど、動員に対する軍の支援は大っぴらになっていった。長期にわたり計画されてきたクライマックスの一週間前、アブドゥル・ファタハ・シシは、軍が全国的なデモ行進を守るだろうと大声ではっきりと宣言した。これはムスリム同胞団が六月一五日、スンニ宗派主義者とジハード主義者の綱領に基づいて、シリアでの蜂起に連帯するカイロでの大規模な行進を組織することで、不気味なほどに自らの力を公然と誇示した数日後のことだった。モルシはその行進で個人として演説して、ダマスカスとの外交的絆の強さを伝えるとともに、シリア上空に飛行禁止区域を設けることを呼びかけた。

六月二三日、シシは欺瞞的にも、軍と国民との「永遠」で破ることのできない絆に名を借りて、軍の任務は「国民の意思」を守ることにあり、軍はそれに対するいかなる攻撃も許さないだろうと述べた。軍は「わがエジプト国民を脅したり、おびえさせたりする者たちの前で黙っていること」はないだろうと彼は言った[49]。軍は、新たな選挙を準備するために、SCAFの前首相カマル・ガンズーリが率いる新たな国民団結内閣を作るという妥協案を提案した。この提案は、六月三〇日を期限とする最後通告に付随したものだったが、ムスリム同胞団によって拒絶された。

六月二六日、軍はシシ演説に沿って、「意思（Irada）」という作戦名で武装車輛をエジプト全土に展開させ始めた[50]。同日、NSF、タマッルド、そしてケファヤのような連合グループは六月三〇日戦線の設立を公表した。彼らは、モルシに代わって憲法裁判所長官が暫定・名誉大統領職に就くとともに、行政権力を「革命路線」を代表する人物で作られた内閣の代表に委ねるよう求めた[51]。彼らはまた六カ月前に承認された憲法の一時停止および新た憲法草案を起草し国民投票にかけるため専門家委員会を任命すべきだと主張した。二日後の六月二八日金曜日、エジプト各地における両陣営間の緊張状態や激しい衝突事件を背景に、ムスリム同胞団と同盟者は、カイロ県ナスル市のラービア・アル・アダウィーヤ広場で、（大統領の）「合法性」を擁護して公開集団座り込みを開始した。この広場は、初期イスラム神秘主義（スーフィズム）の有名な聖女（ラービア・アダウィーヤ）に捧げられたモスクから名前をとった場所である。

六月三〇日の前夜、タマッルドは、モルシが二〇一二年大統領選挙第二回投票で獲得した一三二〇万以上の署名を集めるという目標をはるかに上回って、二二〇〇万筆以上の署名を集めたと発表した。署名を確認する独立した組織はないし、署名者の確認はできそうにもないので、その数字が正確だとは考えられないにしても、モルシに反対する大衆的な多数派がエジプトにおいて樹立されたことにはほとんど疑いがない。結局、モルシは二〇一二年第一回投票では五八〇万票しか得ておらず、一七五〇万票は彼のさまざまなライバルたちに投じられていたのである。

同じ理由で、六月三〇日、軍がヘリコプターからの観察に基づいて推計した結果として公表した一四〇〇万人のデモ参加者という数字を証明することは不可能ではあるが、その日の動員が二〇一一年一月二五日以来経験したことのない、それゆえエジプトの歴史上かつてない大きなものだったことは間違いない。カイロとエジプト諸都市の広場や通りは、ムスリム同胞団と彼らの支持者を除く一月二五日革命を実現した人々で埋め尽くされた。しかし、旧体制の支持者だったという理由で、あるいはムスリム同胞団が権力に近づいたことへの警戒心から、二〇一一年革命には参加しなかったもっと多くの人々が、ムスリム同胞団とその支持者に取って代わった。多くの警察官でさえデモ行進に参加した。(52)

七月一日、シシは「国民の要求」を満たすため、言い換えれば暫定内閣を任命し国民投票によってモルシの大統領職について大衆的に諮問する道を開くため、あるいは大統領選挙をすばやく実施するために、モルシに二回目となる最終的な最後通告を送り、四八時間の猶予を与えた。翌日、モルシはムスリム同胞団指導局決定に従って、自分は正当な民主的に選ばれた大統領であるとして、そのようないかなる動きをも断固として拒否するという返答をおこなった。モルシは後になって、反対派がボイコットを決めたにもかかわらず、九月に実施する予定だった議会選挙の後でなら彼の大統領職について国民投票を実施する可能性はあると認めた。(53) いまやサラフィー主義者のヌール党を含むすべての政治的勢力が彼との関係を絶ったという事実にもかかわらず、こうした対応がなされたのだ。

七月三日、最後通牒の期限が切れる数時間前に、運動の中心人物として浮上した若者マフモウド・バドゥルを含む二人のタマッルド指導者が、アブドゥル・ファタハ・シシとの面会に招待された。バドゥルは後になって、その日軍最高司令官にクーデターの選択肢を実行するように「説得」するにあたっての彼の役割について誇らしげに語ることになる。

先週、軍がモルシ排除へと進み出たその日に、バドゥルと二人の二〇代くらいの「タマッルドー反乱！」共同創設者は、参謀本部の大佐から電話を受けた。軍最高司令官との面会に招待するというのだ。

郊外にある高層アパートの家具のない部屋で、ロイター通信に対して、ある無名政党による彼の抗議運動について話しながら、バドゥルはそれが軍とのいかなる意味においても最初の接触だと言った。

彼らは体を洗ってなかったし、髭も剃っていないままで、軍情報本部まで運転する車を借りなければならなかった。本部に着くと、彼らは将軍たち、大族長、コプト教司祭、最高裁判事、そして政治的反対派の指導者たちと一緒に部屋に案内された。決して威圧的ではなく、バドゥルはすぐにアブドゥル・ファタハ・シシ将軍と政治的移行に関する軍のロードマップについて議論し、モルシが留任についての国民投票を呼びかけるというシシ将軍の提案を拒否した。

何百万人の人々が国民投票ではなく、モルシのリコールを求めてデモ行進していた。その活動家はシシに言った。

「言わせていただきますが、あなたはエジプト軍の最高司令官かも知れません。しかし、エジプト国民があなたの司令官なのです。そして、エジプト国民はあなたに、自分たちの意思に従って即時の大統領選挙を招集するよう直接命じているのです。[54]」

もし、これが確かにバドゥルと軍司令官との最初の面会だとすれば、ＮＳＦとＮＣＡＦとの間に初めから明確に意見の一致が存在していたことになる。つまり、タマッルドの創設者がもっとも意見を同じくしていたナセル主義者サバヒを含むすべてのＮＳＦ指導者もその意見の一致に含まれていたことになるのだ(55)。

ナセル主義者の幻想

彼らと同様に、ハムディーン・サバヒとカラーマ党（尊厳党）の同志たちは、彼のより広範に広がる（ナセルに郷愁を感じる）支持者とともに、二〇一一年一月二五日以来、エジプトにおける革命プロセスを前進させるために闘いのあらゆる場面に参加してきた。その中には二〇一二年大統領選挙に先立つ時期のＳＣＡＦとの闘いもあった。アラブの反乱に参加した多くの左翼組織の対応に典型的に見られる道筋をたどって、サバヒは直前の時期におけるムスリム同胞団との協力から引き続き、「革命」の最初の段階においてムスリム同胞団との同盟からスタートした。二〇一一年に先行して彼が築いた政治的絆は、二〇一〇年設立の広範な連合（変革のための国民協会）に示されたものよりも古く緊密なものであった。変革のための国民協会（中心人物はムハンマド・エルバラダイ）には、ムスリム同胞団や彼自身の党が含まれており、ムバフクに対する左翼・リベラル派による（「体制内」反対派とは違った）実際の反対派が勢揃いしていた。

サバヒとカラーマ党は二〇一一年、この協力関係において、ムバラクに対する左翼反対派の中で果たした、そして独立労働運動建設で果たした前衛的役割にもかかわらず、ムスリム同胞団主導のエジプト民主連合の一部として一一月から一二月にかけての議会選挙に臨むことまでした。旧約聖書に出てくるエサウのように［訳注：旧約聖書創世記二五章二五〜三四節より、新訳聖書・ヘブル人への手紙一二章一六節には「また、不品行の者や、一杯の食物と引き替えに自分のものであった長子の権利を売ったエサウのような俗悪な者がないようにしなさい」とある］、彼らは眼前の小利のために相続権を売り渡したのだった。彼らは民主連合の二三五議席の中で六議席を得たが、九割以上の二一三議席はムスリム同胞団のものだった。その他に、ムスリム同胞団とサバヒは非常に違った理由からであっても、当初は「革命」に対する軍の疑わしい支援に幻想を抱かせることに貢献した。同胞団にとっては、それは日和見主義的臆病さの表れであったし、そんなに長くはない過渡期において軍と権力を分かち合う自らの能力についての戦略的賭けでもあった。サバヒにとっては、それはむしろ軍の中にあるナセルに対するノスタルジアの力を無邪気に信頼するという問題だった。

二〇一一年後半にピークに達した革命的な街頭動員に対するSCAF主導の弾圧がエスカレートしたことに直面して、ハムディーン・サバヒは軍を批判したが、それは慈悲深く慎重なものだった。二〇一二年一月ロンドンに本拠を置く日刊紙アル・ハヤットとの長時間のインタビューで、彼はポスト・ムバラク過渡期における運営能力および抗議者殺害責任者の起訴・制裁の拒否について、SCAFを非難した。「軍の将軍たちは、若者たちのスローガンが『国民と軍は一体だ』から『軍政打倒』へと変わった理由を自らに問わなければならない。[56]」その非難は政権から「退場」する方法についてのSCAFへの親切な忠告と結びついたままだった。しかしながら、公正を期すために言うと、サバヒは「安全な退場」とは違った、残酷な弾圧の責任者に対する暫定的裁判の履行を含む「公正な退場」について話すようにしていた。

さらに、二〇一二年大統領選挙を準備している数ヶ月間に、とりわけ同胞団が四月末に独自の大統領候補を立候補させると決めた後、ムスリム同胞団が議会で高圧的な態度をとったため、サバヒは同胞団と絶縁した。彼はその時まで大統領立候補に同胞団の支援が得られる、あるいは革命を代表する「大統領協議会」内での統一について同胞団や他の立候補予定者と合意できるとする根拠のない希望を抱いていたのだった。ハムディーン・サバヒが独立した革命的スタンスをもっとも顕著に示すようになったのは、選挙の第一回投票に先立つ数週間のまさにこの時だった。それは、反革命両派＝アフメド・シャフィクが代表するフルル（ムバラク残党）とモルシが代表する同胞団に等しく反対するものだった。サバヒはこのようにして、同時に生まれた「フルルでもなく、同胞団でもなく、革命はまだ広場にある」という重要な革命的スローガンに要約される政治路線を具体化させていった。[57]

サバヒの評判は彼の新たな政治的突出によってかなり高まっていた。数多くの有名知識人や活動家グループが彼の立候補支持を表明した。最初は三流の候補者と考えられていたが、第一回投票のまさに最後数日の世論調査で急に支持率を上昇させた。そして彼が獲得した票数は、最後の最後に上向修正されたものを含めて、ほとんどの予想よりもずっと多いものだった。投票数の二〇・七％（カイロとアレキサンドリアという二つの主要な人口集中都市での最多得票を含む）は、強力な同胞団とフルルをバックに持つモルシの二四・八％、シャフィクの二三・七％と比べると、きわめて限られた財政、メディア、組織によって達成された離れ業だった。驚くべき大衆的成功にもかかわらず、第二回投票に進むことができなかったことにサバヒが深く失望を感じたのは、それゆえ正当な理由があった。もし彼が第二回投票に進んでいたら、第一回投票で投票しなかった人々が第二回投票でサバヒに投票してくれるので、どちらの競争相手にも勝利しただろうというのはありそうな話である。

サバヒは、個人的には第二回投票を争う二人の男のどちらにも投票しないだろうと説明して、第三陣営の位置に固執した。だが、彼は支持者に棄権を勧めるのではなく、自主投票に任せた。第一回投票の勢いを利用して、彼はナセル主義者を統一しようと「人民潮流」という新たな運動の設立を呼びかけた。その中には彼の同志、支持者、同盟者が含まれていた（急進的左翼のほとんどは偏狭な考え方から招待状を無視した）。彼はまた、ＳＣＡＦやムスリム同胞団が国家を支配することに等しく反対する左翼・リベラル派勢力の民主的連合結成を主張した。サバヒはただちに、ムスリム同胞団系からの罵倒の対象となった。その一方で、彼は同胞団政権と政権による国家支配拡大に反対する最も重要な批判者の一人になった。

人民潮流の最初の声明は、二〇一二年八月二日、第一次カンディール内閣の宣誓就任に対応して出された。声明は、モルシが独立人士に率いられた「愛国」合意内閣（hukuma wataniyya）を任命しなかったことを非難し、新内閣が「国家運営と公共政策に関してムスリム同胞団とＳＣＡＦの間には現実的、本質的な矛盾は存在しないことを全面的に裏付けている」と述べた[58]。しかし、二〇一二年一一月モルシの「専制君主的」憲法令に反対して、サバヒがムハンマド・エルバラダイやアムール・ムーシャ、他のフルル（ムバラク残党）たちとともにＮＳＦ結成に参加したことは、この「第三陣営」路線からの最初の重要な離脱を意味していた。軍がモルシに対するあからさまな反対へと次第に移りつつあったとき、ＮＳＦはムスリム同胞団が国家機構への支配を徐々に拡大しているという名目の下に、その姿勢をＳＣＡＦ側へ傾斜させることに賛成した。

二〇一三年一月三〇日直前（一月二五日〜二八日）発行のアル・ハヤット紙に四回に分けて掲載されたハムディーン・サバヒのインタビューは、その時点での彼の考え方をよく映し出していた。このインタビューで、サバヒはムバラク後のＳＣＡＦ支配の評価を撤回しなかった。彼は「軍が過渡期を誤って運営した」ことおよびＳＣＡＦが「殺戮へと導き、殉教者を作り出し、憎悪を生み出す行為を実行」したと繰り返し述べた。「ムバラク体制下で倒れた殉教者への報復を要求した青年革命勢力は、結局のところＳＣＡＦの下でもより多くの殉教者が倒れていくのを目の当たりにした。」しかし、「われわれもまた革命家としてあまりにナイーブで、〝軍の支配を打ち倒せ〟という罠にはまってしまった。これは・・・革命家が犯した重要な戦術的誤りの一つだった。というのはこのスローガンによって、同胞団がＳＣＡＦと同意できる雰囲気が創り出されてしまったからだ。」このスローガンが成功を収めれば収めるほど、「〝同胞団〟は、軍機構を破壊し処罰するために軍司令官らを引きずり下ろそうと考える革命家たちに反対し、軍を支持する大衆的選択肢として自らを印象付けたのである。[59]」

ＳＣＡＦが自らの政党を持たない中で「高い規律をもち、服従と従順を実践しており、軍を支持して奉仕を申し出ていた、すぐに使える組織を発見したが、それは〝同胞団〟という名前だった[60]」という事実は、ムスリム同胞団との協力というＳＣＡＦの選択を一層促したのである。別の言葉で言えば、サバヒはここで革命陣営がＳＣＡＦを引きつけようとして同胞団と争わなかったことを後悔していたのだ。おまけに彼は、旧体制の草の根支持者を述べるのにフルルという軽蔑的な言葉を用いることを批判し、彼らに同胞団に対抗する「革命陣営」に加わるよう勧めたのだった。

その完遂のために闘っている革命にとって、ムバラク体制の一部であった人々と協働することはもはや適切ではない。・・・私が彼らに求めるのは、旧体制の回復を願うのではなく、彼らの支持者に〝同胞団〟の側に立つのか、革命の側に立つのかを選択させることだ。というのは、国が革命派、〝同胞団〟、旧体制派の三つの陣営に分断されているからだ。大きさの順番では、革命陣営が最も大きく、〝同胞団〟と同盟者がそれに続き、最後に旧体制陣営となる。一般大衆の中にいる旧体制支持

者は、大衆とは違って体制とつながっている指導者によって犠牲になった人々である。(61)

繰り返して言うが、その論理はかなり奇妙なものだった。旧体制の支配政党は三〇〇万人近くの党員を有していたのに、そのうちのほんの一部の人々しか権力や金の濫用をめぐって暫定裁判制度によって起訴されていないと正しく強調しながら、サバヒはおかしなことに、かつての権力者内の少数派の「支持者を」革命に参加「させる」ように呼びかけていた。このようにして彼は実際、軍の打倒を呼びかけた未熟さを自分のせいにするよりもさらにずっと世間知らずであることを示した。この世間知らずは、サバヒがモルシ・旧体制間の階級的連続性を強調しただけに一層ありえないものだった。

世界市場およびIMF、世界銀行、WTOといった世界市場の重要な支配機構との結合、そしてグローバリゼーションへの忠誠・・・という経済政策の考え方に関しては、ムバラク時代と比較してモルシの下でも何も変わってはいない。こうしたことすべてがいぜんとして同じであり、ごく少数者の手中への富の集中も同じである。「クローニー」が国民党（ムバラクの支配政党の国民民主党、二〇一一年に解散）から〝同胞団〟へと移っただけである。野合と強奪を基礎にして二つのグループの間には共同の経済的利益があると私は信じる。貧しいものはいぜんとして貧しい。モルシは貧困に関して何のビジョンもプロジェクトも提案していないし、何の対策も講じてはいない。貧困はエジプト人にとって最も重要な問題で、ムバラク体制打倒の理由の一つだったにもかかわらず。[62]

これらの重要問題についてＮＳＦ内のサバヒの同盟者の多くが、サバヒや革命的青年たちが目標とするものよりも、ムバラクからモルシに至る基本的階級支配の連続性により密接に関わっているという事実をこの矛盾につけくわえてみよう。これらの矛盾を抱えながら、最大の幻想はサバヒが次のように信じ込んだという事実にあった。つまり、軍は「本物の愛国的勢力」であり、モルシを大統領から失脚させ、自由公正選挙が実施されるまでの六ヶ月間の限定的過渡期にだけ、再び国の統治に参加することで満足するだろうと。[63]

二〇一一年に自分たちもその一部であった体制に対する大衆的な蜂起に直面して、軍幹部はほぼ一年半政治権力を掌握してから、きわめて寛大なことに全面的に信頼しているわけではないグループに権力を譲渡した。今度はその同じグループに対するもう一つの大衆蜂起によって介入を求められた後で、軍が政治権力をサバヒのような人物に手渡すのは筋が通った話どころではない。サバヒが、革命的青年の目標、すなわちその実現を軍がムスリム同胞団の支配なんかより計り知れないほどもっと恐れている目標を代表しているからである。ここにあるのは反乱運動が歴史上、その希望的観測によって大きな代価を払うことになる典型的実例である。

それにもかかわらず、私生活では実につまらないものであるリアリズムが政治においては貴重な美徳だと考えられている理由のもう一つの実例の中に、今まで何度も再現されたことが再び繰と「説得した」ように「説得した」り返された。マフモウド・バドゥルは、彼がシシにクーデターをおこなうように「説得した」と無邪気に信じたのかもしれない。実を言うと、アブドゥル・ファタハ・シシがバドゥルを「国民の意思」（vox populi）の代表者として参加させたのは、広く勢揃いした目撃者の眼の前で、彼が軍最高司令官にクーデターをおこなうように「説得する」ことができるようにしたためというのがもっとありそうなことである。言い換えれば、「その国が一月二五日に目撃した民衆革命モデルの繰り返し」（ムスタファ・バクリ）を創り出すために彼と彼の同志たちを利用したのと同じ方法で、シシは自分がやろうとしていたクーデターを正当化するためにバドゥルを利用したのだ。この方法は、モルシを排除するために必要であった。その目的はタマッルド運動の本来の目標とはほとんど共通点がなかった。

他の者たちも同じ目的のために利用された。モナ・マクラム・エバイドは、六月三〇日の直前に議会上院（諮問評議会）を辞任していたが、その日の午前、大デモ行進に先立って、彼女がどのようにして旧体制のメンバーから一六年間サダトとムバラクに仕えてきた前大臣の自宅での著名人の会議に出席するよう求められたかを述べた。その中には、恐るべき国家保安情報局（ＳＳＩＳ）前副局長のファド・アラムといったナセル時代からムスリム同胞団弾圧に関与していた人物が含まれていた。そこで彼らは、軍は大量殺戮を防ぐという公約を達成するために、彼らに介入のための請願書を出して欲しいのだと言われた。彼らは声明を起草し、電話で連絡がついた他の著名人の署名を得てから軍に提出した。(64)

軍が国民の意思をまたも乗っ取った

しかしながら、シシ率いるSCAFによって二〇一三年七月三日に決行されたクーデターは、多くの点でシシの前任者タンタウィの下で同じSCAFによって行われた二〇一一年二月一一日クーデターの単なる再現だと言われるかもしれない。だが、見たところ、二つのクーデターの間には大統領失脚と憲法停止の正当性に関して重大な違いがあった。二〇一一年の大統領と憲法は何十年もの独裁支配の産物だったが、二〇一三年の大統領と憲法は自由で比較的公正な選挙プロセスを反映したものであった。したがって、クーデターに直面したとき、西側政府とりわけワシントンは困惑した。それゆえに同じように、幅広いリベラル派の怒りの声が上がった。彼らにとって民主主義とは第一に選挙手続きであり、当選者に対して有権者が与えた信任は、前者よりも後者にとってより拘束力のある契約を意味しているからである。

これは確かに「自由な代議制」の本質であり、マックス・ウェーバーの時代における「現代西洋世界に特有の」ものだった。そしてこの代議制はすべての国々に広がっても「西洋民主主義」と今でも呼ばれている。「代議制は・・・指令によって束縛されるのではなく、自分自身で決定する立場にいることである。彼には彼を選んだ人々の利益を促進するのではなく、自分の心からの信念を表明するという義務だけがある。」そのようにして「国会議員は、当選したおかげで有権者に対して権威を行使するのであって、決して有権者の代理人ではない。[65]」いわゆる代議制民主主義とは、本質的には「三年ないし六年に一度、支配階級のどの成員が人民のニセ代表になるかを決定する[66]」ことであるというのはマルクスの有名なことばである。これとは対照的に、「直接民主主義」の完全に理想的な型が問題にならないとすれば、有権者に権限を与える、すなわち政府権力の「正当な諸機能」を「社会それ自身に優越する地位を横領している強権から奪いとり、社会の責任ある機関の手にかえす[67]」ことを保証する最も簡単な手段は、有権者が請願書に規定数の署名を集め、即時選挙実施か国民投票を求めることである。

ウェーバーが述べたように、「代議制政体の統治権力は、一般大衆による直接選挙が・・・国民投票を通して認められている限りにおいて、制限され正当化されよう[68]」。より包括的には、リコール選挙——選挙で選ばれた公務員を即時の選挙によって役所から排除しようとする権利で、公務員に「いかなる時でもリコールされるという責任[69]」を与える——および「議会の行動を承認するか、拒絶するかを決める、国民に与えられた権利[70]」という意味での国民投票が、有権者が議員に対する支配を行使することができ、彼らに選挙公約を果たす責任を持たせる基礎的な手段である。彼らはまさにその選挙公約を基礎にして選ばれたのであり、一般的には有権者の利益を促進するために選ばれたのだからである。

人民権力が民主主義という名称の語源だが、それと一致するこれらの民主主義の前提条件が憲法に書かれていないとき、そして議員が明確に説得力を持つほどの署名数を集めた請願書を考慮するのを拒否するとき、国民は「天国に訴える」より「他に救済手段を持っていない」とはロックの有名なことばである。[71]これは支配者が天命を失うという古代中国の考え方と偶然同じである。国民が、あるいは国民の一部が自分たちの権利が支配者によって侵害されていると信じるとき、蜂起が国民にとって「最も神聖なる権利であり、最も不可欠な義務である」[72]ことにならないように支配者が関心を向けてくれるよう期待ないしは願望しながら、国民は街頭で大衆的な意思を表明することから始める。

支配者の民主主義感覚の重要な試金石は、国民の多くによって異議を唱えられたときに、自らの正当性を自由選挙という試練にかける用意があることである。一九六八年、シャルル・ド・ゴールが大衆的な労働者と学生の抗議行動に直面し、ゼネストが社会を麻痺させたとき、たとえ彼の支持者が反対者よりも多数の人々を街頭に集めて見せたとしても、そして軍の支持を享受していたにもかかわらず、彼は直ちに議会選挙をおこなうことを呼びかけ、実施した。エジプトの場合、「正当な物理的暴力行使の独占」を包含する諸装置は、反乱が失脚させようとしているその支配者（訳注：モルシのこと）にとって好ましいものではない。[73]その諸装置は実際のところ、理由は異なっているが、彼を失脚させようと願っている者たちに指揮されているからである。

このため、早期の大統領選挙実施あるいは大統領信任国民投票をモルシが拒否したことは反民主的というだけでなく、愚かな態度でもあった。六月三〇日の巨大な動員は、圧倒的多数ではないにしても、感動を覚えるほど多数のエジプト国民がモルシを大統領から引きずり下したいと思っていることをきわめて鮮明に示した。モルシの同調者が先制して六月二八日に呼びかけた反対動員やそれに続く座り込みは到底相手にならないことがわかった。それでもなお、民主的に選ばれたという事実に基づく自らの「正当性（shar'iyya）」の名において――一年前の第一回投票で投票数の四分の一未満しか獲得しなかった後、第二回投票で選ばれた――、その背後には軍が存在しているにもかかわらず、モルシは大衆の圧力に従うことを断固として拒否した。タハリール広場で二〇一二年六月二九日におこなった演説の中で彼自身が言ったことを思い出すようにアドバイスした人がいたのだろうか。そのとき彼は選挙結果を祝福しにやってきた大群衆に向かって、演説の内容と合うように計算されたジェスチャーを交えながら、勝利宣言後の最初の演説をおこなった。

私は、皆さんが権力の源泉であり、他のいかなる合法性よりも上位の合法性の源泉であるから、皆さんのところへ来た。皆さんは合法性の持ち主であり、源泉であり、最も強力な地位にいる。皆さん以外から保護を求めるものは誰でも失敗し、皆さんの意思に従うものは誰でも成功する・・・私は「この力を上回る力はない」ことを声高らかに宣言する。皆さんは権力の所有者であり、意思の所有者であり、この力の源泉である。皆さんは誰であれ皆さんが望む者に権力を与えたり、与えなかったりするのだ[74]・・・。

　進歩勢力が、大統領が民主的に選ばれていたとしても、彼を解任するために国民を動員しようとしたことは全く間違っていなかった。この目標を達成する能力は、論理的には自分に投票した多くの人々を含む国民の多数派を大統領がどの程度まで遠ざけてしまったのかにかかっていたので、これはまさに基本的民主主義のための活動にほかならなかった。しかし、エジプト進歩勢力が二回目のクーデターによって大統領を解任し、その後軍自らで権力を掌握するように軍に要請したとき、問題が起こった。アブドゥル・ファタハ・シシがメディアに対してモルシ解任を発表するコミュニケを読み上げたとき、彼の後ろにはアル・アズハル［スンニ派の最高権威機関］大イマーム、コプト教会司祭やヌール党書記長だけではなく、NSFを代表するムハンマド・エルバラダイやタマッルドのマフモウド・バドゥルも立っていたのだった。

　ムスリム同胞団の強力な政治マシーンに立ち向かってモルシを退けることのできる唯一の勢力は軍であったことに議論の余地はないとしても、進歩勢力は厳密に民主主義的な要求に従って、ゼネストのような民主的手段によって、大衆的な動員を発展させ続けるべきだった。進歩勢力が旧体制の中軸勢力と協働することで自らの信用を傷つけ、その結果軍に白紙委任状を渡すことをしなくても、状況のさらなる急進化を阻止するという同じ目的のため、SCAFはムバラクを失脚させたようにほぼ確実にモルシを片付けていただろう。悲しいことだが、これがエジプト進歩勢力のおこなったことなのである。つまり、左翼と進歩的リベラル反対派の両方ともが、いかなる形態でも軍支配の樹立へと向かう誘惑に反対して警告する代わりに、シシと軍への賛歌を歌っていたのだった。その結果、二月一一日クーデターが二〇一一年一月二五日から始まった革命プロセスの第一波を乗っ取ったのと全く同じように、七月三日クーデターは二〇一三年六月三〇日に頂点に達した革命プロセスの第二波を乗っ取ったのである。より正確に言うと、エジプトの一連の出来事は以下のように描くことができる。

●二〇一一年一月二五日に開始された革命の波には、その後まもなく、既成体制に対する反対派の中で主要な反動的構成要素であるムスリム同胞団が参加してきた。進歩的構成要素である左翼とリベラル派は、ムスリム同胞団とはそれまで不安定な協力関係を維持していた。同胞団は革命プロセスの拡大を食い止めようとして、潜在的反革命の選択肢として闘争に加わった。

●この革命の第一波は、軍による二月一一日クーデターで乗っ取られた。これは、ムスリム同胞団の支持を得て、旧体制を保護しようとする保守的クーデターだった。反革命両派はどちらも一月二五日革命の目標に敵対していたが、イスラム原理主義者派の影響力が大きくなり、国家支配を求めて最後の一線を越えようとするまでは協力していた。

●一方、革命プロセスは発展を継続させ第二波へと突入していた。その第二波は、とりわけ労働者の闘争が頂点をむかえる中に出現し、二〇一三年六月三〇日に運動がクライマックスに到達する前には現実のものとなっていた。この第二波は、モルシが二〇一二年六月三〇日に大統領となった瞬間から、反革命的イスラム原理主義派を第一の攻撃対象としていたので、革命勢力には再び（腐敗した）反対派の主要な反動的構成要素、すなわち反革命の別の翼、今回は旧体制派が加わってきた。

●革命の第二波は、次は七月三日反動的クーデターで軍に乗っ取られた。軍が本格的に旧体制を復活し始めるまでにそんなに長くはかからなかった。エジプト革命の絡み合った道筋は完全に一回りした。要するに、それは長期的な革命プロセスにおける最初のサイクルであった。

しかしながら、旧体制の復活はすぐにというわけではなかった。革命第二波の社会的急進化の度合いは非常に大きかったので、旧体制の復活が押し返される前に急進化を鎮静する必要があった。これが、ＳＣＡＦが二〇一一年のシナリオを繰り返さなかった理由である。荒れ狂う海で政府という船のかじ取りをしてひどい目にあったので、ＳＣＡＦは賢明にも、今度こそは民間人にこの危険な任務に立ち向かってもらうことを選択したのである。さらにＳＣＡＦは、「民衆の意志」を本当に実現しつつあるという信頼を国中で維持する必要があった。それゆえシシはＮＳＦが考え出した台本に従った。つまり、彼は共和国大統領代行として、アドゥリ・マンスールを最高憲法裁判所長官に任命した。そして暫定文民内閣が作られた。内閣を率いるのはハゼム・ベブラウィで、彼は経済に精通したエコノミストという評判のリベラル派であり、一月二五日蜂起直後の時期に生まれた中道左派政党・エジプト社会民主党の創立者だった（副首相の一人であるジアド・バハ・エルディンも精通したエコノミストで、同党のもう一人の創立者である）。ムハンマド・エルバラダイは、首相資格をサラフィー主義者の政党・ヌール党によって拒否されたが、その結果として副大統領代行に任命された。[75] もっとも驚きだったのは、カマル・アブ・アイタを労働（実際は「労働力」相で、英語ではしばしば「マンパワー」と訳される）・移民相に任命したことだった。それが労働者をなだめて、その時期に頂点に達していた労働者の闘争心を抑えるために立案されたのは明白だった。二〇〇八年末にナセル時代から数えても最初の独立組合（不動産税務署従業員一般組合）を結成したのち、アブ・アイタは二〇一一年一月末にエジプト独立労働組合連合（英語では頭文字をとったＥＦＩＴＵで知られる。Ｔは trade の頭文字）を結成した。[76] 彼はハムディーン・サバヒのカラーマ党共同創立者で著名な党員でもあった。彼のＥＦＩＴＵはまだ法的地位を保障されていないが、アブ・アイタの入閣に対する公式労組・エジプト労働組合総連合（［英語表記によれば］エジプト労働組合連合、ＥＴＵＦ）の反対は無視された。

彼のような一月二五日革命を代表する人物は旧体制出身者と組み合わされた。このうちの何人かはモルシの下でのカンディール内閣からの留任だった。内閣の真の「実力者」が国防相アブドゥル・ファタハ・シシと内務相ムハンマド・イブラヒムだったのは間違いなく、一人ともカンディール内閣の大臣だった。このようにしてムバラク時代以来のエジプト国家核心部分の基本的継続性が具体化されていた。本物の権力者がシシ将軍であることは誰にでもわかることだった（彼は後になってマンスールに元帥に昇格させてもらった）。それにもかかわらず、この事実上の軍事独裁が慈悲深い性格を持っているという希望的観測が、新政治秩序の最初の数週間には広く行き渡っていた。リベラル・左翼潮流は今回、公布された「ロードマップ」に沿って、新憲法が可決され新大統領が選出されるとすぐに軍が権力を手放すと信じたがっていた。

彼らは、軍が任命した文民政府を監督することによる軍支配が、直接的一時的なSCAF支配よりもある意味では悪質であるという事実を十分に理解しなかった。後者は分かりやすいし、正式なやり方で退けることが可能だが、前者はより油断ならないし、それゆえに排除するのがより複雑である。シシと彼の背後にいるSCAFは、国を統治するのか、その統治を手放すのかを選択する必要はなかった。その代わりに、七月三日クーデターのあと、彼らは直接あからさまに国を統治するのか、軍最高司令官と国防相というシシの立場から糸を引くことで国を統治し続けるのかの間で選択を楽しんだ。切迫した政治的リスクはないにせよ、政府が不安定な社会的混乱に直面していることを考えれば、後者の選択がより安全と判断された。タンタウィ率いるSCAFが行政権力を握ったときは自らが指に火傷を負ったのだが、そのリスクを避けて猛烈に熱い行政の舵取りで民間人に指を火傷してもらう方がずっと思慮深いことだった。

アブドゥル・ファタハ・シシの手段を選ばない台頭

七月三日クーデター直後の初期、SCAFのとるべき最善策は様子見をすること、そして独裁的な法と秩序の回復を展望することだった。これはかなりの程度まで二つの情勢の結合によって達成された。第一に、労働者の闘争は、新政府による前進への期待と国の最善の利益に奉仕するという幻想および闘争への厳しい弾圧と弾圧立法という要素が結びついて沈静化していた。前者は両方とも労働者のために幾らかでも利益を得ようとしていた新労働大臣の存在によって助長されていたし、後者は新大臣がポストにとどまることで容認された(77)。このようにして労働者の抗議行動は二〇一三年六月の二四六件（二月の四〇三件をピークにして）から七月の四八件へと急に落ち込んだ。そして続く半年でも六〇件を下回ったままだった(78)。社会的抗議も六月の六二三件（四月は八七六件）から七月には一〇七件に落ち込み、その後は九月の一五一件が最高だった(79)。

第二に、死命を決する重要な弁証法的闘争がムスリム同胞団と国家中枢との間で繰り広げられ、後者が劇的に弾圧を強化することになった。同胞団は、強硬派の指針の下で守ってきた悲惨な政治的方向を継続した。つまり、モルシの復権を要求して、支持者と同盟者の街頭動員を通じてそれを実現しようとするまさに愚かな、実に自殺行為に似た姿勢を選択したのである。これはますます危険を伴うものだった。というのは、同胞団の同盟者には宗派主義的強硬派セラフィー主義者のような、信頼できないし当てにもできないグループが含まれていたからだった。同胞団それ自身も、クーデターをコプト教徒によるものだと非難する忌まわしい宗派的デマゴギーに訴えた(80)。すなわち事実として、反コプトのスローガンはラビアの野営地で叫ばれた主要なスローガンだったのである。

同胞団は、クーデター後の妥協案を交渉するために、アメリカ合衆国とヨーロッパ連合の両者による介入で提供された機会をつかまえなかった。その妥協案は、同胞団が自らの挫折を認め、新たな政治的配置を承認するのと引き換えに、打撃の限定化、指導者や団員の釈放実現、政治的権利の回復、平和的な政治的野党活動を認めたものだった。『ニューヨーク・タイムズ』の調査レポートによれば、アメリカとEUの公使が獄中で面会を許されたアル・シャティールは「対話の必要性は受け入れたが、その提案は支持しなかった」とのことである。しかしながらそのレポートは明確に、主な非難対象を新たな権力者すなわちベブラウィ、シシ、内務大臣イブラヒムに置いている。報道によるとイブラヒムは「数万人のモルシ支持者による座り込みを打ち破るには、野蛮な暴力だけが唯一の方法であると確信していた[81]」。内務大臣は、ムスリム同胞団とエジプト国家との関係を後戻りができない地点まで押し出すことで、軍に全権を委ねるのに重要な役割を果たした。これには同胞団に「テロリスト」というレッテルを貼り付けることが含まれていた[82]。

カウリディスモ（独裁的政策）に典型的な意思表示として、七月二四日、シシは軍と治安部隊に「テロリズム」と対決する「権限」を与えるために、エジプト国民に街頭に出るよう要請した。SCAFの説明によれば、これはムスリム同胞団への新たな四八時間の最後通告で、シシが同胞団処理戦略を変更する前に彼の「ロードマップ」に従うよう求めたものだった。つまり、こうして同胞団を壊滅させるとさりげなく脅したのである。六月三〇日の動員に参加したほとんどの勢力やグループは、タマッルドやNSFをはじめとしてシシの呼びかけを支持した。急進左翼の四月六日青年運動とアブドゥール・フォトウフの「強いエジプト党」はそれを拒否した。巨大な動員が七月二六日に起こった。それは六月三〇日の動員と大きさで匹敵するものだった。同じ日の夜一二時ちょっと過ぎ、まるで最後通告の期限切れを示すためであるかのように、警察がモルシ支持者のデモ隊に対して殺戮をおこなった。(公式の数字で)少なくとも九五人が殺された。

数日後、イブラヒム内務大臣は、八月一四日に座り込みを終わらせる際に、とりわけラビア・アル・アダウィッヤ広場にある主な野営地で、「速やかに座り込みを鎮圧するために最大限の力」[83]を使うことを決めた。ヒューマン・ライツ・ウォッチが二〇一三年夏の虐殺を一年かけて調査した後に公表した報告によれば、「最近の歴史上一日でデモ参加者を殺害した最大のものの一つ」であるとして、少なくとも八一七人、おそらくは千人以上がその日にそこで殺されたとのことである。[84]二〇一一年一月二五日から二月一一日までの最初の蜂起の全期間とほぼ同じ数の人々がその取り返しのつかない日に殺された。二日後、治安部隊はラムセス広場周辺で一二〇人以上の抗議者を殺害した。その報告の全般的な結論はエジプト政府への辛辣な告発である。

> ヒューマン・ライツ・ウォッチの一年に及ぶ調査は・・・警察と軍が警備において組織的、意図的にきわめて殺傷力の強い武器を用いたことを示している。その結果、エジプトではかつてない規模で抗議行動参加者が殺害された。・・・ヒューマン・ライツ・ウォッチは、この広範囲で組織的な性格、そして殺害が非武装の人々を政治的理由で攻撃するという政策の一部であることを示唆する証拠から考えると、殺人行為は国際人権規約の深刻な侵害であるだけでなく、人類に対する犯罪行為に等しいと結論づける。何人かの抗議行動参加者がデモ行進のいくつかで銃を用いたという証拠

もあるが、ヒューマン・ライツ・ウォッチは銃の使用はわずか数例しかないことを立証することができた。そのことは圧倒的に平和的な抗議参加者に対するあまりにも不釣り合いで計画的な死に至る攻撃を正当化しない。

おびただしい政府の声明や政府の会議からの報告は、政府高官がその攻撃が広範囲にわたる抗議参加者の殺害に至るだろうということを知っていたことを示している。実際のところ、単一のものとしては最大事件であるラビアとアル・ナフダでの鎮圧においては、政府は数千人の抗議参加者の死を予期し計画していた[85]。

人権を抑え込み、数え切れない殺戮を犯すための世界的な口実としてジョージ・W・ブッシュ政権が展開した「対テロ戦争」というお題目を使って、エジプトの軍・治安部隊複合体はすぐに国家的テロ支配を開始した。二〇一三年一一月、政府は「抗議法」（アラビア語では「デモ法」）を可決して、抗議行動の権利を効果的に抑圧した。この法律は、アムネスティ・インターナショナルによって「監獄への最短距離[86]」と言われたが、治安部隊をほぼ全面的な免責にして殺人許可証を与えるものだった[87]。これに反応して、リベラルな知識人社会では著名人であるディーナ・エル・クハワガは、苦々しい思いで、進行中のクーデターは「同胞団に対してだけでなく、彼らの打倒を許容し正当化する政治原理にも敵対し、六月三〇日が暴力と服従からわれわれを守る大衆的合法性のためのオルタナティブなシナリオになったことに敵対するものでもある[88]」と述べた。年末前にはエジプトの二五の人権・社会的権利NGOが「テロリズムに対する［国家による］戦争を装って」エジプトにおいて達成された「全面的な治安支配」状況を「一月二五日以前の時代よりも悪い」と書いていた[89]。

ムハンマド・エルバラダイが副大統領を辞任したのはラビアの大量虐殺の日だったが、彼の辞任とその後の出国は、リベラル派と左翼の主要な部分の落胆を伝えるものだった。悲しいことではあるが、彼らは自分たちが同盟を組んだ悪を「より小さな悪」と信じていたのに、その同盟を結ばせた相手よりもずっと血に飢えていたことを発見したのだった。進歩勢力が反革命両派に対して独立した路線をとることができないことが、そして反革命のどちらかがもう一方を振り落とそうとしているとき、片方が権力の座に戻るのを手助けすることが、いかに破滅的かをもう一度証明したのである。リベラル派と左翼には、最も一般的な「より小さな悪」という議論において、独裁国家によって代表される脅威を軽く見る一方で、ムスリム同胞団やイスラム教国における同胞団に対応した組織に「ファシスト」という間違ったレッテルを張るという特徴があった。これは誤解を招く分析で、それが引き合いに出すいくつかの類似点を考慮しても不正確である[90]。刑事司法と警察の研究者であるカリム・エナラフは、この使い古された議論に言及して、後知恵ではあっても非常に鋭く、次のように述べた。

大衆の大部分はファシズム（正確に言えば、自身と残りの部分とを闘わせている社会の一部分の持続的動員が持つファシスト的側面）を新たに開かれた政治的空間の完全な破壊よりも恐れていたように私には思える。自由で開かれた政治的空間こそが問題の根源だと社会の一部が納得してしまったということかもしれない。

公正を期すために言うが、六月三〇日、抗議するために街頭に出た人々の多くの部分は、二度と、街頭に出る必要がなくなるためにのみ街頭に出たのだった。[91]

実際のところ、六月三〇日には、一方では二〇一一年に続いて第二の革命目標を達成しつつあると信じる労働者、活動家、革命家がおり[92]、他方には二年半の混乱の後「法と秩序」の回復を願っているブルジョアジーと小ブルジョアジーがいた。今やエジプトが二〇一一年一月以来たどってきたことをすべて考えてみよ。そうすれば、マルクスが一八四八年二月革命から一八五一年の革命終焉までフランスに影響を与えた混乱について『ブリューメル一八日』で明確に見てとっているように、「合同、改正、延長、憲法、陰謀、同盟、亡命、主権横領、そして革命という言葉では言い表せないほどの騒々しい無秩序な中で、どうしてブルジョアジーが自分の議会制共和国に向かって『終わりのない恐怖よりは恐怖のついた終わりの方がましだ！』と叫ぶのかがわかるだろう[93]」というわけだ。

アリ・アル・ラガルは情勢を次のようにうまく述べた。

シシの台頭と政権への到達という歴史的瞬間は、政治的、経済的、社会的観点から国家の崩壊と分解が起こりうることへの大衆的恐怖のクライマックスだった。このようにして彼は、歴史の流れを食い止め、革命を打ち倒し、イスラム主義者を抑えこみ、国家が崩壊するのを防ぐことのできる「支配者」としてエジプトの舞台に押し出されたのだ。六月三〇日の波は、真ん中に政治に反対する大きな潮流を含んでいた。歴史上たまに見られる矛盾した事実なのだが、政治に終止符を打つために、革命的スタイルで政治的に強力な闘争をおこないたいと願っていた。二〇一一年革命以来、ブルジョアジーの一部は、エジプト官僚体制――特に国家機構の中で多数派である保守的な層――の構成員および治安部隊の官僚と一緒になって、政治を抑えこみ、世界を一月二四日以前に戻したがっていた。その時代には全てが安定していてコントロールされているように思われた。また、父親・男性・階級としての権威は安定し何の心配もなかったし、収入はかつてなく良かったので、これらの階級の状況は改善し続けているように見えたのである。(94)

反革命両派間の衝突の決定的な弁証法によって、エジプトは行動的市民民主主義から基本的には受動的な権威主義体制へと変化していった。それは、もともとはフランコ主義スペインに着想を得た、ホアン・リンツによる権威主義体制の古典的定義に全面的に一致していた。エジプトは、「限定された、責任能力のない政治的多元主義を伴っているが、国家を統治する洗練されたイデオロギーは持たず、しかし独特のメンタリティーは持ち、その発展のある時期を除いて政治的動員は広範でも集中的でもなく、また指導者あるいは時に小グループが公式的に不明確ながらまったく予測可能な範囲のなかで権力を行使するような政治体制」[95]の典型的な事例になっていった。

情勢の論理によって、後部の国防大臣席から政府を監督することでは、次第に権威主義的になっていく体制を恒久化することは徐々に難しくなってきた。その上、旧体制の信用失墜は非常に大きなものだったので、旧体制を運営していたものは誰もハムディーン・サバヒに勝てるほどの人気がなかった。サバヒは来るべき大統領選挙における自らの立候補を急いで発表していた。その人気のあるナセル主義者は、二〇一三年六月三〇日とともに彼の勝利の瞬間がやってきたと信じていた。彼はモルシ解任の後に大統領選挙があると信じていた。その選挙で、今度は第二回投票に進み、選挙に勝つ可能性が高いと確信していたのだ。それゆえに、NSFやタマッルドの両方を通じて、彼は中枢の位置から軍と協働した。そしてそれゆえに軍を、とりわけシシを賞賛した。もし彼が大統領になれば、彼の平和的意図について軍を安心させるためであった。同じ理由でサバヒは、たとえ彼自身が弾圧を否定し、それを公然と批判し始めたとしても、エルバラダイが辞任したとき、同志であるアブ・アイタに辞職するように求めなかった。

しかしながら、軍・治安部隊複合体にとって、大統領としてのサバヒと共存すると考えることは問題外だった。彼らは、民主的、社会的、国民的課題であろうとなかろうと、サバヒが支持していた何もかもを嫌悪していたのに加えて、自由に使える強力な政治マシーンがあるにもかかわらずモルシが失敗した法と秩序の回復をサバヒがやり遂げるとは想像できなかった。治安当局にとっては、サバヒはそれ以上に潜在的な危険人物だった。いつも厳重な監視のもとに置いてきたし、ときには投獄したような人物だった。

さらに、ＳＣＡＦは、モルシによる一年間とマンスールによる暫定的な一年間を除いて、大統領はすべて軍出身者であるというエジプト共和国の伝統を永続的なものにしたがっていた。民間人の息子を後継者にしようというムバラク自身の試みは、彼とＳＣＡＦの間に緊張関係を生み出した。そして、はじめての公選文民大統領はＳＣＡＦとぶつかって終わりを遂げた。軍にとって大きな幸運だったことに、サバヒ自らが定めるのに寄与した自らの自滅にもつながるような政治討論の諸条件を考えれば、人気が高くて間違いなくサバヒを倒せる人物は優れた軍人でＳＣＡＦトップのアブドゥル・ファタハ・シシだったのである。

シシの大統領衣装の仕立て方

七月三日クーデターの少し後、フルルと諸々の国家機構によって画策されたキャンペーンが始まった。シシに大統領になるよう懇請するものだった。それはグロテスクなまでのシシ崇拝に発展し、今は亡きムアマール・アル・カダフィー［大佐］に嫉妬心を抱かせたかも知れないほど、その異様さにおいて救いがたい深さにまで達していた。しかし、このキャンペーンは一般的には革命の波、すなわち同じ日の反革命の波と不自然に混ざり合った六月三〇日の動員を乗っ取るという要求と一致していたし、特にサバヒのお株を奪うという要求とも一致していたことは、書いておく価値がある。二つの目的のための中心的なトリックは、実際にはガマル・アブドゥル・ナセルの肖像の不正使用と利己的な利用だった。[96] ナセルとシシを一緒にした写真が急に増えた。メディア業界におけるフルルの著名人はナセルの遺産をひどく嫌っていたが、シシを歴史的指導者の再来として描くために、突然ナセルの名前とイメージを使い始めた（一回目は悲劇として、二回目は茶番として、と付け加えるのを忘れていたが）。

この主張は確かに途方もない代物だった。二人がどちらも陸軍将校だったという事実の他には、同じところはほとんどなかったからである。ナセルは、エジプトのアンシャン・レジームと軍司令部を転覆させた少壮将校の陰謀的な運動を率いていた。そして急進的反植民地主義の観点から外国利権の国有化に着手する前に、ただちに農地再分配の農業改革を実行した。シシは、自由に資本主義が搾取できるという新自由主義的秩序を回復するために、旧体制の軍司令部首脳として権力を奪った。そして、サウジアラビアへの金融依存をあてにする一方で、外国投資を引きつけることを優先した。実際、シシはナセルとは正反対だった。

シシによる事実上の支配の最初の六か月間、彼はまだ大統領出馬について両面作戦をとっていたが、ＳＣＡＦは軍統治権への民間人の浸透というリスクを確実に阻んでいた。二〇一三年クーデター後最初の時期に典型的なもうひとつの展開は、革命的リベラル派・左翼が掲げる目標への譲歩がそれとは異質な権威主義体制の反革命的強化と結びつく中で、アムル・ムーサが議長を務める委員会が憲法草案を練り上げたことである。これは多くの点で、蜂起以降にエジプト憲法に加えられた改正の中では最良のものであった。二〇一二年一二月国民投票において、モルシの下で採択された草案が一〇七〇万票で承認されたのに対して、この新たな草案は二〇一四年一月に二〇〇〇万票で承認された。

大統領権限の制限だけでなく、宗教とそれによる役割に付随する事項、一般的な権利と自由、とりわけ女性・宗教的少数派・メディアの権利についても、新憲法はわずかに前進していた。新憲法は、二〇一二年憲法の言い回しと比べて、ほんのわずかではあるが軍事法廷が市民を裁く条件を制限しさえした。しかし、新憲法は、議会の監視から、それゆえ民衆の監視から軍事予算を保護するという点では、二〇一二年憲法よりも先に行っていた。それはエジプト軍産複合体の重要な関心事だった。二〇一二年憲法の規定では、軍事予算は、大統領が議長を務め軍幹部が構成員のほとんどを占める国防委員会で議論されると規定し、議会が同様に議論する権限をもつかどうかは明記しなかったのに対して、新憲法は二〇三条で軍事予算は国家予算の中に「一括項目」として計上されると規定していた。このより非民主的な制限は、議会の予算・国防委員長が国防委員会の議論に加わることによってきわめて部分的にではあるが補われていた。(97)

さらに、国防大臣について定めた「経過規定」二三四条ほど、軍の優位と憲法の条件的暫定的地位を明らかにしたものはない。二〇一二年憲法と二〇一四年憲法の両方とも「国防大臣は軍最高司令官であり、軍将校の中から任命される」と規定されているが、それに加えて二〇一四年憲法では、二三四条で今後二回の大統領任期（つまり八年間）において国防大臣の任命は軍最高評議会の承認後に行われると明記された。言い換えれば、公選大統領が軍と衝突するようになるといったモルシ的状況が起こった場合でも、ＳＣＡＦの意思に反して大統領が国防大臣や軍首脳を交替させる余地はないことになる。ＳＣＡＦはきたるべき数年間、とどこおりなく自らの司令官を指名し続けるだろう。

このようにして今後二回の大統領任期における非民主的統治を確実にしてから、二〇一四年一月二七日、ＳＣＡＦは大っぴらに大統領選挙へのシシの立候補を支持した。その日、シシは自らを陸軍元帥に昇格させることを決めた。立候補予定者としてシシが最初に人目を引く行為をおこなったのは、二月一二～一三日の国防大臣としてのモスクワ訪問だった。何回かのそうした訪問の最初で、そのときに彼は当然ながらウラジミール・プーチンとの強い類似点を見つけた。その訪問は、カイロ空港へ行く途中で軍服ではなく正装したシシの写真が広く配布されたことをも含めて、大統領らしい表現を演出するものだった。プーチンは彼自身の名前で「ロシア国民を代表して」、彼が述べた「エジプト国民の運命のための任務[98]」でのシシの成功を願った。

その大統領立候補予定者にとっては残念なことに、大統領選挙出馬の承認は労働者の闘いの復活を防止するには全く役に立たなかった。労働者の抗議行動は二〇一三年後半には一月あたり六〇件を下回ったままだったが、二〇一四年一月にはこの基準点を超えて発生し、二月になると二五〇件以上の抗議行動で頂点に達した（三月でもほんの少し減っただけだった[99]）。闘争はまたもマハラの繊維労働者によって率いられた。二月一〇日、彼らは一二月に支給されるはずだったボーナスの遅配に抗議してストライキとデモ行進をおこなった。彼らはまた、政府が約束した最低賃金の履行を要求した。数日後には、ミスル紡績会社CEOの辞任を要求に加えた。何日も経たないうちに、公共セクターのさまざまな部門がマハラの労働者に続いた。その中には他の繊維工場、冶金（ヘイワン鉄鋼会社、エジプト労働運動のもう一つの伝統的な拠点）、食肉、建設、化学工業、不動産従業員、公共交通、郵便サービス、医療（薬剤師、医師、歯科医師を含む）が含まれていた。これは、二〇一三年のムハンマド・モルシ失脚以来、労働者によるストライキの最も重要な波だった。

ベブラウィ政権は、シシの権威のもとで労働大臣カマル・アブ・アイタと内務大臣ムハンマド・イブラヒムというアメとムチが結びついたものだったが、「社会的平和」の維持に腐心することなく、いとも簡単にその維持に失敗してしまった。その政権を変えなければならなかった。二〇一四年二月二四日、ハゼム・ベブラウィは内閣総辞職を発表した。その動きは、政府の人気が次第に失われていることの責任を首相に負わせることで、シシが白紙の状態で大統領キャンペーンを始めることができるように企まれたものだと考えられた。ベブラウィの後任は住宅大臣イブラヒム・マフラブだった。彼は、新大統領が選ばれその任期が始まるまで、暫定内閣を作るよう要請されたのだ。この内閣交代の意味は誰の記憶にも残らなかった。アメは捨てられたが、ムチはその位置に残った。アブ・アイタは解任されたが、ムハンマド・イブラヒムは内務大臣として再任されたのであった。最も重要なことは、首相が旧体制の人間だったことである。彼の指名は旧体制復活のさらなる一歩を表現していた。マフラブはムバラク失脚後解散させられた旧体制与党である国民民主党の政策委員会の一員だった。彼は国会上院にあたる諮問議会にムバラク大統領によって任命されたこともあった。

新内閣は三月一日に宣誓をおこなった。誰もが大統領選挙キャンペーンを準備するためにシシがすべての軍および文民の役職からすぐにでも辞職するだろうと期待していたのだが、彼はＳＣＡＦ議長として彼のポストである国防大臣に留任するとともに、さらに数日間第一副首相の職にもあった。ダイナ・エッザトが引用したところでは、軍人を含む消息筋によると、この遅れの理由はシシが軍・治安部隊複合体への支配を確実にするために彼が信頼できる人物を重要なポジションに配置するのに忙しいからだという。

「その男には、効果的にそれほど支障なく支配を始めるのを確実にするために、軍を離れるまでにまだすることがいくつか残っていた。」

シシが軍や内務情報大臣と一緒におこなってきた重要な事項の一つが、「ふさわしい人々をふさわしい場所に置く」ことであり、「次の段階にはふさわしくない」人々を早く引退に追い込むことである。説明はひどく違っているが、彼らは皆、非常に多くの軍人、警察官、情報部員が「気前のいい引退プラン」を提案されていたと示唆している。(100)

結局のところ、シシは二〇一四年三月二六日、正式に大統領に立候補して役職から辞任した。彼はそれ以降、黒いサングラスを外し、笑みを浮かべるように最善を尽くした（かなり後で、シシの支持者の一人で、カイロの日刊紙アクバール・エル・ヨムの経営委員長であるヤシル・リズクがテレビで暴露したところによれば、シシがいつも黒いサングラスをかけているのは貧しいエジプト人の運命を思い起こすときに目に浮かぶ涙を隠す必要があるから、というのだ。これはからかい半分ではなく、ごくまじめに言ったものである）[101]。ある評論家が正確に述べたように「政治的候補者としてわが国の歴史上かつてないほど大きな販売促進活動[102]」であった大統領キャンペーンの末に、アブドゥル・ファッタハ・シシは九六・九％の得票を得て当選した。このようにして、シシは、二〇〇五年ムバラクが得た八八・六％に完全に勝った。二つの得票率は権威主義体制の規模において、二人の男のそれぞれの位置をよく表していた。旧体制の政治・治安マシーンによる古い選挙戦術はすべてそっくり過去のものになった。それでも、ロンドンの『エコノミスト』が皮肉を込めて述べたように、それは「即位の失敗作」であった。

誰もが勢いよく仕事し始めた。政府は二週間早く学校を閉め、国民の休日を宣言した。エジプト軍の道徳部門は愛国的な歌をがなり立てるトラックを派遣した。教会指導者、モスクの拡声器、そしてテレビのアナウンサーは、市民に愛国的義務を果たすように迫ったり、おだてたり、場合によっては怒って熱弁をふるったりした。しかしながら、選挙職員が土壇場になって投票日を三日目にまで延長するという異論の多い前例のない動きをしたにもかかわらず、昨年七月の軍クーデター以来最初の大統領選挙の投票率は、選挙を組織した者が望んだよりは低かった・・・。

投票日の三日後、主要な新聞は、四八％の投票率は奇妙なことに最初の報告よりも高かったが、それでも大して数字ではない・・・と書いた。アメリカの調査グループであるデモクラシー・インターナショナルは、いくつかある外国人監視チームの一つを編成したのだが、この投票日数拡大を「プロセスの信頼性をひどく損なった一連の例外的なステップの中でも、まさに遅過ぎたもの」と呼んだ。[103]

サバヒはぐすぐず躊躇した後、競争にとどまることを決めていた。あえて彼らの偶像に挑戦するという理由で、シシを崇拝する群衆からの猛烈な非難に耐えなければならないことを考えれば、立候補は彼の勇気を示すものだった。彼はこのようにして、エジプト軍司令部の慈悲心についての幻想がまさに幻想でしかなかったことを認識するようになった。デマゴギー的な嘲笑や中傷に力を貸さないように気をつける一方で、彼はできるだけ勇敢に権威主義体制への移行と民主的権利の縮小を非難した。さらに、平和的なムスリム同胞団の抗議行動参加者を「テロリスト」と特徴づけることをあえて拒否さえした。そして、シシと旧体制の間の基本的な連続性があると警告した。しかし、あまりにも遅過ぎた。

サバヒが、モルシを権力から排除することに近視眼的に集中していたとき、軍についての誤った考えを広め、治安国家について沈黙したままだったことによって支払った代価は大きかった。三日間にわたる選挙の翌日、彼がおこなった記者会見で、公表された数字は「エジプト人の知性に対する侮辱行為」だと述べたが、それは広く抱かれている意見を反映したものだった。しかし彼の敗北は議論の余地がないことを認めなければならなかった。公式に記された三一％よりも多くの得票を実際に得ていたかもしれないが[104]、二〇一二年に何とか達成した勢いを無駄にしてしまったのは疑いがない。彼は二〇一二年に勝ちとった巨大な大衆的な信用のほとんどを失っただけでなく、彼自身の側近や同調者が全体として相手側に移ってしまった。シシ支持マシーンの歯車になったマフモウド・バドゥルやタマッルド・グループの他のメンバーをはじめとして、サバヒの忠実な支持者がよりいっそう分裂していった。さらに二〇一二年にサバヒに投票した人々の相当数は、とりわけ若者の中の多くは、投票を棄権した。

エジプトの悲劇の茶番的局面

二〇一五年末までの一年半、アブドゥル・ファタハ・シシはエジプト大統領であったし、三〇ヶ月間事実上の国家元首だった。この日までの彼のもっとも顕著な業績は、軍・治安機関の長年にわたる一員としての専門的知見に関連している。その男は、二〇一二年八月軍最高司令官に任命される前にエジプト軍情報部長だった二年間を含めて、三〇年間にわたる軍での経歴を自慢する。彼の統治の下で、エジプトは弾圧が恐ろしいほど増加するのを目撃した。合計して二万二千人（内務省による）から四万一千人（エジプト経済・社会的権利センターによる）の人々が、七月三日のクーデターからシシの大統領就任式までの一年足らずの間に逮捕された。彼らのうちほとんどはムスリム同胞団の団員や支持者と疑われた人だった。彼らの大多数は正当なプロセスなしに拘留され、長期禁固刑の判決が下され続けている。

　シシの下でエジプトは革命的反乱の国から本当にグロテスクな国に変貌した。[105] 二〇一三年夏における血にまみれた弾圧のエピソードに次いで、この変化のもっとも顕著な側面はエジプト司法による無分別な弾圧だった。「悲劇的な茶番」という範疇に該当する特別賞は、二〇一四年三～四月におこなわれた二つの大量早期裁判のあと、二〇一三年八月に一人の同じ警官を殺した容疑で一二一二人に暫定死刑判決が出されたことに与えられるべきだ（このうち二二〇人の死刑判決は「イスラム法官によって」合意され、五〇〇人近くは終身刑に減刑された）。今日までに匹敵するものがない司法のこの「生産性」は、シシ新大統領の下で続けられ、次のピークを迎えた。二〇一四年一二月、ある警察署を襲撃した容疑で一八八人に対して死刑の暫定判決（このうち一三三人の死刑判決は合意された）。二〇一五年二月、二〇一一年蜂起で有名な人物を含む二三〇人に暴動・暴力教唆・治安部隊への襲撃の容疑で終身刑判決。二〇一五年五月、モルシ前大統領と他の一一四人に二〇一一年一月蜂起の際、彼らが刑務所から脱獄したという偽の容疑で死刑の暫定判決（すべて合意された）。
二〇一四年六月八日大統領就任に続くシシの最初の一年間を評価して、ヒューマン・ライツ・ウォッチは「シシの下での迫害の年」という意味深長なタイトルで、この無慈悲な記録の非常に恐るべき別の側面を指摘した。

二〇一一年蜂起後、エジプトが死刑執行をおこなわなかった二年半の期間のあと、シシが就任してから当局は二七人の死刑を執行した。彼らのうち七人は政治的暴力に結びついた殺人容疑で有罪を宣告され、そのうち六人は、少なくとも三人には起訴された犯罪がおこなわれた時点で拘留されていたという信用できる証拠があったにも関わらず、死刑執行された。
二〇一四年一〇月、シシは、「重要な公共施設」を破壊した場合は市民であっても軍事法廷で審理することを二年間にわたって認める大統領令を公布した。その時から、ヒューマン・ライツ・ウォッチがメディア報道に基づいて計算したところによれば、検察官は少なくとも二二八〇人の市民を軍事法廷に委ねた。「人権・法律のための国民共同体」によれば、五月にこれらの軍事法廷の一つがアレキサンドリアで、六人の子どもに禁固一五年の判決を下した。[106]
ムスリム同胞団員やその支持者と疑われた数万人に加えて、さらに弾圧がエジプトの有名・無名の若い民主的活動家を襲った。二〇一一年蜂起の先頭に立ったのと同じ若者である。

二〇一三年クーデターのあと始まった無慈悲な取締り・逮捕キャンペーンは、人権擁護活動家のヤラ・サラームとマヒエヌール・アル・マスリ、四月六日青年運動の共同創立者アフメド・マヘール、ブロガーのアラー・アブドゥル・ファタハを含む数多くの世俗活動家を刑務所に送った。他の世俗活動家は大量裁判で長期刑を宣告された。二〇一五年二月、ある判事は活動家アフメド・ドゥマ、女性権利擁護活動家ヘンド・アル・ナエファと他の二二八人に二〇一一年一二月の抗議行動に参加したという理由で終身刑を宣告した。(107)

アムネスティ・インターナショナルもまた、シシの大統領就任一周年の同じ機会に「エジプトの二〇一一年『抗議世代』は今や二〇一五年『牢獄世代』」になっているとコメントした。

アブドゥル・ファタハ・シシ大統領の政府は、これ以上の抗議行動や政治的異議申し立てをする余地はないことを明らかにした。・・・当局は警察国家の弾圧作戦に戻って、街頭での平和的な異議申し立てへの弾圧、反対派の制限、そして批判者や政治的反対者の投獄に手を染めた。

今日、ホスニ・ムバラクを倒した二〇一一年蜂起の表立った活動家の多くは獄中にいる。しかしながら、アブドゥル・ファタハ・シシ政権は、時計を逆に進めることはできないと知らなければならない。警察国家と弾圧作戦は、不満に満ちた、権利を奪われたという雰囲気を生み出しつつある。(108)

実際、二〇一五年一〇月から一一月にかけておこなわれた議会選挙でのきわめて低い投票率ほど、このようにして事実上の選挙権が奪われたことを示したものは他にはなかった。有権者のわずか二八．三％（公式の数字によれば。実際の数字はもっと低かったと信じる監視員もいたが）、つまり一五二〇万人が投票しただけだったのだ。その一方、二〇一一年から二〇一二年にかけておこなわれた議会選挙での投票率は五四％で、二七〇〇万人が得票した。シシが個人的に繰り返して国民に投票を働きかけたにもかかわらず、そしてアル・アザールの大イマームがエジプトは全エジプト人の母であるのだから（シシがエジプト人の父であるという意味を込めて）[109]、棄権は両親に逆らうことと同じだと警告していたにもかかわらず、このお粗末な結果は起こってしまった。しかし、選択しようとしても選択肢はなかったのだから、それはほとんど驚くべきことではなかった。主要な候補者リストの中には、新たに復活した旧体制への反対派と言われる人は誰もいなかったのだ。ホスニ・ムバラクの下でのエジプト議会は、ときには彼の体制に対する反対派をシシの新議会よりも多数抱えていた。治安機関や軍の元在籍者、広範囲に「政治資金」（つまり票の買収）に頼っている富裕な実業家、「生き延びたムバラク時代の人物」[110]が、この政治家による大騒ぎにおいて目立つ役割を演じていた。新たに選ばれた国会議員が選挙の第一段階の後で最初に関心を持つよう期待されていたのは、大統領の任期延長と権限強化のための憲法改正だった。[111]

新自由主義への忠誠

アムネスティ・インターナショナルの報告が述べた不満というのは、結局はシシ時代の経済政策によってかき立てられたものである。その不満は、大統領選挙の後にマフラブが首相の椅子につくとともに際立って強くなった。この政策のかなめは当然にもIMFの指令に服従することだった。それは、ベブラウィ内閣が景気刺激支出に訴えることによって、内閣の最初の段階で異なる行動に出ようとした穏健な試みを除いては、ムバラク時代からずっと歴代の政府を突き通してきた共通の糸だった。この点では、シシ体制は新自由主義時代においてもっとも弾圧的なエジプト政府だが、その前任者よりも著しく先に行っていた。これはIMFが二〇一五年二月に発表した諮問レポート（二〇一〇年以来最初のレポート）に含まれたバランスシートにはっきりと現われた。それはエジプト経済情勢の概観を示したものである。二〇一一年蜂起からモルシ失脚までのエジプトの全般的経済発展は次のようにまとめられていた。

●実質GDPは、二〇一一年一月一日―一二月三一日で〇・八%の落ち込みだった。その後数年間、政治的混乱による国内生産の持続した崩壊、広範囲なエネルギー不足と停電に押しつぶされて、成長は年あたり約二%しか回復しなかった。

●財政赤字と借金借り換え需要が急増し、国内借り入れコストを押し上げた。改革の遅れ、歳入低下、賃金上昇、補助金、利子支払いによって二桁の財政赤字がもたらされ、それは二〇一二―二〇一三年期のGDPの一四％近くにまで達した。

●資本流出、低調な海外からの直接投資（FDI）に直面して経常収支の赤字が拡大したので、エジプト中央銀行（CBE）は交換レートを安定させるために巨額の外貨を供給した。このことが信用を維持するためのアンカー［訳注：通貨価値の安定をめざす指標］を供給した一方で、中央銀行は外貨準備を使い果たしてしまい、外貨準備高は二〇一〇年末の三五〇億ドル（輸入六・八ヶ月分）から二〇一三年六月の一四五億ドル（二・五ヶ月分）になった。交換レートの圧力は、準備金が湾岸諸国からの相当規模の公的支援、急速な減価、外貨供給によってのみ支えられていた二〇一二年一二月と二〇一三年前半、特に強かった。それは、輸入を圧縮し、並行市場を生みだした。

●社会的指標はすでに低下していたが、二〇一一年のあとさらに悪化した。失業は二〇一三―二〇一四年期に一三・四％と頂点に達した。若者と女性の中では一番高い水準だった。貧困は二〇一二―二〇一三年期に二六・三％にまで上昇した。加えて国民の二〇％が貧困ラインに近いと推測された。

このようにして、二〇一三年六月までエジプト経済は、低成長、高失業率、広い財政不均衡と対外不均衡［国際収支赤字や為替レート不安定など］、低い外貨準備バッファーのために不安定な位置にあった[112]。

ＩＭＦレポートは、それからベラウィ内閣の政策について、やんわりとした批判を表明した。

二〇一三―二〇一四年期に、二つの景気刺激策と歳入不足が、多額の外国からの助成金にもかかわらず、財政赤字をＧＤＰの一三・八％にまで広げた。国内需要を支えるために、政府はインフラや社会的支出をＧＤＰの一・八％にまで増やし、政府労働者の最低賃金を七〇％引き上げ、教員と医者の賃金も引き上げた。ＧＤＰの三・八％にのぼる湾岸諸国からの支援のおかげで、財政赤字は抑えられた。財政上の債務はＧＤＰの九五・五％まで増加し、政府の一般債務はＧＤＰの九〇・五％まで増加した（社会保険基金による相互持ち合いのため、より低いレベルになっている[113]）。

これに続いて、マフラブ内閣がすすめている路線に対して、明白な安堵と満足が示された。

「二〇一四―二〇一五年期予算は政策転換を示したものだった。当局は、赤字を削減するために財政年度当初に大胆なエネルギー価格と増税を実行した[114]。」

エジプトは、もし決然とそれに従えば、経済的安定と成長へと導く調整と改革の道を選んだ。その選択は、燃料補助金改革によって集約的に示された。その補助金は長年エジプトの構造的、財政的問題の中心になっていた。燃料価格の顕著な値上がりと複数年にわたる補助金改革は、変化に向

けた歓迎すべきステップだった。(115)

皮肉なことに、こうしたベブラウィの景気刺激策への批判とマフラブのオーソドックスな調整政策への賞賛は、他ならぬハゼム・ベブラウィ自身によるということである。彼は二〇一四年一〇月、中東アラブ諸国を代表してIMF理事（つまりIMF理事会のメンバー）に選ばれていた。IMFスタッフによって賞賛された政策転換は二〇一四年七月に始められ、燃料製品が四一～七八％値上げされるとともに電気料金も二〇％引き上げられた。エネルギー補助金の削減（「補助金改革」という遠回しな呼び方だったが）は、ヘバ・サレフが由緒ある『フィナンシャル・タイムズ』で「大衆的不満の波」と述べたものの引き金を引いた。彼は「貧困状態にある何百万人のエジプト人にとって、その価格上昇は長年の優柔不断のあと、貧しい人々への緩和策を伴わずに訪れたので、思いやりのない政府によって押し付けられたさらなる苦難の象徴となっている」と書いた。(116)シシは、彼と彼の体制に典型的なスタイルで、うわべを繕うことでせめてもの慰めとするために軍を出動させた。

価格上昇に対する大衆的不満を認識していたので、いまやシシ体制を支える中心である軍は、「七月七日」金曜日に、軍の店舗網で安価な製品を販売していること、「搾取的な」運転手や商人から国民を守るために首都で軍の保有車輛を用いた特別バス運行をおこなうことを発表した。

シシと政府に対する激しいことばを爆発させながら、イムババで運転手をしているムハンマド・イブラヒムは、当局に認可されたミニバス運賃の二五％値上げでは価格上昇に対応できないと話した。彼は「われわれはこの高くつく生活にうんざりしている。この搾取はもうたくさんだ」と叫んだ。

彼の同僚たちは、軽油だけでなくエンジンオイルも値上がりしたと不満を言った。彼らの使い古した車を走れる状態にしておくには一週間に二回、エンジンオイルを買わなければならないからだ。「あの男に責任がある」とアフメド・アル・サイードは言った。「値上がり前には、彼が国を立て直して値段を下げてくれると思っていたんだが。(117)」

食料品に関する同様の削減を実行しようとして一九七七年エジプトで発生した有名な暴動とは対照的に、もし今回は補助金削減が大きな暴動なしに実行できるとしたら、それはかなりの程度までは、進行中のムスリム同胞団への血なまぐさい弾圧と抗議行動禁止を実行するのに治安部隊に与えられた殺人許可によって生み出された恐怖の雰囲気のせいである。シシは、七月七日にテレビ中継された演説で、削減を必要不可欠な経済措置として個人的に正当化していた。ラビアの虐殺（少なくとも一九七七年暴動よりも十倍以上の人々が殺された）を目撃したものは誰でも、その男が一九七七年のアンワール・サダトのように暴動に対する彼の決定を撤回することはないし、二〇一二年にムハンマド・モルシがおこなったように、単なる大衆的抗議に直面するだけで自分のフェイスブックで「改革」をやめるなんてことはないだろうと感じていたのだ。国民は、あらゆる街頭での抗議行動はムスリム同胞団の「テロリスト」であると機械的に見なされて、それにふさわしい扱われ方をされるのを見ることができた。

エジプトを隅々まで支配している独裁的な風潮と数年間の混乱を経たあきらめの感覚が結びついて、そうした措置を取ることができるようになった。その結果、社会的ピラミッドの中の最底辺にいる実に広範な最終消費者が矢面に立つことになった。政府はそうはならないと断言していたし、ＩＭＦもそのやり方を「穏健で進歩的」なものだと見せようとしたのだったが[118]。その苦境はナダ・ラシュマンに語ったあるタクシー運転手によってうまく表現されている。

政府は何を望んでいるかを言うことはできるが、さらに価格を引き上げるためにその状況を利用する者をコントロールすることはできない。私営ミニバス運転手は、ガソリン価格が布告された直後に運賃を倍にした・・・。事態は彼らと同じように厳しい。

今朝、タクシー免許更新の際、四二ドル上乗せされたことを知って驚いた。従業員は私の方を見て「シシが今や大統領だ。お前さんができることは何もないよ」と言った。私はそれを認めるのは嫌だったが、彼は正しい。六月三〇日のあと、事態がそんなふうになるとはまったく思わなかった。それが誤りだったようにますます思われる。われわれはその報いを受けるだろう[119]。

ＩＭＦのバランスシートは、エジプト政府が「包括的な成長」を達成する助けになるとされている財政赤字削減のためのＩＭＦ指針を採用したことを支持していた。財政赤字は次の方法により五年間にわたって劇的に削減されるはずだった。

●「補助金改革」を実行すること。上述のように、燃料・電力価格の引き上げを続けることによって。

●賃金総額を抑えること。エジプト労働力の二七％を占める公的セクター労働者と従業員を重く苦しめ、既に上昇している失業率を上げるのに顕著に貢献する方法で。つまり、政府は、公的セクターの賃金に最高限度を設け、ボーナスにも所得税を課税し、基本賃金へのボーナスの自動算入を五年後にとりやめることにした。新たな雇用は金融大臣の承認が必要となった。従業員への追加的報酬のために公共団体自身の資産を使うことは停止されていた。これは退職者の数を補うだけの新規採用の数を制限する「削減プログラム」を補完するものだった。[120]

●優先的でない項目の支出を削減すること。言うまでもなく、もっとも生産的でなく、役に立たないエジプト国家の支出はどこにも述べられていない。国家が軍に与えた巨額の支出、とりわけ外国からの武器購入に使われた額は、現在のエジプト貿易赤字をひどく悪化させた。しかし、それは軍予算を議論するときに強制される一般的タブーによって覆い隠されていた。

シシが実権をにぎって、エジプト軍は熱狂的に一番高価で不必要な最新式武器を装備してきた。最近のある取引を見れば、外国からの武器購入がエジプト経済にあたえた非常に大きな犠牲がはっきりと理解できる。二〇一五年二月にフランスと結ばれた五七億ドルの契約で、エジプトは二〇年間で高価なラファール戦闘機を購入したはじめての国となった。エジプトは二四機の戦闘機を受け取るが、同じ時期にフランス軍自身は予算上の制限のため（毎年一一機ずつ購入する計画から削減されて）今後五年間にわずか二六機しか調達しない予定である。[121]

●税制度を改革すること。主に「本格的付加価値税」、つまり逆累進の消費税を導入することによる。不十分であるが、高所得、キャピタル・ゲイン、資産に対する増税を実行するふりをしながら（所得税の上限は、トルコの三五％、中国の四五％に比べるとエジプトでは現在二二・五％）。

国際通貨基金が「構造調整プログラム」（ＳＡＰｓ）を強引に導入し始めてから暴動が多数発生したが、暴動を引き起こすリスクを最小限にするために採用されたＩＭＦ指針に従って、エジプトの「補助金改革」は付随的に「現金給付措置」をおこなっている。それは、最貧困層に対する価格上昇の影響を相殺し、全員に利益をもたらす不公平な逆累進的補助金システムに代わって、貧困層を対象にしたより公平な補助金システムを導入するという名目である。[122]この公平さの装いは、アラブ諸国におけるＩＭＦの補助金改革政策の影響について、あるＮＧＯ研究者グループがおこない、エジプトに関するＩＭＦレポートの丸一年も前に発表された研究のような、穏健な批判的研究さえも完全に無視するものだ。その研究は、そのような計画に影響を及ぼす明白な問題を指摘していた。その計画の主要機能は、削減をより口に合うよう調理することなのだが。その問題は本質的に、ＩＭＦの「貧困削減戦略」プログラムに影響を及ぼすような問題点と酷似している。

エネルギー補助金が逆累進的で、不釣り合いなほど金持ちを優遇しているにしても、これらの補助金の廃止は社会の最貧困層を助けるよりは打撃を与えることになりそうである。今後短期的には、補助金調整はほとんどのアラブ諸国が直面する予算・財政上の困難に対する万能薬にはならないだろう。アラブ諸国の政府に補助金を廃止するよう圧力をかけ続けることによって、二〇一一年蜂起とそれに続いて起こった動揺から生じた全面的な社会的・政治的変化に対して，ＩＭＦは不適切に反応してきた・・・。

名目的には、ＩＭＦは補助金廃止の貧困層への影響を相殺する方法として、社会的セーフティネットの拡張を提案する。しかし実際には、アラブ諸国では社会的保護プログラムは十分には発展させられず、ときには存在さえしていない。そうであるがゆえに、社会的保護プログラムは、価格上昇に対して貧困層への影響を緩和することができていない。多くの実例では、汚職と透明性のあるメカニズムの欠如が、社会福祉給付金を分配するという任務をさらに複雑にしている[123]。

このような批判に対する世界銀行の回答は、それを信じているかどうかは別にして、不平等の長所を誉めそやすことである。すなわち、世界銀行は「不平等の増大と同時に起こる貧困者に優しい成長」を「追及すべき正当性のある目標」であると述べているのだ。これは「ひどい低所得にある段階では、不平等が増大することは全般的な生活条件の改善の兆しなのだが、不平等が非常に少ない段階というのは単に広範囲に及ぶ貧困の合図に過ぎないのだという考えに沿っている[124]」と言うのである。ここでの論理的根拠は典型的に新自由主義的なものである。つまり、最貧困層に優先して利益をもたらし、そのようにして不平等を減らす社会的プログラムを通じて貧困を根絶するというよりは、自分自身で貧困からわずかでも抜け出す少数の人々を作りだすことで、改善を求めるというのである。

「包括的成長」は世界銀行の「貧困者に優しい成長」と同じようにＩＭＦの日和見主義者の最近の常套文句となっているが、エジプトの「包括的成長」は民間部門の役割に基礎を置いている。ＩＭＦの事務的な指針のもとで資本主義世界経済を支配する新自由主義的綱領に従って、政府の役割はもっぱら「民間部門主導の成長を促す[125]」ことにある。公共投資の減少傾向がはっきりしていた一九八〇年代後半以降、成長が必要とするよりも投資が全体として著しく少ないままだった国にとっては公共投資を増やすことが期待されているのだが、エジプト政府もＩＭＦもそのことを想定していない。民間投資は、海外であれ国内であれ、一九九〇年代後半に始まった原油価格の急騰によってしばらくの間急加速したが、公共投資の大幅な減少を補わなかった[126]。

アラブ地域における新自由主義的な民間主導モデルがなぜ失敗したのかについて、私は『人民は希求する』の中で詳細に論じた。簡単に言えば、重要な要素は、年金生活者的・（ネオ）家産的な国家の性格、および長期にわたる開発投資につながらないエジプトや他のアラブ諸国の全般

エジプトの粗固定投資
（名目ＧＤＰの中に占めるその割合　左から順に 2014 年／ 2015 ～ 2018 年／ 2019 年のプロジェクト）

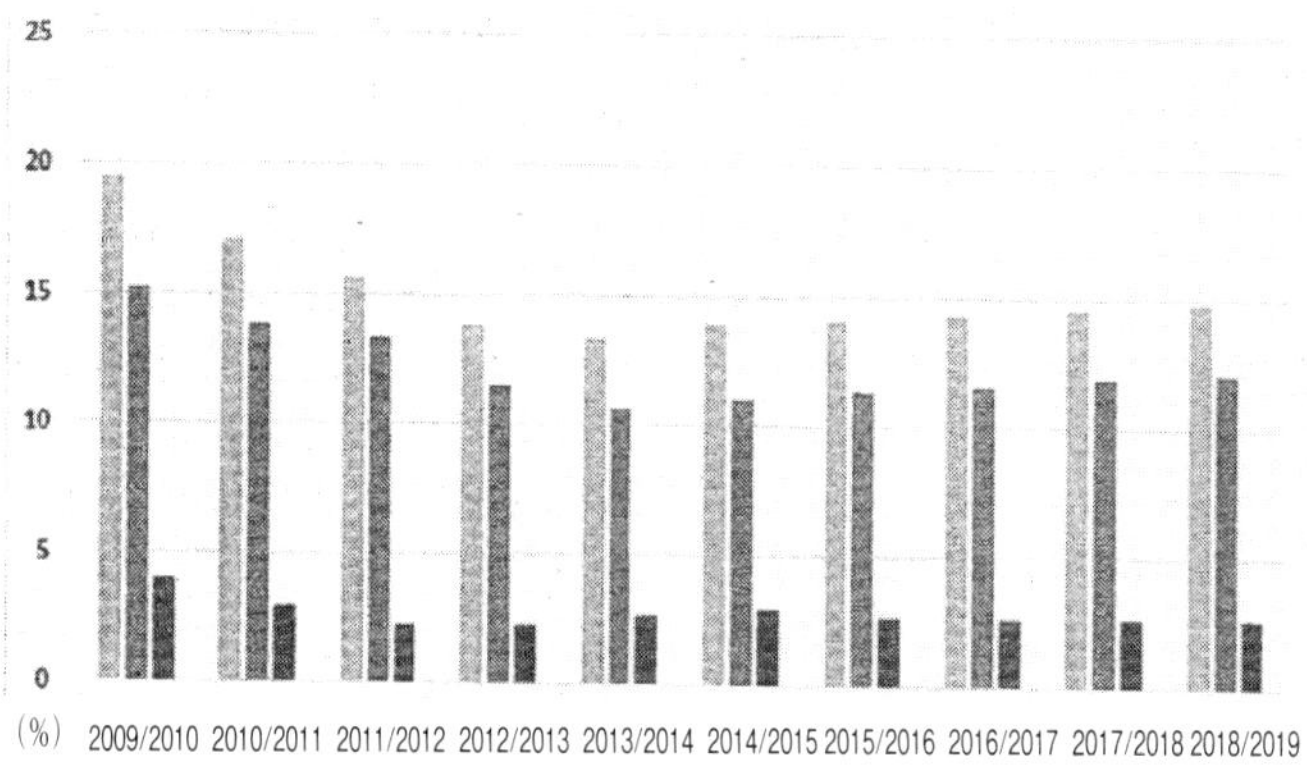

出所：ＩＭＦ

的政治諸状況に関係している。[127]二〇〇八年にピークを迎えた原油高騰による急加速のあと、エジプトにおける民間投資は世界的な大不況の結果として減少に転じた。言うまでもないことだが、二〇一一年に爆発した政治的混乱の影響で、それは減少し続けた。このようにして、IMFスタッフは、二〇一四―二〇一五会計年度から二〇一八―二〇一九会計年度までの間、民間投資が著しく増大することを期待しないように注意を促し続けた。[128]しかし、IMFは緊縮財政と債務削減というマネタリストの教義に忠実なまま、エジプトが特に必要とする大規模な公共投資増加を提唱しないのである。

誇大妄想と巨大プロジェクト

エジプト人が期待していた、社会的支出を含み、公的資金を動員したナセル式ニューディールの代わりに、アブドゥル・ファタハ・シシは結局ごまかしに終わる提案をおこなった。すなわち、大部分が不確実な海外直接投資――まず湾岸石油独裁諸国から――を条件とする専制君主的プログラムである。IMFスタッフは、レポートの中に、シシ政府の六つの「巨大プロジェクト」を列挙した。しかし、レポートのエジプト経済予測の中には、賢明にもわずか一つだけ、より正確に言うと一つの巨大プロジェクトの第一段階だけを含めていた。そのプロジェクトはレポートが書かれた時点ですでに順調に進展していたものだった。[129]この用心さの主な理由は疑いもなく、まったく同じでないにしても似たようなプロジェクトが相当長期間にわたって弄ばれてきたこと、そして、サダト時代からムバラク、モルシに至るまで歴代政府の計画に含まれていたことにあった。

それらにうわべだけのリアリティを与えるために、シシの巨大プロジェクトは、政府が二〇一五年三月一三〜一五日にシャルム・エル・シェイクで開催した華やかな国際経済会議の中心に位置づけられた。ＩＭＦ専務理事クリスティーヌ・ラガルドは、そのときのスピーチをエジプトでもっとも有名な詩人アフマド・シャウキーが作り、もっとも有名な［エジプト人女性］歌手ウンム・クルスームによって広められた詩の引用（そんなに上手ではなかったが、部分的にはアラビア語を用いて）から始めた。「目標は甘い考えでは達成されないが、苦労と忍耐によって［達成できる］」（彼女が読んだ英語訳による）[130]。ラガルドによる希望的観測に対する警告は、達成する必要のある条件リストをラガルド自身が示す前ぶれだった。そのリストは、上述のＩＭＦレポートの指針を要約したもので、社会的支出への言及が添えられてはいるが、全面的に新自由主義的な処方箋だった。

シャルム・エル・シェイクでの会議は、エジプト大衆に資金調達が成功したことを報道するために企画された。いくつかの投資協定（特にエネルギー関係の契約）の調印が演出された。これらの投資協定についてはだいぶ以前に交渉が進み、シシの前任者モルシの下で推進されていたものも含めてすでに合意済みだったが、その時まで調印が延期されていたのだった。それにもかかわらず、シシ自ら会議の最後に、その投資契約が非常に不確定な性格であることは横においた上で、彼の政府が受け取ったことを自慢していた投資契約一五〇億ドルの二倍が必要だと述べた。これは、前もって外国の投資家がけちなことを非難することによって、約束した経済的奇跡の実現がほぼ失敗しそうなことに先手を打つというやり方でもあった。

とは言うものの、シシの目玉商品である巨大プロジェクトのほとんどが日の目を見ても見なくても、それらは彼の体制を特徴づける社会・経済的論理をはっきりと暴露している。二つのもっとも有名なものを検討してみよう。一つは部分的に実現しており、もう一つはまだ空想の王国の中にある。すなわち、スエズ運河プロジェクトとカイロに代わってエジプトの政治・行政の中心となる新首都プロジェクトである。スエズ運河回廊開発プロジェクトはアンワール・サダト時代から検討されていた。それには、新トンネルや製造施設に加えて，新イスマイリア市建設や現スエズ港の拡充という野心的計画が含まれている。しかし、その中心的特徴は新たな水路である新スエズ運河の掘削である。それは、通行可能数を増やし運河通過にかかる時間を短縮するために、現存の運河を補完するものである。モルシが、軍の参加を求めずに、カタールとのパートナーシップによって、そのプロジェクトを遂行する計画を立てたとき、それはシシとモルシの争いの種になった[131]。

シシ政府は二〇一四年八月、鳴り物入りで新スエズ運河プロジェクトに着手した。これは、シシによるナセルの衣鉢の私物化を強めるために仰々しい計画なので、外国資本に所有権と引き換えに投資を勧誘することはふさわしくなかった。この独特なプロジェクトは、実際には経済的理由というよりは政治的理由で推し進められたので、もし外国の投資を求めたりしていればそれだけ不適切なものになっただろう。そのアイデアは、自分たちの国の発展と新規所有という感覚を結びつけて、自分たちが新しい重要な発展の旅に参加しているという印象をエジプト大衆に与えるためだった。それゆえに、外国資本は資本参加するよう求められなかった。すなわち、そのプロジェクトの資金調達は、魅力的な一二％の利息を保証している投資証券購入をエジプト大衆に呼びかけることでおこなわれた。

新たに復活した旧体制に典型的なパターンで、軍が計画と新水路掘削に大幅に関わっていたので、以前に計画されていた三年間ではなく一年間で完成させることができた。[132] 一九世紀に運河を最初に掘った労働者が強いられた犠牲を思い起こさせる条件の下で、この偉業は労働者に重い犠牲を強いた。[133] 二〇一五年八月六日、軍による自画自賛を含めた威風堂々な装いを凝らしたなか、さまざまな外国高官の出席のもとで、新スエズ運河の開通式が行なわれた。出席者に対して、シシは彼らが「世界へのエジプトの贈り物」を目の当たりにしているのだと述べた。モスクはこのとき、預言者ムハンマドの功績を讃えることを［訳注：ムハンマドがハンダクの戦いに際してマディーナを防衛するために塹壕を掘ったことにプロジェクトを例えるように］指示されていた。ロンドンの『エコノミスト』は洞察するどく指摘した。

腕力に任せた業績としては、それは印象的だ。・・・政治的な派手な行為としては、それはまた巨大だ。・・・しかし、経済的な意味では、スエズ運河の拡張は、政府が市民に適切なサービスを提供しようと苦闘しているときには疑問の多い試みだ。確かにその水路は重要な歳入源である。昨年、それは長年の混乱で弱体化している経済に五五億ドルをもたらした。しかしこの運河収入額と運河通行船舶数とはともに二〇〇八年以来横ばいである。

エジプト当局は、八二億ドルのプロジェクトは一日に運河を通航できる船の数を九七隻に増加させ、年間収入を二〇二三年までには約一三五億ドルへと倍以上に増やすだろうと言明する。しかし、それには一年あたり約一〇％の成長が必要とされるだろう。ＵＮＣＴＡＤ［訳注：国連貿易開発会議］によれば二〇〇〇年から二〇一三年間での全期間で、海上輸送船舶トン数はわずか三七％しか増えていないことを考えると、あまりに楽観的な見積もりである。ＩＭＦによる最近の予測では、二〇一六年からの一〇年間における世界貿易取引の年間成長率は平均三・四％だという。

拡張する前には、スエズ運河は一日あたり七八隻という最大運航能力を下回って運用されていた。それはすでに超巨大タンカーを除く全船舶を扱うことが可能だった。あるエジプト人エコノミストの推計によれば、新たな浚渫によってほんの少し大きなタンカーの通行が可能になることによってもたらされる収入の最大増加収入額は、一年に二億ドルでしかない。[134]

新スエズ運河がシシによる「ナセル的」プロジェクトであり、政治的にはもっとも緊急で、それがもっとも実行可能だという点ではなおさらだったが、他の目玉となる巨大プロジェクトはまさに専制君主的領域に入るものだった。すなわち、「首都」と称されるものはカイロとスエズの間の砂漠の中に、総計七〇〇平方キロの土地に全く新たに建設される都市だとされている。その中には、一一〇万戸の住宅と五〇〇万人の居住者（このうち五％だけが市内中心部に居住できる特権を持っている）を擁する二一の居住地域、九一平方キロの太陽光・風力発電設備、一六平方キロの空港、五・六平方キロのビジネス地区、四・二平方キロのショッピング・モール、四平方キロのテーマパーク、四万室のホテル、一二五〇のモスクと教会が含まれている。[135]住宅大臣によれば、プロジェクトの費用は当初四五〇億ドルにのぼり、第一段階は一〇五平方キロで施工され、三年から五年かけて新首都への議会、大統領宮殿、政府庁舎、外国大使館を移動させるが、全地域のさらなる開発は四〇年かけて行われるだろうとのことである。[136]

この新首都の決定的な独自性は新スエズ運河と際立った対照をなしている。開発企業の資本金のうち国内シェアがわずか二四％であり、残りは外国所有になる点である。このプロジェクトへのエジプトの貢献は事実上、政府が提供する土地に限定されている。[137]そのプロジェクトはキャピタル・シティ・パートナーズによって実行される予定だった。この企業は、世界中の投資家向けの民間不動産投資ファンドで、アラブ首長国連邦出身の大物実業家、ドバイ首長の筆頭アドバイザーであるムハンマド・アラバッルがこの特別な目的のために設立したものである。アラバッルについて、キャピタル・シティ・パートナーズのウエブサイトが傲慢に語るところによれば、過去二〇年間に彼は「一五ヶ国以上で二四〇億ドルを超える価値を持つ野心的な大規模開発を主導しており、人類を元気づける世界的な象徴的政策を指揮した」とのことである。[138]

アラバッルは、巨大プロジェクトに特化した巨大不動産開発会社エマール・プロパティ社の創業者・会長である。この会社は、ドバイにある今のところ世界一の高層ビル、ブルジュ・ハリファの開発で特に知られている。初めはブルジュ・ドバイと呼ばれる予定だったのだが、結局は二〇一〇年完成の数年前、世界経済危機を背景として借金まみれになったあと、プロジェクトの債務棚上げに合意したのと引き換えに、近隣のアブダビ首長兼アラブ首長国連邦大統領の名前ハリーファ・ビン・ザイード・アル・ナヒーヤンにちなんで命名された。アラバッルがエジプトの巨大プロジェクトに関与したことで、彼の会社は問題を抱え込むことになった。[139]驚くべきことではないのだが、エジプト政府とキャピタル・シティ・パートナーズとの間の契約は六月に行き詰まり、代わって九月には国有企業である中国建筑股份有限公司との覚書が調印された。[140]

パッとしない出発にいらいらして、シシはプロジェクト第一段階の完成期限を二〇一七年末までの二年間に設定した。[141]二〇一五年一〇月のこの発表にニュースサイト『マダ・マスール』がコメントした。それによると、二〇一四年三月まだ国防大臣だったとき、シシは二〇一〇年までに四〇〇億ドルの予算で一〇〇万戸の住宅を供給する約束で、UAEのアラブテックと連携して軍の大規模住宅プロジェクトに着手していた。建設は二〇一四年後半に開始され、二〇一七年前半には最初の住宅が供給される予定だった。そのプロジェクトの作業は二〇一五年一〇月にはまだ始まっていなかった。[142]計画された住宅価格が値上がりして普通のエジプト人には手が届かないものになった。新スエズ運河プロジェクトが軍の大きな関与のため一年で完成したにもかかわらず、このために新首都プロジェクトの実行見通しが広範な懐疑的態度に直面するとこになったのである。

しかし、新首都プロジェクトについて懐疑的な見方が出るもっとも説得力ある理由は、その実行についてよりは経済的、エコロジー的、社会的次元に関係している。どの評論家も必ず指摘するのは、一九七七年以来エジプトで建設された三〇近くの新都市が国民の一部（九千万人のうち七百万人）しか引きつけることができず、それもしばしば最富裕層だけであることだ。プロジェクトが二〇〇〇年に始まった新カイロにもあてはまるのだが、住民の数は予定されていた六百万人の四分の一以下しかいない。このプロジェクトは、エジプトの全住宅の四分の一以上が空き家であり、新都市ではもっと空き家が多いときに進められているのである。[143] デイビッド・シムスはもっとも見識のあるエジプトの都市計画・土地管理の専門家だが、これについて洞察力豊かな辛口のコメントをしている。

首都のまわりには内側にも近くの砂漠にもまだたくさんの土地がある。理にかなった都市の拡張に使える公的土地や治安機関・軍の所有地がある。今はアップタウン・カイロの一部になっているが、マンシヤット・ナシール近くに土地はあった。なぜドバイの実業家に一平方米一〇〇エジプト・ポンドでその土地を売却したのだろうか？　その理由は彼が軍とコネを持っていたからで、軍がその土地を管理していただけなのだ。最終的に、彼はこの契約に一億六五〇〇万エジプト・ポンドを使い、いまのアップタウン・カイロになった。そこで一番安い住宅は四〇〇万エジプト・ポンドである。実際の計画では一万戸を作る予定である。その数は、メイドの数を入れてもせいぜい五万人を住まわせるくらいだろう。すぐ隣には人口六五万人のマンシヤット・ナシールがある。しかし、「マンシヤット・ナシールの混乱した状態をいくらかでも取り除くために、腐ったサービス用の新しい土地を少し使ったらどうだい」と発言する者が誰かいただろうか？　人権の立場に立つ人やインテリや他の誰からも一言もなかった。

新しい街はひどい失敗である。新カイロと「一〇月六日」だけがエジプトには全然必要ない不動産開発を引きつけることに成功した。それらは間違った夢や希望を与え、新聞の一面を飾るために使われている。そしてすべてが湾岸投資家の資金でまかなわれている。

これらは投資である。これはエジプト人の問題ではない。これがまさに今起こっている。家族や企業が投資する上で不動産が一番儲かる方法だからだ。彼らは息子のために別荘を建てたり、素敵な場所を欲しがっている死に物狂いの国外追放者に貸したりする。それがカタメヤ・ハイツで起こっていることだ。月五千ドルで貸している場所のために、それ以外すべての住宅の希望価格が値上がりする。これを止めるのは難しい。もし、カイロ・アメリカ大学に行く途中、新カイロの道路沿いに見える住宅全部に人が住むようになれば、水がなくなってしまうので多分空き家のままの方がいいのだろう。(144)

カイロ・アメリカ大学教授ハレド・マフミは、民主主義の欠如を強調しながら、同じ気持ちで新首都プロジェクトに反応した。

わが都市の問題は、わが国の問題と同様に、われわれが多過ぎるのではなく、歴代政府がわが都市やわが国に関係するいかなる決定からもわれわれを外すと主張していることにある。首都をカイロの外に移転するという決定がおこなわれた方法はまさに、われわれを無視するというわが政府の主張の一番よく分かる実例である。

否。カイロの問題はカイロ居住者が多過ぎるから起きたのではない。カイロの問題は、わが都市がいかに運営されるかについて、われわれが発言できる実効性があり民主的な機関がまったく存在しないことによって引き起こされている。カイロ市長は、姉妹都市であるギザ市長と同様に、選挙で選ばれるのではなく、軍や警察の幹部から選ばれる。彼のもっとも重要な任務は都市の平穏であり、都市を支配下に置くことである。わが市議会議員は選挙で選ばれてはいるが、財政・行政の独立性を持っていない。そしてそれ自体、彼らははびこる汚職の温床になってきた。われわれは自分たちの街路や建物の管理方法についてさえ何も言えない。

そして問題の根幹について発言したり、自らの生活をよくしたり夢を実現させたりする方法についてわれわれが話すことができたりする代わりに、政府は親しい政権や世界中の大物実業家から何十億ドルものお金を集めてくる自分の能力について自慢している。この深く必要とされている数十億ドルを砂漠の蜃気楼を追いかけるのに使うだけなのだが。[145]

シシの目玉となる二つの巨大プロジェクトは、新しく復活した旧体制の本質を露呈しながら、地域諸国家に支配的な年金生活者的性格、すなわちこれらの国々の独裁的性格とともに、賃貸関連および不動産プロジェクトが好まれるという投資パターンを決定する特徴に全面的に適合している。スエズ運河はもちろんエジプト国家の主要な使用料収入源である。都市開発プロジェクトに関しては、私は『人民は希求する』の中で、なぜ建物取引がその地域で特に繁栄しているセクターなのかを説明した。それは、土地投機と商業的な観光指向型サービス経済の交わるところに位置している。前者は不動産に完全な避難先としての投資を求めることで助長され、後者はその地域の石油収入によって、つまり年金生活者的国家からの資本と消費者によって潤っている。[146]

軍によるエジプトの乗っ取り

この金利生活者的性格に加えて、エジプト国家の軍事的側面が、新たに復活した旧体制でずっと一貫して支配的であり、二つの巨大プロジェクトにもそれが浸透している。エジプトの軍産複合体は、アンワール・サダトの下で一九七〇年代に大きく拡大し、質的な変化を遂げた。ナセルの次に政権の座に就いたサダトは、肥大化した軍事機構と国有軍需産業との古典的な混合体制を引き継いだ。このような混合体制は、長期の戦争状態にあり、軍事独裁による統治がなされている国では典型的なものである。サダトは、ナセルの遺産を解体し、それを覆してしまいたいと強く望み、経済の「自由化」（インフィターフ、開放化）を実施した。サダトは、軍の直接的な政治的役割を縮小する代償として軍にこの経済自由化を活用する可能性を提供したのだった。こうして、軍は、さまざまな産業部門で事業複合体や民間のベンチャー企業を発展させることを許されることとなった。そのため軍産複合体がますます民間セクターに対するライバルとなっていった。ホスニ・ムバラクの息子であるガマルは、自分の父親の下で羽振りをきかせていたクローニー資本主義（縁故資本主義）を典型的に体現する人物であり、父親の後を継ぐ構えをみせていた。軍とガマルとの軋轢の主要な根源は、軍が民間部門に反対していたわけではなかったとしても、(147)上記の軍産複合体と民間セクターとのライバル関係にあった。それはゼイナブ・アブル・マグドが説明している通りである。

軍の事業は、旧来のビジネス界の大物たちの投資とライバル関係にある事業体であり、競合していた。なぜなら、ムバラク政権の古いビジネス界の大物たちは鉄鋼、セメント、化学などの重工業部門の企業の所有者たちだったからである。そして、軍もまた、セメント、鉄鋼などの重工業の工場をも建設しつつあった。だから、軍はこれらの民間部門の大物たちと競合していたのであって、このことが軍とムバラクやガマル・ムバラクといった古いビジネス界の大物との間で多くの緊張を生んでいた。この緊張があったために、軍は二〇一一年の革命の側に就くことになった(148)。『ブルームバーグ・ビジネスウィーク』が指摘しているように、軍の支配の増大へと向かうポスト・モルシの過渡的局面の真の性格は、穏健なケインズ主義からその着想を得ているベブラヴィ内閣の経済政策をめぐる状況の中でまさにその最初から明らかになった。

軍は一九七〇年代以来、その事業を拡大してきた……。今や、それはムバラク時代の終了によって作り出された空白を埋めつつある。かつては、ホスニ・ムバラクと（その息子）ガマルが、民間企業の大物たちをコントロールしていた。ムバラク一族の影響力は消え去り、その支持者たちが経営していた会社は、二〇一一年以前には入札を成功させていたのだが、今ではそうした入札の獲得は保障されていない。

このことは、資金の大部分がアラブ首長国連邦から調達された三〇〇億ドルからなる政府の総合景気刺激予算が二〇一三年八月に発表されたとき、明白になった。エジプト経済問題評議会のメンバーであるムハンマド・ファルークによれば、その予算配分を綿密に見てみると、軍が、道路舗装、産業インフラストラクチャーの契約を中心に、プロジェクトの半分の契約を獲得していることが分かるという。ムバラク時代からの離反を示すものとして、契約がまったく大建設会社とは結ばれていない、とファルークは述べている。[149]

それから数か月後、同じ観測がサメル・アタラーによってもなされている。

軍は、一定の経済的特権を保障されるのと引き換えに政治から遠ざかるということにもはやただ満足しているだけではない。経済的利益を守ってくれる政治により大きく関与することが支持され、「統治するのではなく支配するのだ」という軍の古い定式はますます退けられつつある。経済の拡大を保障するために、軍は軍と関係の深い人物を政府中枢のポストに任命してきた。たとえば、軍によるムハンマド・モルシ打倒から二日後の二〇一三年七月三日、エジプト総合情報部長官にシシの師であるモハメド・ファリド・エル・トハミが選ばれた。ラバア広場の座り込みを暴力的に解散させる数日前に、軍は大部分が退役将軍からなる知事の任命を支持した。（二〇一四年一〇月には）もう一人の退役将軍のカレド・アブデル・サラム・アル・サドルが議会の事務局長に任命された。これは、立法機関の日常的活動を運営し、どの法案を審議するのかを管理するポストである。

また、軍の政権掌握後のわずかの期間のうちに、軍に後押しされた政府は、閣僚が競争入札なしに契約を結べる権限を拡大する行政令を出した。インフラ・プロジェクトは、大都市の資金がアラブ首長国連邦から調達された四九億ドルの景気刺激パッケージを含んでいたが、こうして軍関連企業のために取り分けられたのだった。[150]

すでに書いたように、シシ大統領統治下で、エジプト軍は直接に新スエズ運河建設に直接従事していたが、これら企業の特徴である財政的不透明さを持っていた。それゆえ、軍はガマル・ムバラクに値する民間部門に関連して縁故主義のパターンをはっきりと示していた。まるで、同じ事業において取って代わるためだけに彼を追放したかのようであった。この活動パターンはアブデル・ファッター・バライエスによって見事に描かれている。

やがて、軍は、民間の専門的技術から利益を得るとともに政治的に重要なこのイニシアチブの時宜を得た完成を保障するために、［新スエズ運河］プロジェクトの一部を民間部門の企業に分担させるようになった。オラスコム社やアユブコ社といった巨大建設会社を含めて、七〇社以上の民間会社がこのプロジェクトに参入した。

興味深いことに、軍は発電所建設プロジェクトにおいても同様のアプローチをおこなった。アスユートとダミエルタにおいてタービンを建設する事業の提携相手として民間会社のアル・スウィジ社とオラスコム社を呼び込んだのである。

それゆえ軍がそうしたのは、民間の競争相手を締め出すよりは、民間部門に仕事を分担させ、潜在的な経済的報酬をも譲るためだった。シシ政権の正当性にとって不可欠なものとみなされている国家プロジェクトを確実に成功裏に進めるためだった。(151)

『ブルームバーグ・ビジネスウィーク』が論評しているように、軍によるビジネスがどれだけ不透明なものであっても、「はっきりしていることは、多くの一連の巨大プロジェクトのうちで最新の新運河建設はエジプト経済における軍の中心的役割を打ち固め、軍以外の事業や民間機関を脇に追いやるだろうということである」[152]。確かにそうだ。シシ政権のもとでのすべての主要経済プロジェクトは、必然的に軍の中心的役割を確立させるのに役立つだろう。それは、この数年間のエジプト軍による経済帝国の発展を十分な情報にもとづいて調査した文書において、シャーナ・マーシャルが結論として述べている通りである。

近年のエジプト軍の歴史において、経済における軍の役割は、巨大プロジェクトに対する軍の支配に関しては過小に定義されてきたが、外国資本と富裕なエジプトの実業家からの融資を受けている膨大な企業層への取るに足りない影響力を活用する軍の能力に関しては過大に定義されてきた。……軍の経済へのこのような形の介入が、エネルギー、石油化学、不動産などの部門への投資を予定する投資家を思いとどまらすほどわずらわしいものになることは稀だった。これらの部門はエジプトにおける海外投資が長期にわたって集中してきたところだった。しかしながら、それは、軍が新しいプロジェクトへの投資を保障する重要な守衛であり続けるようにするには十分なのである。

重要なインフラを守るという軍の役割を公認する法律を含むシシ政権の治安対策は、将軍たちとこのインフラに投資する実業家との間の一層の接触とつながりを生み出すことによって、この守衛的役割をさらに強めていくことになる可能性が高い。このような状態は、将来の海外投資が軍関連の新規事業にますます集中していきそうなことを示唆している。[153]

新首都プロジェクトが離陸すれば、それも例外なく軍が経済的守衛の役割を果たすというルールに従うことになるだろう。それは現在進行しつつある軍の経済的役割の高まりと拡大を大いに促進することになるだろう。二〇一五年初め、シシは、軍が単独であるいは外国の会社を含む民間会社と提携する形で不動産開発会社を設立することを認める政令を出した。とりわけこのプロジェクトのために割り当てられた土地の一部が軍に属しているという点からしても、これは明らかに新首都プロジェクトへの軍の重大な関与の序曲となった。[154] エジプトの企業経営者や実業家は自分たちの活動分野への軍の浸食にますます公然と抗議するようになっている。経営者や実業家は、軍が、課税、エネルギー価格、軍の設備や人員の利用、優先的契約に関連する多くの特権を享受している以上、これをまったく不公正な競争だとみなしている。[155]

新首都プロジェクトの軍からみたもうひとつのより古典的な側面を大部分の評論家は見逃して来た。それは、よく知られている歴史的パターン、すなわち戦略的な反革命原理と調和する権力中枢の空間的配置と関連している。もしレオポルド・ランベールのような建築術の戦略的側面の専門家の眼から見たならば、この点が見逃されることはあり得なかったであろう。彼は、エジプトの巨大プロジェクトと「一八五三年から一八七〇年までの間にパリを根本的に支えたジョルジュ・ユジェーヌ・オスマンの総合基本計画」との類似点を強調した。「この計画は、それ以前から実施されていた反革命的な軍の動きを促進したことで知られている」。これは、一八七一年のパリ・コミューンの流血の弾圧（控えめな評価によっても、「虐殺の一週間」だけで約一万人が殺害された）のことを言っているのである。彼は「一九六四年に軍事独裁によって作られたばかりのブラジル首都の私物化」との類似点も強調した。

軍による圧倒的な支配にもかかわらず、都市の原型の設計を考えるに当って、都市構造の支配の設計に着手する方がより容易であることを軍は理解している。だから、軍人出身大統領が新しい都市の創設を決定するというのはそんなに驚くべきことではない。そこでは軍事的支配がその計画の完全な一翼となるだろう（そのような点が明らかにされているかどうかは別にして）……。

カイロの行政・外交・経済機関を受け入れたとき、この新首都は、実際にある程度の民営化を受け入れても受け入れなくても、都市の社会的分裂を強める可能性がある。カイロは、すでに社会的隔離の手段としてその距離を活用している——世界の中でカイロだけがそうした都市というわけではないが。中流・上流社会階級を五〇マイル以上も離れたところに移住させるのはそうした戦略の一環なのである。

しかしながら、距離だけが支配のための唯一の条件ではない。新しい都市のまさに外見的特徴が、歴史的な都市の状況におけるよりも、軍が新都市の空間を支配するのをほぼ常にさらにいっそう容易にする。この理由は構造設計それ自身の履行の中にある。つまり、設計が一つの事務所による複数事務所によるかどうかにかかわりなく、マスタープランは、そこに住む都市住民の空間への組織化を想定したひとつのビジョンに常に対応している。[156]

この見方は、別の建築家のモハメド・エルシャヘッドによって確認されている。彼は、ランベールの雑誌『フナンブリスト』中の注目すべき軍事化された都市という特集で書いている。新首都プロジェクトはカイロの軍事化された景観の必然的な拡張にすぎないのだが、その軍事化されたカイロの景観についての自らの寄稿の中で、エルシャヘッドは新首都のための基本計画には開かれた公共スペースが示されていないとする所見を述べている。「二〇一一年の出来事があったにもかかわらず（あるいはむしろこの出来事があったがために――ジルベール・アシュカル）エジプトの大衆に広いオープン・スペースを与えないという点での設計者たちの共謀は、都市スペースの軍事化がしばしば建設図面のボード上から始まっているということを示している」[157]。その意味において、この（新）首都はタハリール広場に対する軍事的な対応なのである。そうした点に照らしてみると、「新首都プロジェクトはそれが成功かどうかで判断されるべきではない。むしろ、その成功（すなわち、その実際の実現）がまさしく本論文で危惧されるべきものとされている点にほかならないのだ」[158]とランベールが強調するのは絶対に正しい。

エジプトはどこへ行く？

以上すべてのことから得られる戦略的教訓は、兵士たちの心を何とかつかまなければ、いかなる革命も軍事的治安国家の解体に成功しないだろうということである。二〇一一年と二〇一三年のように、将校たちの支持を追い求めるという致命的な間違いをおかしてはならない。これがなければ、社会階層最上部の重要な構成要素でもある軍・治安機構ピラミッドのトップは、人命がどれだけ失われようとも、いかなる大衆運動をも残忍に粉砕することをためらわないだろう。その意味において、シシはこれまでのどのエジプト大統領に比べても大規模かつ残忍な弾圧をおこなう傾向を示してきたが、ムバラク大統領の統治を終了させたのと同じような反乱に直面すれば、ラビアの大虐殺は来るべき弾圧の先触れになる。

これは大いにありそうなことである。すでに述べたように、エジプトでは二〇一一年以降、社会・経済状態は絶え間なく悪化し続けていて、高レベルの社会的抗議を引き起こしてきた。シシの鉄拳が国に安定と海外資金による繁栄をもたらすというシシとその支持者たちの確信にもかかわらず、新たに復活した旧体制は、階級闘争の最も基本的表現である労働者の抗議行動を阻止することにさえ成功しなかった。エジプト経済・社会権利センター（ＥＣＥＳＲ）のデータによれば、二〇一四年の抗議件数（一六五五件）は、今までで最も多く、その前年（一九六九件）を上回った二〇一三年（二二三九件）よりは減っているが、蜂起の年であった二〇一一年（一四〇〇件）よりも多いのである。このことは、二〇一一年の件数が過去のどの年と比べても飛躍的に増えたので――それまでのピークは二〇〇九年（七二八件）――、それだけより注目に値する。[159]二〇一五年はマハラの繊維労働者二万四千人の大衆的ストライキによって再び幕を開けた。エル・マーロウザ社会経済開発センターの集計によれば、一月から九月までの九か月間には、それ以前の二〇一四年四月から一二月までの九か月間に比べて、平均して労働者の抗議行動の大幅な増加が見られ、その頂点は二月から四月までの期間と六月だった。[160]

労働者階級を威嚇しようとする判決の中で――これらは、シシの時代にエジプトの裁判官が得たグロテスクという定評をまぎれもなく確認するものである――、高等行政裁判所は、二〇一五年八月一八日、ストライキ行動がシャリアに反するということを根拠にしてストライキを禁止し、ストライキ参加者の解雇を認める命令を出した。この命令は、労働組合、団体交渉、ストライキ、大衆的デモがすべて禁じられているサウジ王国にこそふさわしいものだが、左翼・リベラル派の反政府勢力の世界の中での広範な抗議に遭遇することになった。彼らはムスリム同胞団の打倒に貢献したのに、同胞団ですら容認できなかった宗教の悪用という報いのためにひどくショックを受けていた。[161]それは七月施行予定の新公務員法の先駆けとしてなされた。この法律はシャルム・エル・シェイク国際会議に先立って、ＩＭＦ指令をさらに遵守するために三月に成立したものだった。この法律は、投資を奨励するために、官僚体制の非効率性を抑制することによって抜本的なエジプト行政機構改革をめざすとして提起されたが、七百万人におよぶ公務員のほとんどに対して、所得と処遇に否定的影響を与え、ボーナスや有給休暇の制度を変え、解雇権限を含む管理者権限を強めるものとなっている(162)。

八月一〇日、不動産税務局従業員の数千人がカイロ中心部に結集し、モルシ打倒以降のこの種の行動としては最も重要な争議行動を展開した。これは、二〇〇七年に同じ従業員たちが開始した行動を思い起こさせた。二〇〇七年には、この同じ労働者たちが、エジプトでは五〇年間で最初の独立組合の結成に向けて行動を開始したのであった。政権側は、これらの従業員に対してひどい弾圧法である抗議法をあえて適用しなかった。同法は、公共の場での一〇人以上の無許可集会には最高七年の禁固刑と罰金を科すと定めているのである。言うまでもなく、高等行政裁判所による命令はストライキ参加者に適用されなかった。この事態は数日後、より異例なタイプの、非常に目立ったストライキによってさらに拡大した。八月二二日、数百人の下級警官が二日間のストライキに突入し、ナイル・デルタ地域にあるシャルキア行政区の治安管理局前で座り込みを組織した。多くのエジプトの公共部門労働者と同様に、警官は未払いボーナスの支給を要求するとともに、高級幹部が利用できる病院で診療を受ける権利も要求していた。下級警官が抗議行動を展開するのは今回がはじめてではない。二〇一四年二月、警官たちは危険手当や退職金、「殉職者」補償金の引上げを要求して、アレキサンドリアとカフル・アル・シェイクの治安管理局前で同様の行動を展開した。警官たちはまた、近代的武器、警官襲撃へのより厳しい罰則、そしてムハンマド・イブラヒム内相の解任を要求した。

政府は、二日目に入って中央治安隊（CSF）を送り込んでシャルキアの警察官の行動を弾圧しようと試みた。警官を追い散らすために発射された中央治安隊の催涙ガスに対抗して、警官たちは治安隊を現場から後退させようと、空中に向けて銃を発射した。二〇一一年におけるアラブの反乱の当初からずっと使われてきたスローガン「イルハール！」（「辞めろ！」）というスローガンを叫びながら、警官は、二〇一五年三月、イブラヒムに代わって任命されていたマグディ・アブデル・ガーファル内相の解任を要求した。シャルキアの警官はエジプト全土の同僚からの支持表明を受け、ことは政権にとって大いに憂慮すべき事態へと発展した[163]。その結果、不動産税務局従業員に弾圧法が適用されなかったのと同じように、武器を不法に使用したにもかかわらず、警官にも弾圧法は適用されなかった。内相は、異例とも言える寛大さを説明するのに奇妙な理由に頼らざるをえなかった[164]。

警官は国家の弾圧機関の一翼であるけれども、下級警官は民衆の貧困層に属していて、警察最上層の収入と特権とは対照的に、ほんのわずかな収入しか得ていない[165]。こうした警官の行動は、エジプトにおける軍事治安機関の決定的な弱さを指摘するものであった。古典的な事実なのだが、そうした警官の行動は、特に人員を徴兵に依存しているので、その国の社会階層全体を究極において反映しているのである。中央治安隊の徴兵された隊員による一九八六年の反乱は、エジプトの二〇一一年以前の歴史上最も顕著な社会的憤激の爆発のひとつであって、一九七七年の食糧暴動に次ぐ二番目のものであった。一九八六年、徴兵された中央治安隊の隊員たち——同じく徴兵された軍の兵士に比べても給与がずっと少なかった——は、三年間の徴集期間のもう一年間の延長に抗議していた。反乱は、約二万五千人の隊員を巻き込んで暴力的なものとなり、ホテルやナイトクラブには火がつけられた。その当時のムバラク政権は、空軍ヘリコプターを含む軍隊の力で無慈悲に弾圧し、百人近くの隊員を殺害した。そして、反乱参加者の大部分を解任し、多くの者に重罪を科した。シシ政権は、二〇一四年・二〇一五年のおける下級警官反乱者に対してまったく異なる態度をとったが、新たに復活した旧体制の外向けの虚勢にもかかわらず、それは二〇一一年の反乱を受けて国家が全般的に弱体化していることを示す最適の証拠となっている。

二〇一五年一〇月下旬、何万人もの労働者がボーナス支給をめぐって一〇日間以上のストライキに再び突入した。この運動の指導権を取ったのは、またもマハラ繊維労働者であった。それは、勝利に終わり、政府——シェリフ・イスマイルを首班とする新内閣が九月一九日に発足した——は、議会選挙がおこなわれている間に社会的憤激が高まることを恐れて労働者の圧力に譲歩した。これ以外にも多くの例があるが、この事件もまた、二〇一一年一月に始まったエジプトの革命的過程が終わるにはほど遠いということを示すもうひとつの事例である。

闘争は続いている。新たに復活した旧体制が、ジョージ・W・ブッシュの「対テロ作戦」ガイドブックから借用した信任を求めるジェスチャーにますます強く頼ることによって、さらに低下していく人気を支えようと必死に努力したにもかかわらず、である。このガイドブックの作者の経験が十分に示したように、この政治的仕掛けが信任を得ることに成功するかどうかは、肥大化するテロリズムという自己達成的予言が実現するかどうかにかかっている。ブッシュはテロリズムを全世界的に拡大することに見事に成功したが、ひとたび九・一一のトラウマが消え去ってしまうと、国土へのさらなる攻撃を阻止する上でアメリカの治安機構が有効なのかどうかが、ブッシュ大統領の人気にとって決定的に重要になった。シシは、アメリカの元大統領とは違って、エジプトでテロリズムを阻止するという点で自身の治安部隊がそんなに有効ではないと確信している。しかしながら、彼は次のような現実の中で解決不可能なジレンマに直面しているのである。すなわち、テロ活動は政権への信任を高めることができるのだが、それは同時に彼の経済的野心を妨げるとともに、エジプトの社会経済状態の悪化を促進することになるのであって、社会経済状態の悪化はある意味において彼の人気をよりいっそう浸食するからである。そのようなジレンマに対して彼のような背景をもつ人間の予測される対処法は、結局のところ、弾圧を強化することである。

軍事・治安国家に関するエジプト革命の戦略的難問に、つまりこれまでよりももっと高度な組織化と戦略的思考を必要とする不測の事態にうまく対処することができなければ、将来の反乱は血なまぐさい弾圧の新たなエスカレーションに遭遇する危険にさらされる。これはテロリストの火により一層の油をそそぐことになるだろう。本書執筆時点までは、このテロリストの火は、その大部分がシナイ半島地域内に限定されてきたが、今ではそこから外へとますますあふれ出す傾向を示している[166]。エジプト政治からムスリム同胞団を追放した野蛮なやり方は、すでに団員の一部とりわけ青年層の急進化をもたらしてきた。それは、結局のところ、野蛮なアルカイダ＝イスラム国枢軸の構成員を膨張させることになるやり方だった[167]。エジプトでは、アラブ地域全体と同様に、提起されている選択肢は、以前にもまして、根本的で進歩的な社会・政治変革なのか、それとも深まる野蛮の衝突なのか、ということなのだ。

第二章　原注

（1）マルクスは実際には、一八五一年一二月三日にフリードリヒ・エンゲルスからマルクスに送られた手紙から、この有名な一節を言い換えたのである。Karl Marx and Friedrich Engels, *Collected Works*, vol.38, London: Lawrence & Wishart, 1982, pp.503-6

（2）フランス革命暦（あるいは共和暦）は、一七九三年から一八〇五年までフランスで使われた。その後、一八七一年パリ・コミューンで短期間使われた。

（3）以下を参照すること。Sarah Brun, "La Farce à l'épreuve du trangique au XXe siècle", in Milagros Torres and Ariance Ferry, eds, *Tranque et comique liés, dans le théâter, de l'Antiquité à nos Jours(du texte à la mise en scène)*, Rouen: CEREdi, 2012 参照

（4）以下を参照すること。Gilbert Ashcar, *The People Want: A Radical Exploration of the Arab Uprising*, trans. G. M. Goshgarian, London: Saqi, and Berkeley, CA: University of California Press,

2013, pp.177-78. 一九五二年と二〇一一年の比較も参照のこと（p.15）

（5）Ibid（強調は著者による）

（6）Ibid

（7）Ibid

（8）これは前掲書で詳細に説明されている。

（9）ジェラルド・エル・ハッダドの証言による。Edmund Blair, Paul Taylor and Tom Perry, "Special Report: How the Muslim Brotherhood Lost Egypt", *Reuters*, 26 July 2013.

（10）批評家の中には、同胞団財政担当のユセフ・ナダのようなヨーロッパ在住エジプト同胞団の長老もいた。彼は大統領候補者を出すという諮問評議会の決定を「大失敗」だと述べた。Youssef Nada with Douglas Thompson, *Inside the Muslim Brotherhood*, London: Metro,2012, p.266. カマル・アル・ヒルバウィは、イギリス・ムスリム協会の創立者で、西側での同胞団スポークスマンだったが、同じ決定に抗議して辞任した。

（11）Mathew Kaminski, "Khairat Al Shater: The Brother Who Would Run Egypt", *Wall Street Journal*, 22 June 2012.

（12）Ibid（強調は著者による）

（13）Achcar, *The People Want*, p.189.

（14）このエピソードについては、二〇一一年一月から二〇一三年春（それが最初に発表された）までの全期間と同様に、ＳＣＡＦ・同胞団間の関係についてＳＣＡＦの立場から見たムスタファ・バルキの報告が有用な情報源である。Mustafa Barki, *Al-Jaysh wal-Ikhwan: Asrar Khalf al-Sitar*, Cairo: Al-Dar al-Misriyya al-Lubnaniyya, 2013. バルキは、タンタウィとＳＣＡＦ全体が年老いた陸軍元帥の後継者としてシシを選んだこと、タンタウィとアナンが引退したがっていたことは間違いないと述べた。同時にバルキは、護衛の交替というモルシの念の入った演出に、自らが力を貸したことに対するシシの説得力のない弁明をそのまま繰り返した。後者の事実は、サミ・アナンが後になってシシに反対したことを説明するものかも知れない。シシは大統領に立候補するという彼の計画をだめにしたようにも思えるからだろう。次のものを参照すること。"Fi Zull al-Sira't dakhil al-Mu'assassa al-'Askariyya: Tahdidat lil-Fariq Sami 'Anan bi-Waqf Muzakkaratihi aw Kashf 'Ilaqatihi bi-Mawqi'at al-Jamal", *Shabakat al-Marsad al-Ikhbariyya*, 10 October 2013.

(15) ここでは <http://gate.ahram.org.eg/News/262873.aspx> のアラビア語原文から訳出。

(16) Michael Birnbaum, "Egypy's Morsi Emerges at Key Player", *Washington Post*, 21 November 2012.

(17) Bradley Klapper and Julie Pace, "Why Obama is Standing with Egypt's President Morsi", *Associated Press*, 28 November 2012.

(18) "English Text of Morsi's Constitutional Declaration", *Ahram Online*, 22 November 2012.

(19) サバヒの人民潮流とエルバラダイの立憲党学生メンバーは、ＮＳＦ内にムバラク体制の残党（フルル）がいることに抗議した。"Youth of anti-Morsi Parties Reject Coalition with 'Mubarak

Remnants' ", *Ahram Online*, 28 November 2012 参照。

(20) カイロ人権研究所（ＣＩＨＲＳ）による。*Al-Ittihadiyya "Presidential Palace" Clashes in Cairo 5 and 6 December 2012*, Cairo: CIHRS, December 2012.

(21) Paul Taylor, "Exclusive: Egypt's 'Road Not Taken' Could Have Saved Mursi", Reuters, 17 July 2012.

(22) モルシの二〇一二年一〇月までの経済政策については以下参照のこと。Achcar, *The People Want*, pp.279-82. この年の経済政策のバランスシートについては、以下を参照のこと。Muhammad Muslim, *Tabdid al-Asatir: al-Azma al-Iqtisadiyya fi Misr*, Cairo: Al-Mubadara al-Misriyya lil-Huquq al-Shakhsiyya, May 2013

(23) ＦＪＰの方向転換については以下を参照のこと。Wael Gamal, "La lil-Iqtirad 'ala Mabadi' al-Sunduq wal-Ganzouri wa Man Tabi'ahuma", *Al-Shuruq*, 20 August 2102

(24) Dina Ezzat, "President Morsi Could Face a Summer of Discontent", *Ahram Online*, 27 December 2012.

(25) " 'Ishrin Alf ' Ami bi-Ghazl al-Mahalla Yudribun 'an al-'Amal wa Yutalibun bi-Tanahhi Morsi 'an al-Hukm", *Al-Shuruq*, 15 July 2012.

(26) 二〇一一年以降に労働者の闘争が発展した際の力学については以下を参照のこと。Joel Beinin, *The rise of Egypt's Workers*, Washington, DC: Carnegie Endowment for International Peace, June 2012;

Mostafa ali, "Wave of Strikes: Egypt Labour Fights Back, Capital Draws a Line", *Ahram Online*, 31 July 2012; Nadine Abdalla, "Egypt's Workers – From Protest Movement to Organized Labor", Berlin: Stiftung Wissenschaft and Politik, October 2012; Anne Alexander and Mostafa Bassiouny, *Bread, Freedom, and Social Justice: Workers and the Egyptian Revolution*, London: Zed Books, 2014; Joel Beinin and Marie Duboc, "Mouvement ouvrier, luttes syndicales et processus révolutionnaire en Égypte, 2006-2013" in Michel Camau and Frédéric Vairel, eds, *Soulèvements et recompositions politiques dans le monde arabe*, Montréal: Presse de l'Université de Motréal, 2014, pp.121-42; Marie Duboc, "Reluctant Revolutionaries? The Dynamics of Labour Protests in Egypt, 2006-13", in Reem Abou-El-Fadl, ed., *Revolutionary Egypt: Connecting Domestic and International Struggles*, Abington, UK: Routledge, 2015, pp.27-41（この共著本はエジプトの激動をさまざまな観点から研究する上で、あまり語られていない話題を含んでいて大変役に立つ）; Joel Beinin, *Workers and Thieves: Labor Movement and Popular Uprisings in Tunisia and Efypt*, Stanford, CA: Stanford University Press, 2015.

（27）モルシが大統領だった一二ヶ月間の数字はＥＣＥＳＲが提供したデータをもとに計算されたものである。*Al-Ihtijajat al-'Ummaliyya fi Misr 2012*, Cairo: Al-Markaz al-Misri lil-Huquq al-Iqtisadiya wal-Ijtima'iyya, 2013, and *Taqrir Al-Ihtijajat al-Sanawi 2013*, Cairo: ECESR, 2014.

（28）*Taqrir Al-Ihtijajat al-Sanawi 2013*. 二〇一三年の報告は労働者の抗議行動について月ごとの区分

を示していないので、モルシが大統領だった一二ヶ月間の合計を計算するのは不可能である。

(29) Dal al-Khadamat al-Niqabiyya wal-'Ummaliyya, *Hal al-'Ummal fi Hukm al-Ikhwan: 'Am min Intihakat al-Hurriyyat al-Niqabiyya fi Fatrat Hukm Mursi,* Cairo: CTUWS, June 2013

(30) Barki, *Al-Jaysh wal-Ikhwan*, pp.411-46.

(31) Asma Alsharif and Yasmine Saleh, "Special Report: The Real Force behind Egypt's 'Revolution of the State' ", *Reuters*, 10 October 2013.

(32) Dina Ezzat, "Egypt: The President, the Army and the Police", *Ahram Online*, 27 December 2012.

(33) Muhammad Tantawi, "Mudir al-Kulliyya al-Harbiyya Yakshuf: al-Daf'a 109 Harbiyya biha Abna' lil-'Ikhwan' ", *Al-Yawn al-Sabi'*, 18 March 2013; "Khawf min Akhwanat al-Jaysh bi-Misr ba'da Qubul Dafa'at Muttasila bil-Jama'a", *Al-Arabiyya.net*, 19 March 2013; Barki, *Al-Jaysh wal-Ikhwan*, pp.434

(34) Bakri, ibid.

(35) Ibid., p.447.

(36) Ibid., p.446

(37) Ibid., p.447

(38) Ibid., p.451

(39) Muhammad Salah, "Hamdin Sabahi lil-Hayat: Khuruj 'Adil lil-'Askar wa Tantawi al-Takrim

Yastahiq al-Taklim iza Hakama Qatalat al-Shuhada'", *Al-Hayat*, 19 January 2012.

(40) "Hamdin Sabahi khilal Liqa'ihi ma' Wafd Markaz Carter", Hamdin Sabahi's *Facebook* page, 18 June 2012.

(41) Ekram Ibrahim, "Why Did Sabbahi – 'One of Us' – Do So well?", *Ahram Online*, 25 May 2012.

(42) Al-Ishtirakiyyun al-Thawariyyun, "Ala Tariq Istimal al-Thawra: Al Ishtirakiyyun al-Thawriyyun fi Hamlat Tamarrud", Revolutionary Socialists' website, 19 May 2013, <http://revsoc.me/-14836>

(43) Heba El-Shazli, "Where Were the Egyptian Workers in the June 2013 People's Coup Revolution?", *Jadaliyya*, 23 July 2013.

(44) 市場ブルジョアジーと国家ブルジョアジーの違いは、Achcar, *The People Want*, p.76. 参照。

(45) Benjamin Barthe, "Egypte: les apprentis sorciers de Tamarrod", *Le Monde*, 17 July 2013.

(46) Alsharif and Saleh, "Special Report".

(47) Yasmine Saleh and Paul Taylor, "The Egyptian Rebel Who 'Owns' Tahrir Square", *Reuters*, 8 July 2013. 二〇一三年夏における内務大臣の役割については、Alsharif and Saleh, "Special Report" 参照。

(48) Barthe, "Egypte: les apprentis sorciers".

(49) Daria Othman, "'Al-Jaysh' lil-Sha'b': Lan Nazall Samitin … wa sa-Nahmi Iradatakum", *Al-Masry al-Youm*, 24 June 2013.

(50) Daria Othman and Muhammad al-Bahrawi, "'Al-Jaysh 'bayn al-Nas' …wa Mursi Yuhaddid wa

Yatahakkam … wa-'al-Tahrir': Irhal", *Al-Masry al-Youm*, 27 June 2013.

(51) Ibid.

(52) Yusri al-Badri and 'Isam Abu-Sdayra, "Masirat Dubbat al-Shurta lil-'Tahrir' Tutalib bi-Rahil Mursi)", *Al-Masry al-Youm*, 1 July 2013.

(53) Yusri al-Badri et al., " 'Azl Mursi bi-Amr al-Sha'b", *Al-Masry al-Youm*, 4 July 2013; これは後にモルシの首相ヒシャーム・カンディールによって確認された。

(54) Saleh and Taylor, "Egyptian Rebel". マフモウド・バドゥルは同じ話を『ル・モンド』のバルトに語った。 Barthe, "Egypte: les apprentis sorciers" を参照のこと。

(55) Charles Levinson and Matt Bradley, "In Egypt, the 'Deep State' Rises Again", *Wall Street Journal*, 12 July 2013.

(56) Slah, "Hamdin Sabahi lil-Hayat".

(57) 二〇一二年五月二七日夕方、大統領選挙第一回投票の結果が発表されるとすぐに数千人のデモ参加者がタハリール広場に自発的に集まり、その結果に抗議してスローガンを叫んだ。 Yasmin al-Gayushi and Peter Magdi, "Alaf fil-Tahrir Yarfudun Natijat al-Intikhabat wa Yahtufun 'La Fulul wa la Ikhwan, Lissah al-Thawra fil-Maydan' ", *Al-Dustur al-Asli*, 28 May 2012..

(58) "Awwal Bayanat 'al-Tayyar al-Sha'bi': al-Hukuma al-Jadida Tu'akkid annahu la Khilaf Haqiqi bayn al-Ikhwan wa 'al-'Askari' ", *Al-Watan*, 3 August 2012.

（59）Ghassan Charbel, "'Ajaza Mursi 'an al-Ijaba wa Qala 'Uriduka ma'i Na'iban lil-Ra'is' … Shi'ar 'Yasqut Yasqut Hukm al-'askar' Adarra al-Thawra wa Qarraba bayn al-Jaysh wal-Ikhwan", *Al-Hayat*, 26 June 2013.

（60）Ibid.

（61）Ghassan Charbel, "Sabbahi: Mursi lam Ya'ud Yumaththil al-Thawra wa '30 Yunyu' li Waqf al-Istibdad 'al-Ikhwanti,'", *Al-Hayat*, 27 June 2013.

（62）Ghassan Charbel, "Sabbahi: Al-Jaysh Quwwa Wataniyya Asila wa ayy Tadakhkhul lahu sa-Yakun li-Marhala Intiqaliyya", *Al-Hayat*, 28 June 2013.

（63）Ibid.

（64）"Mona Makram-Ebeid on Egypt's Political Future" (video), Washington: Middle East Institute, 11 July 2013 (online; statement at minute 6)

（65）Max Weber, *Economy and Society*, Berkeley, CA: University of California Press, 1978, vol. 1, pp.293-95.

（66）Karl Marx, *The Civil War in France*, in Marx and Engels, *Collected Works*, vol. 22, 1986, p.333.（邦訳「フランスの内乱」、山川均訳、マルクス・エンゲルス選集第10巻、岩波書店、一九六六年、一四四頁）ここでの訳は訳者による

（67）Ibid.（前掲書 p.144）

（68）Weber, *Economy and Society*, vol. 1, pp.295（強調は著者による）
（69）Ibid., p.289.
（70）「国民投票（Referendum）」の定義は以下による。
http://legal-dictionary.thefreedictionary.com/referendum.
（71）John Locke, *Second Treatise of Civil Government*, 1989, Chapter XIV, sec.168.
（72）「政府が人民の諸権利を侵害したとき、蜂起は人民および人民の各部分にとって最も神聖なる権利であり、最も不可欠な義務である」、フランスの一七九三年「人間と市民の権利の宣言」二五条
（73）「正当な物理的暴力行使の独占」は、マックス・ウェーバーの有名な一九一九年の講義"Politics as Vocation"における近代国家の古典的定義からの引用。［訳注］この講演は、『職業としての政治』（岩波文庫、脇圭平訳、一九八〇年）で読むことができる。
（74）"Nanshur al-Nass al-Kamil li-Kalimat al-Ra'is Muhammad Mursi min Maydan al-Tahrir", *Akhbarak*, 30 June 2012, <http://goo.gl/NDV56i>
（75）一九九二年一月アルジェリア軍部が進歩派のムハンマド・ブーディアフを大統領（国家最高評議会議長）に任命したことによく似ている。それは、イスラム救国戦線に反対するクーデター支持へとリベラル派と左翼を誘い込むためであった。ブーディアフは彼の信念にもとづいて行動したが、わずか六ヶ月後に暗殺された。
（76）エジプト独立労働運動の建設については、特に以下を参照すること。Alexander and Bassiouny,

Bread, Freedom, and Social Justice

（77）労働力大臣としてのカマス・アブ・アイタの役割については以下を参照すること。Jano Charbel, "Labor Activist Wades into the Deep State", *Mada Masr,* 30 September 2013; Safa' Srur, "Kamal Abu-'Aita … al-Wazir Yumazziq Dafatir al-Munadil al-'Ummali", *Al-Masry al-Youm,* 6 February 2014 参照。シシ時代のエジプト独立労働組合の一般的状況については以下を参照すること。Jano Charbel, "Whatever Happened to Egypt's Independent Unions?", *Mada Masr,* 1 May 2015; Brecht De Smet and Seppe Malfait, "Trade Unions and Dictatorship in Egypt", *Jadaliyya,* 31 August 2015

（78）Al-Markaz al-Misri, *Taqrir Al-Ihtijajat al-Sanawi* 2013.

（79）Ibid.

（80）クーデター後最初にムスリム同胞団のウエブサイトに投稿された記事は、（コプト教皇・タワドゥロス二世に名前をまねて）「タワドゥロスの軍事共和国」という題名だった。それは「タワドゥロスはいまや彼の軍事共和国を率いていると言える。それは正当な体制と正当な大統領を転覆させたが、イスラム教徒の権利を尊重しない」と断言した。Hilmi al-Qa'ud, "Jumhuriyyat Tawadrus al-'Askariyya", *Ikhwan Online,* 5 July 2013.

（81）David Kirkpatrick, Peter Baker and Michael Gordon, "How American Hopes for a Deal in Egypt Were Undercut", *New York Times,* 17 August 2013.

（82）以下を参照すること。Alsharif and Saleh, "Special Report". これは、「権力三角形」内の三極間の闘いというレンズを通してエジプトの諸事件を解釈しようとするハゼム・カンディールの説得力のない試みが誤りであることを立証している。その二極とは、一方における軍と他方における治安機関と政治機関である（Hazem Kandil, *Soldiers, Spies, and Statesmen: Egypt's Road to Revolt*, London: Verso, 2012)）。軍と治安機関は異なる利害と見解をもっていて、言い換えればときには違った態度をとることになることは議論の余地がない。しかし、これらの相違点を、重要な歴史的発展の基礎を構成するところにまで二つの国家中枢部門を結びつけている共通の利害よりも重要だと考えるのは、まったくこじつけに過ぎない。（原注147参照）

（83）Kirkpatrick, Baker and Gordon, "How American Hopes for a Deal in Egypt Were Undercut".

（84）Human Rights Watch, *All According to Plan: The Rab'a Massacre and Mass Killings of Protesters in Egypt*, New York: Human Rights Watch, August 2014, p.6.

（85）Ibid.（強調は著者による）

（86）「抗議法は二〇一三年一一月に可決されたが、牢獄への最短距離になっている。その法律によって、事実上抗議行動には内務大臣による公式許可が必要となった。その一方で、無許可デモを蹴散らし参加者を逮捕する権限を治安当局に与えた」。Amnesty International, *Generation Jail: Egypt's Youth Go from Protest to Prison*, London: Amnesty International, June 2015, pp.2, 7. 抗議法については、二〇一四年一月四日にＮＧＯ一四団体が公表した人権侵害についての報告も参照のこと。*Azru' al-Zulm: Taqrir Mushtarak bayn Munazzamat wa Harakat Huquqiyya hawl Intihakat Huquq al-Insan.*

<http://www.eipr.org/report/2014/01/05/1921>

(87) 二〇一五年一月二四日社会主義大衆連合党員のシャイマ・アル・サッバグ殺害容疑で警官が禁固一五年を言い渡されたのは、この殺人が政府支持者の間にさえ引き起こした激しい抗議によって政府がやむなくおこなった例外だった。ヒューマン・ライツ・ウォッチのサラ・リー・ウィットソンは正しく指摘した。「アル・サッバグを殺した者への判決は正義を実現したが、警官の過去の有罪判決は抗告審において破棄された。これは抗議行動参加者の殺害には説明責任がないことを意味する。・・・エジプト治安部隊を任されている者たちにも説明責任がないことになる。彼らには、過去二年間にわたるエジプトでの抗議行動参加者の広範囲な組織的殺害について最終的な責任があるのに。」Human Rights watch, "Egypt: Officer Convicted in Protester's Killing", 11 June 2015.

(88) Dina al-Khawaga, "30 Yunyu … Min Thawra ila Inqilab", *Mada Masr*, 13 November 2013.

(89) "Open Call: Egyptian Human Rights Organizations Oppressed: A Return to What Is Worse than the Pre-January 25th Era", ECESR website, 19 December 2013.（強調は著者による）上述の十四のNGOによる人権侵害に関するレポート *Azru'al-Zulm* も参照のこと。

(90) ムスリム同胞団によって示されたファシスト的特徴についての興味深い議論は、以下を参照すること。Amr Adly, "Bayna Fashiyya Mujhada wa Ukhra Muhtamala", *Bidayat*, no.6（Summer 2013), pp.86-93 (also on *Jadaliyya*)

(91) Karim Ennarah, "The Politics of Mobilization and Demobilization (Part 2)", *Mada Masr*, 25

February 2014.（強調は著者による）

（92）サッカーの比喩を用いたのは革命的社会主義者の指導者であるサメフ・ナグイブだった。彼は、七月三日クーデターの数日後にロンドンで開かれた大衆集会で、チュニジアとエジプトの革命試合では今のところスコアはチュニジア1点、エジプト2点だと誇らしげに話した。

（93）Karl Marx, *The Eighteenth Brumaire of Louis Bonaparte*, in Marx and Engels, *Collected Works*, vol. 11, 1979, p.176. 英語訳ではもう使われていない"conspiration"が"conspiracy"（陰謀）の代わりに使われているが、明らかに体裁上の理由からである。（邦訳「ルイ・ボナパルトのブリューメル十八日」、伊藤新一・北条元一訳、岩波文庫、一九五四年、一二九頁）

（94））'Ali al-Raggal, "Al-Dhabh 'ala Mihrab ak-Dawla al-Muqaddas", *Mada Masr*, 16 July 2015.

（95）Juan Linz, *Totalitarian and Authoritarian Regimes*, Boulder, CO: Lynne Rienner, 2000, p.159.［邦訳「全体主義体制と権威主義体制」ホアン・リンス（睦月規子他訳、法律文化社、一九九五）一四一頁］。リンスは、実際には一九六四年出版の共著 Erik Allardt and Yrjö Lituunen, eds, *Cleavages, Ideologies and Party Systems*, Helsinki: Transactions of the Westermarck Society, 1964, pp.291-342 における彼の寄稿"An Authoritarian Regime: The Case of Spain"での定義を引用している。

（96）シシ支持派のプロパガンダにおけるナセルのイメージ使用については以下を参照すること。Tarek El-Ariss, "Future Fiction: In the Shadow of Nasser", *Ibraaz*, June 2014.

（97）二つの憲法条文についての体系的検討は以下を参照すること。Maysara 'abdul-Haq and Lina

'Atallah, "Muqarana bayn Dustur 2012 wa Mashru' Dustur 2013", *Mada Masr*, 13 January 2014.

(98) Associated Press, "Putin Backs Egypt Army Chief's Run for President", 13 February 2014.

(99) ECESR, "Taqrir Al-Ihtijajat al-'Ummaliyya 2014", Cairo: Al-Markaz al-Misri lil-Huquq al-Iqtisadiyya wal-Ijtima'iyyam 1 May 2015.

(100) Dina Ezzat, "El-Sisi's Silence Provokes Questions about Expected Presidential Run", *Ahram Online*, 1 March 2014. もう一つの遅れた理由は、エッザトによれば、エジプト新支配体制の軍事的性格が露骨に確立される見通しをワシントンが快く思っていないことの反映として、湾岸石油君主の中にいるシシへの出資者が、大統領の役割を引き受けるよりはＳＣＡＦの任に留まるほうが好ましいと表明したことだった。

(101) "Yasir Rizq: Ra'aytu al-Sisi Yabki fa Qala li Huwa Ana A'azz min al-Rasul wa Abu Bakr", *AlAssema TV*, 22 October 2015, <http://www.youtube.com/watch?v=FjGUo5mcWGO>

(102) Jano Charbel, "Sisi Posters and the Politics of Patronage", *Mada Masr*, 25 May 2014.

(103) Economist, "Egypt's Election: A Coronation Flop", *Economist*, 31 May 2014.

(104) 選挙一ヶ月前にピュウ・リサーチ・センターがおこなった調査によれば、五四％のエジプト人がシシに好意的な意見を、四五％が反対の意見を持っていた。三五％がサバヒに好意的、六二％が反対だった。Pew Research Center, *One Year After Morsi's Ouster, Divides Persist on El-Sisi, Muslim*

Brotherhood, 22 May 2014, p.13.

(105)「グロテスクな」(ubuesque)ということばはこの章の最初で説明されている。

(106) Human Rights Watch, "Egypt: Year of Abuses Under al-Sisi", *Human Rights Watch*, 8 June 2015.

(107) Ibid

(108) Amnesty International, *Generation Jail*, p.24.

(109) Sa'id 'Abd al-Rahim, "Shaykh al-Azhar Da'iyan lil-Taswit: Al-Muqati'un lil-Intikhbata fi Manzilat al-'Aqin", *Al-'Arabi al-Jadid*, 22 November 2015.

(110) Gamal Essam El-Din, "Diehard Mubarak-Era Figures Gain Ground in 2nd Stage of Egypt's Parliamentary Polls", *Ahram Online*, 28 November 2015.

(111) Gamal Essam El-Din, "Egypt's Newly Elected MPs Vow to Amend Constitution", *Ahram Online*, 3 November 2015.

(112) International Monetary Fund, *Arab Republic of Egypt 2014 Article IV Consultation, IMF Country Report No. 15/33*, Washington, DC: IMF, February 2015, p.6（諮問レポート第四条は、ＩＭＦによる経済的・財政的政策の監査と関係している）

(113) Ibid.

(114) Ibid.（強調は著者による）

(115) Ibid.

（116）Heba Saleh, "Egyptians Rail against Government as Fuel Costs Soar", *Financial Times*, 8 July 2014.（強調は著者による）

（117）Ibid.

（118）「標的を定めないエネルギー価格補助金は、エジプトでは主に高収入世帯に利益をもたらしている。というのは、彼らは高品質のエネルギー製品を消費する傾向があるからである。スタッフの推計に基づくと、七月のガソリン・軽油の価格上昇の直接的影響は、中低所得世帯の中では車所有者が少ないことも反映して、少し累進的なものである。」International Monetary Fund, *Arab Republic of Egypt 2014*, p.18.

（119）Nada Rashwan, "Voices from Egypt: How Will Increased Energy Prices Affect You?", *Middle East Eye*, 6 July 2014.

（120）International Monetary Fund, *Arab Republic of Egypt 2014*, p.18

（121）Julien Ponthus and John Irish, "France's Hollande Says Egypt to Buy Rafale Fighters, Frigate", *Reuters*, 12 February 2015; Noah Rayman, "The Real Reason Egypt Is Buying Fighter Jets from France", *Time*, 14 February 2015; Dominique Gallois, "Comment la vente de Rafale à l'Egypte a-t-elle été organisée?", *Le Monde.fr*, 16 February 2015.

（122）補助金問題、より一般的には経済政策については以下を参照すること。Hannah Bargawi, "Economic Policies, Structural Change and the Roots of the 'Arab Spring' in Egypt", *Review of*

Middle East Economic and Finance, vol.10, no.3, pp.219-46

(123) Abdulla Zaid, Hassan Sherry, Mahinour El-Badrawi and Joshua Haber, *Arab Uprisings and Social Justice: Implications of IMF Subsidy Reform Policies*, Washington, DC: New America Foundation (with ECESR and ANND) 二〇一四年に監査事務所エルンスト&ヤングが調査した国の中で、エジプトは不正行為の発生頻度が一番高い国である。すなわちエジプトで調査された経営幹部の八〇%以上は汚職が蔓延していると述べ、四四%が過去二年間に目立った不正行為を経験したと報告した。Ernest & Young, *Overcoming Compliance Fatigue: Reinforcing the Commitment to Ethical Growth, 13th Global Fraud Survey*, London: Ernest & Young, 2015.

(124) Paolo Verme et al., *Inside Inequality in the Arab Republic of Egypt: Facts and Perceptions across People, Time, and Space*, Washington, DC: World Bank, 2014, pp.10-11. エジプト・中東の不平等にかかわる議論は以下を参照すること。Facundo Alvaredo and Thomas Piketty, *Measuring Top Incomes and Inequality in the Middle East: Data Limitations and Illustration with the Case of Egypt*, Giza: Economic Research Forum, 2014.

(125) アラブ地域における新自由主義的経済政策の良質な批判的調査については以下を参照すること。Adam Hanieh, *Lineages of Revolt: Issue of Contemporary Capitalism in the Middle East*, Chicago: Haymarket, 2013.

(126) Achcar, *The People Want*, pp.63-64 参照

（127）Ibid., Chapter 2, pp.55-67

（128）ＩＭＦに提供されたデータにもとづく数字。*Arab Republic of Egypt 2014*,p.34.

（129）Ibid., p.36.

（130）Christine Lagarde, "Moment of Opportunity – Delivering on Egypt's Aspirations", speech delivered on 13 March 2015 at Sharm el-Sheikh, IMF（強調は著者による）アラビア語の詞は、wa ma naylu al-matalibi bil-tammani wa lakin tu'khaz al-dunya ghilaba.

（131）以下を参照すること。Abigail Hauslohner, "Egypt's Military Expands Its Control of the Country's Economy", *Wall Street Journal*, 16 March 2014. 経済プロジェクトに関するエジプト軍とモルシの間で発展した緊張について、もっとも包括的な情報源は以下を参照すること。Shana Marshall, *The Egyptian Armed Forces and the Remarking of an Economic Empire*, Beirut: Carnegie Middle East Center, April 2015.

（132）新スエズ運河プロジェクトにおける軍の役割については以下を参照すること。Muhammad al-Bahrawi, "Al-Liwa, Kamil al-Wazir, Ra'is Arkan al-Hay'a al-Handasiyya lil-Quwwat al-Musallaha li 'al-Masri al-Yawm': al-Sisi Hasama Mashru'al-Qanat al-Jadida' qabla Tawallihi al-Ri'asa", *Al-Masry al-Youm*, 1 March 2015.

（133）以下を参照すること。Jano Charbel, "What Sisi Didn't Say About Labor Conditions in Constructing the New Suez Canal", *Mada Masr*, 7 August 2015.

(134) Economist, "A Bigger, Better Suez Canal – But Is It Necessary?", *Economist,* 8 August 2015.

(135) 首都—カイロについての数字はすべてそのプロジェクトのウエブサイトから集められた。

(136) Ahram Online, "Egypt Government to Have 24% Share in New Capital City: Minister", *Ahram Online*, 23 March 2015.

(137) Ibid.

(138) Capital City, <http://www.capitalcity-partners.com/city-partners.html>

(139) 以下を参照すること。Hadeel Al Sayegh, "Dubai Propetty King's Outside Deals Stir Investor Unrest", *Reuters,* 2 April 2015.

(140) Mada Masr, "Talks Between Egypt and Alabbar for New Administrative Capital Hit a Snag", *Mada Masr*, 24 June 2015; Reuters, "Egypt Signs Deal with China Construction to Build, Finance, Part of New Capital", *Reuters*, 7 September 2015.

(141) Al-Hay'a al-'Amma lil-Isti'lamat, "Al-Ra'is 'Abdul-Fattah al-Sisi Yajtami' ma' Mustashar Siyadatihi lil-Mashru'at al-Qawmiyya wa Wazir al-Iskan wa Qiyadat al-Hay'at al-Handasiyya", Cairo: Al-Hay'a al-'Amma lil-Isti'lamat, 12 October 2015.

(142) Mada Masr, "Sisi Sets Two-Year Deadline for Phase 1 of New Capital", *Mada Masr*, 13 October 2015. 二〇一四年の住宅プロジェクトについては以下を参照すること。Rueters, "UAE's Arabtec Agrees $40 Billion Housing Project with Egypt Army", *Reuters*, 9 March 2014.

（143）New Urban Communities Authority Portal, "New Cairo", <http://www.newcities.gov.eg/english/New_Communities/Cairo/default.aspx> エジプトの新都市については以下を参照すること。David Sims, *Egypt's Desert Dreams: Development or Disaster?*, Cairo: American University in Cairo Press, 2015; Thnassis Cambanis,"To Catch Cairo Overflow, 2 Megasities Rise in Sand", *New York Times*, 24 August 2010. 新都市と新首都プロジェクトについては以下を参照すること。Patrick Kingsley, "A New Cairo: Egypt Plans £30bn Purpose-Built Capital in Desert", *Guardian*, 16 March 2015; Heba Sajeh, "Egypt's New Desert Capital: Metropolis or Mirage?", *Financial Times*, 5 June 2015.

（144）David Sims, "David Sims Takes a Hard Look at Egypt's Struggling Desert Development", *AUC Press e-newsletter*, February 2015.

（145）Khaled Fahmy, "Chasing Mirages in the Desert", *Cairobserver*, 14 March 2015.

（146）Achcar, *The People Want*, p.86

（147）これについては、軍と治安機関との関係と同様に、前掲書 pp.183-185 参照。軍産複合体とムバラクのクローニー資本家仲間との間の社会経済的緊張関係は、軍・治安機関間のエピソード的な緊張関係よりもずっと決定的だった（原注82参照）。後者の緊張関係は実際には前者から派生したものだった。

（148）Zeinab Abul Magd(interviewed by Jessica Desvarieux), "New Egypt PM & Army Set to Keep Egypt on Neo-Liberal Track", *Real News Network*, 14 July 2013. また、以下も参照するこ

と。Stephan Roll, *Egypt's Business Elite after Mubarak: A Poweful Player bgetween Generals and Brotherhood,* Berlin: Stiftung Wissenschaft und Politik, September 2013.

(149) Sarah Topol, "In Egypt, the Military Means (Big) Business", *Bloomberg Businessweek,* 13 March 2014. 同様の評価が以下でもなされている。Amr Adly, "The Military Economic and the Future of the Private Sector in Egypt", Carnegie middle East Center, 6 September 2014（アラビア語の原文は同じ日付の Al -Shuruq に）。

(150) Samer Atallah, "Seeking Wealth, Taking Power", *Sada* (CEIP), 18 Nevember 2014.

(151) Abdel-Fattah Barayez, "More than Money on Their Minds: The Generals and The Economy in Egypt Revisited", *Jadaliyya,* 2 July 2015. 新スエズ運河プロジェクトに関与した民間企業のリストは、以下で見ることができる。'Abir 'Abd al-Majid, "Al-Qa'ima al-Kamila li-Sharikat Hafr Qanat al-Suways al-Jadida", *Al-Yawm al-Sabi',* 5 February 2015. エジプト軍の経済帝国については以下を参照すること。Abdel-Fattah Barayez, "An al-Jaysh wa Imbaraturiyyatihi al-Iqtisadiyya fi Misr", *Jadaliyya,* 24 October 2013.

(152) Jares Malsin, "Egypt's Generals Want a New Canal", *Bloomberg Businessweek,* 21 august 2014.

(153) Marshal, *Egyptian Armed Forces,* p.20.

(154) Al-'Araby al-Jadid, "Misr: Al-Sisi Yadman Wala' al-Jaysh bi-Imtiyazat Iqtisadiyya ghayr Masbuqa", *Al-'Arabi al-Jadid,* 11 December 2015.

(155) Muhammad Tawfiq, "Al-Qita' al-Khas al-Misri Yatakhawwaf min Tamaddud al-Jaysh Iqtisadiyyan", *Al-'Arabi al-Jadid*, 11 December 2015. による。経済活動に軍が関与することに対するナギブ・サウィリスの抗議は以下を参照すること。Stephen Kalin and Michael Georgy, "Interview: Egypt's Sawiris to Diversify Orascom, Invest $500 Mln in Egypt", Reuters, 15 March 2015.

(156) Léopold Lambert, "New Egyptian Capital: Architects' Intrinsic Aspiration to Work with the Military", Funambulist (website), 24 April 2015. カイロ（およびリオデジャネイロ）における都市計画、新自由主義、治安、セクシャリティの関係について最も興味深い視点に関しては、以下を参照すること。Paul Amar, *The Security Archipelago: Human-Security States, Sexuality Politics, and the End of Neoliberalism*, Durhan, NC: Duke University Press, 2013.

(157) Mohamed Elshahed, "Cairo: Militarized Landscape", *Funambulist* (journal), no.1. September 2015, p.24.

(158) Lambert, "New Egyptian Capital".

(159) ECESR, "Taqrir Al-Ihtijajat al-'Ummaliyya 2014".

(160) Naswa Muhammad, *Taqrir al-Ihtijajat al-Sanawi: al-Hirak al-'Ummali fi Misr li-'Am 2014 and Taqrir al-Hala al-'Ummaliya fi Misr: al-Rub' al-Thalith li-'Am 2015*, both Cairo: Markaz al-Mahrousa lil-Tanmiya al-Iqtisadiyya wal-Ijtima'iyya, 2015. 執筆の時点では、ＥＣＥＳＲは二〇一五年の労働者の抗議行動の

データを発表していなかった。

(161) 二〇一四年一月に辞職したベブラウィ内閣の前財務大臣代行のコメントを参照すること。Ziad Bahaa-Eldin, "Egypt: Labor Day Thoughts", *Ahram Online*, 6 My 2015（アラビア語原文は前日のAl-Shuruq）

(162) 以下を参照すること。Islam Rida, "Akhtar 6 Bunud fi 'Qanun al-Khidma al-Madaniyya'", *Al-Misriyyun*, 10 August 2015; Waad Ahmed and Randa Ali, "Doubts Hover Over Egypt's Civil Service Law", *Ahram Online*, 19 August 2015. 参照

(163) Mada Masr, "Policemen's Associations Express Solidarity with Sharqiya Protest", *Mada Masr*, 24 August 2015.

(164) Ahram Online, "Egypt's Interior Ministry Says Sharqiya Police Action Was a 'Protest Rally' Not a 'Protest'", *Ahram Online*, 25 August 2015.

(165) この問題の議論については以下を参照すること。Menna Alaa El-Din, "Egypt's Lower-Ranking Officers: A Struggle for Fairness or an Abuse of Power?", *Abram Online*, 28 August 2015.

(166) 以下を参照すること。 Mokhtar Awad and Mostafa Hashem, *Egypt's Escalating Islamist Insurgency*, Beirut: Carnegie Middle East Center, October 2015 参照

(167) エジプトのムスリム同胞団内部における分裂については、以下を参照すること。Nathan Brown and Michele Dunne, *Unprecedented Pressure: Uncharted Course for Egypt's Muslim Brotherhood*,

Washington, DC: Carnegie Endowment for International Peace, July 2015; Steven Brooke, "The Muslim Brotherhood's social outreach after the Egyptian coup", Washington, DC: Brookings Institution, August 2015; Omar Said, "After State Crackdaown and Rumors of Rifts, Brotherhood Faces Identity Crisis", Mada Masr, 14 August 2015 (Arabic original: "Maza Yahduth Dakhil al-Ikhwan al-Muslimin: Muqarrabun wa A'da' Yujibun", *Mada Masr*, 8 June 2015) ; Georges Fahmi, "The Struggle for the Leadership of Egypt's Muslim Brotherhood", Carnegie Middle East Center, 14 July 2015; Vinciane Jacquet, "Les Frères musulmans égyptiens dépassés par leur base ?", Orient XXI (15 September 2015); Dina Samak, "What Does the Brotherhood Really Want?", *Ahram Online*, 9 October 2015; Mihamed Hamama, "The Hidden World of Militant 'Special Committeees' ", *Mada Masr*, 22 December 2015 (Arabic original posted on 22 November); Muhammad al-'Atar, "Azmat al-Ikhwan al-Muslimin fi Misr: Inshiqaq Taqlidi am Inhiyar Murtaqab ?", *Sasa Post*, 21 December 2015.

終章　「アラブの冬」と希望

それでもすべての冬の芯には揺れる春があり、それぞれの夜のとばりの向こうには微笑む夜明けがある。そうして私の絶望は希望に変わる。

ジブラン・ハリール・ジブラン

「メイ・ジアデハへの手紙」（一九二〇）

本書の序章で述べたように、二〇一三年春にはイランの後押しの下にシリア政権によって展開された攻勢が成功し、その後、七月三日にはエジプトではクーデターが起こり、流血の結末を迎えた。この事態は、二〇一一年の大衆の反乱を経験した諸国において、地域全体に及ぶ連鎖反応的な反革命の局面の到来を告げるものであった。唯一バーレーンにおいてのみ、その王国に対するサウジという「ビッグ・ブラザー」が弾圧を支援したおかげで、反乱は初期のうちにすでに敗北していた。サウジの介入は反政府勢力の急進化を阻止し、武器を取ることを思いとどまらせた[1]。バーレーン以外のすべてのところでは、情勢の進展はさまざまな形を取ったが、その本質はひとつの同じものだった。つまり、旧体制の勢力とそれに対抗するイスラム原理主義者の勢力という二つの地域的反革命陣営の間の衝突であった。

リビアとイエメン：同じ旋律の二つのバリエーション

リビアは、隣接するエジプトのクーデターの影響を直接にそのまま受けた。二〇一二年七月七日の国民全体会議選挙――独立後六〇年で最初の自由選挙――は、登録有権者のうちの六〇％以上が投票するという驚くべき結果を示した。私は、その直後に選挙結果の評価をおこなったが、そこで注目したのは、隣のエジプトでは、同じ立場にたつムスリム同胞団が数か月前に議会選挙では議会を制することになったのに加えて、わずか数日前には大統領選挙でも勝利した後なのでに、[2]リビアの「ムスリム同胞団」（公正建設党）がはかばかしい選挙結果を得られなかったという点である。この選挙は、私が次のように述べたリビア情勢の背景の下で実施された。「軍は解体され、内戦の過程で形成された多数の民兵がそれに取って代わった。変化が余りにも広範囲に及び、急速なので、現在の一般的情勢は危険なまでに混沌としている」[3]。

ムアンマル・カダフィー失脚後のリビアの最初の年は、「アラブの春」の「開花」の最も色鮮やかな実例の一つを目撃することとなった。民主主義グループからフェミニスト団体に至る、文化から社会にまで及ぶ、ありとあらゆる種類の数百もの団体という形をとって市民社会が開花し、四〇年間にわたって近代的市民社会を抑圧してきた全体主義国家の崩壊によって作り出された空隙を埋めようとしていた[4]。残念なことに、この情勢はすぐに軍事的混乱によって圧倒されてしまった。広く認められた有能な反乱指導部が欠如していたので、民兵勢力がカダフィーの国家の軍隊機構の崩壊によって作り出された空隙を埋めることが可能となった。この事態は、民兵の圧力を受けて、民兵に公金から俸給を与えるという国家移行評議会の愚かしい弱腰の決定によっていっそう促進されることとなった。これによって、民兵は、残存常備軍の兵員に比べて特権的な待遇を受ける存在となった。もし代替案があったとすれば、民兵が改革された国家の管理下にある軍隊機構に入ることを要求するということであっただろう。せめて少なくとも、給与は内戦に実際に加わった人々に限られるべきだっただろう。それがなされなかったために、事実上無制限に民兵の力を強めることになり、その結果、カダフィー崩壊から一年経たないうちに、給与名簿に記載される兵員の数は一〇倍の二五万人に跳ね上がった(5)。

カダフィー体制に反対する闘いにおいて統一していた二つの陣営の間の緊張が激化し続けたのは驚くべきことではない。その一方の陣営は、立場を同じくするエジプトの仲間から支援されているリビアのムスリム同胞団であり、これに、反乱と内戦の期間中に勢力を伸ばし、そしてその後さらに急成長したさまざまなイスラム原理主義派の民兵が提携している。他方もう一方の陣営は、カダフィー国家の残党である文民や軍人で、リビアを支配しようとするイスラム原理主義派の要求のために自分たちの職が危うくなるのではないかと危惧している。並んで、政治的理由からこの旧国家の残党と危惧を共有しているリベラル派、世俗派、フェミニスト、左翼の諸グループがいる。イスラム主義陣営が、米軍占領下のイラクで実施された反バース党の粛清を思わせるやり方で、カダフィー政権に関与していたいかなる者をも国家機関から追放したがっているだけに、旧国家の残党はより一層不安を抱いた(6)。この第二の陣営は、二〇一四年にはカリファ・ハフタル将軍の軍事的へゲモニーのもとに結集するようになった。彼は、かつてはカダフィー一派だったが、一九八〇年代末にはカダフィーと決別し、アメリカが支援するリビアの亡命反政府勢力に加わり、二〇一一年にリビアに帰国するまでは一九九〇年以降アメリカに居住していた人物である。

ハフタルは、隣国エジプトのモルシ大統領に対するクーデターに勇気づけられて、二〇一四年春、リビアから「テロリスト」を除くことを目指す攻撃において、再編成されたリビア軍の残存勢力を指揮した。彼が「テロリスト」としているのはイスラム原理主義派民兵のことである。こうして、彼は、同じイスラム原理主義派民兵たちから屈辱を味わわされた元のカダフィー部族勢力支持者を引き寄せる存在となった。彼の動きが、この国を二度目の内戦に投げ込む最後の決定的なエピソードであった。その結果、リビアの長大な沿岸地域は相争う諸勢力が支配する地域によって分割されることとなった。ハフタル派の勢力は東部と最西端地域を、ムスリム同胞団指導下の陣営（「リビアの夜明け」）はトリポリ＝ミストラタ地域を押さえ、自称イスラム国勢力（イラク・シリア国外でもＩＳＩＳと誤って呼ばれているが）がシルト（カダフィー生誕の地）の中央部を辛うじて支配している。他にも地域的に自立した民兵が存在していることは言うまでもない[7]。

イスラム原理主義派陣営は、ハフタルの独裁的なアプローチのために、彼をカダフィーの生まれ代わりを気取る人物として描き出すようになった。イスラム原理主義陣営は、自ら唯一の革命的正当性を主張するとき、カダフィーの遺産を真に根絶すべきものと称しているからである。しかしながら、本当のところ、ハフタルが手本としているのは、カダフィーではないし、そうなることもあり得ないだろう。実際には、彼が手本としているのは、隣接するエジプトにおいて国家の強権的リーダーになったアブドゥル・ファタハ・シシ軍司令官なのである。ハフタルが彼の対テロ戦争の語彙を借りたということである。リビアの二度目の内戦はかなりの程度まで、エジプトのシシ政権とムスリム同胞団との間の対立のリビア国土への延長であって、アラブ首長国連邦がカイロとともにハフタルの側に加わり、カタールとトルコがイスラム原理主義派の陣営の後押しをしている(8)。

リビアの内戦に火をつけた事態の転換と並行して、同様の過程がイエメンでも生じた。二〇一二年にバラク・オバマは、シリアのためのモデルとして、いわゆる「イエメン方式の解決策」を賞賛した。この方式は、二〇一一年に結ばれたサウジ後援の下でのアリ・アブダラ・サーレハ前大統領と反政府勢力との間の協定にもとづくものだった。この協定によって、サーレハは大統領の地位を副大統領のアブド・ラッボ・マンスール・ハーディーに譲り（ハーディーを唯一の候補者とする二〇一二年二月の大統領選挙を通じて公式に確定したステップ）、その結果挙国一致内閣が作られた。二〇一二年一〇月、私はこれに関する自らの評価の結論を次のように下した。

アリ・サーレハは、議会における多数派与党の指導者としてイエメンの政治において直接的で中心的な役割を果たし続けている。彼の息子は今なお共和国防衛隊を指揮しており、彼の甥は依然として国家保安局長官である。今これを書いている時点までのアラブの大反乱のすべての勝利のうちで、イエメンの勝利が最も表面的であることは疑いのないところである。反乱が生み出した変化は、爆発の背後にある諸原因を手付かずにそのまま残しただけでなく、革命がその路線を追求する――あるいはイエメンが混乱状態に陥る――以前の一時的、相対的安定期にまでも進まなかったのである。

混乱に陥らせることになったその要因は、確かにとてつもなく大きかった。二〇一一年一一月のいつ壊れてもおかしくない妥協は長続きし得なかった。それは国に二重権力状態を作り出し、アルカイダを含むありとあらゆる種類のさまざまな武装グループの急激な発展を促し、各地域は国家のコントロールから離れ、武装グループの手に落ちた[9]。新大統領が支配できるようになるためには、軍・治安機構をはじめとする国家の主要部門に対するサーレハの支配を解体する必要があった。二〇一二年になると実際に、ハーディーは、サーレハ系の人々を中心的ポストから徐々に排除し始めた。その後、二〇一三年四月には、彼は、前大統領の息子アーメド・サーレハを共和国防衛隊と特殊部隊の司令官から解任し、外国大使に任命した[10]。こうした措置は、アリ・サーレハを激怒させることにしかならなかった。サーレハは、権力内の自らの地位を進んで譲り渡す気がなく、逆に奪権の条件が成熟し次第ただちに自分の家族や一族の地位を回復させようと目論んでいたからである。

ロバート・ワースは二〇一四年一月の『ニューヨーク・タイムズ』の報告で、「サーレハがこの国でいぜんとして巨大な権力をふるっていることに疑う余地はない」とし[11]、「彼は、大統領にとっては残念なことだが、いぜんとして（現大統領の）ハーディー自身の党の指導者にとどまっている。軍内の多くが今なお彼に忠実である」と書いている。同記者の報告は、この国における宗派間の両極化の高まりを背景にして、二〇一四年というこの同じ年の間に、イエメン情勢の支配的特徴となったものが広がりつつある有様を正確に描いている。[12]

最近、［サーレハは］北西先端部地域の反乱グループであるフーシ派とある種の同盟関係を示唆してきた。それまで、サーレハはこの派との間で何年にもわたって激しい断続的な戦闘を行っていたのだった。フーシ派は、二〇一一年以降、広範な全国的な政治運動勢力へと成長してきたが、イエメンにおけるムスリム同胞団系のイスラム主義政党であるアル・イスラーハ党に対する憎悪によって大きく勢いを得てきた。サーレハはフーシ派とアル・イスラーハ党両者のどちらをも嫌っているのだが、自分をしばしば批判するハーディーをも明らかに腹を立てている。[13]

サーレハは実際にはフーシ派の運動と同盟を結んだ。フーシ派の運動は、サーレハ自身が属しているシーア派イスラム教の同じザイド派内部からイスラム原理主義派が反乱を起こしたものであった。フーシ派の反乱が長年にわたってサーレハの支配に対する主要な軍事的挑戦を代表していたし、二〇一一年にはサーレハに対する反乱にフーシ派が加わったという事実があったにもかかわらず、そうしたのだった。[14]この普通では考えられないような同盟によって、「フーシ派の攻勢」と言われるものが可能となり、この攻勢は、二〇一四年を通じて北から南へとこの国を席巻することとなったが、その表現は余りにも単純化され不正確だった。実際には、ヘレン・ラクナーが二〇一五年一月に強調したように、それは主要にサーレハに忠実な勢力を巻き込んだ反撃だったのである。

フーシ派が地域の少数派の政治＝軍事運動からどのようにして一年も経たないうちに公式の国家を完全に支配するまでに台頭したのか？　大部分のイエメン人がずっと前から気づいてきたのだが、国際社会からは無視され、両陣営の当事者によっては否定されていることなのだが、フーシ派とサーレハとの同盟がその軍事的成功の背後にある主要な原因なのである。フーシ派の武装勢力の圧倒的多数は、サーレハの命令に従うサーレハに忠実な軍の部隊や治安部隊である。さらに、最近漏えいした電話でのサーレハとアブダル・ワヘド・アブ・ラス（国民対話会議におけるフーシ派の代表）との会話が明らかにしているように、高い地位にあるフーシ派の指導者でさえサーレハからの命令を受けているのである。この電話での会話では、サーレハは、国境での支配を確保するためにアブ・ラスにサーレハ忠誠派と協調するよう命じている。二人は、次の首相の指名についてまでをも話し合っていた。アブ・ラスは不本意ながら言われるがままにそれに従っている。先週には次のような事実が浮かび上がってきた。軍が大統領宮殿とサナアの戦略的地点を守るようにとの国防相の命令に従うことを拒否したのである。反撃した唯一の勢力は大統領個人の警護員であり、それが重大な犠牲を被った。

昨年九月、人々は、いかにしてフーシ派が砲火を交えることなく首都サナアを支配したのか、不思議に思っていた。答えは明白で、軍や治安部隊はハーディー大統領の正当な政権を守るために何ら動かなかったということである。……フーシ派がアムラーン地方政府を統治するアル・アフマルとアル・イスラーハ党を打ち破り、その指導者の家屋を焼き払ったのもまた、サーレハ派の部隊のおかげであった[15]。

サーレハは、エジプトにおける二〇一三年七月のクーデター以降の事態の転換によって勇気づけられて行動してきた。彼は、自分が退陣して以降にこの国が陥った混乱の高まりの中で、「エジプトと」同じような彼の一族による政権回復の条件が整いつつあると考えたのだ。混乱状態が自分に有利なように働くことしかあり得ないので、彼はそれをたきつけることに最善を尽くしたのであった。実際、二〇一四年六月のレポートで指摘されたように、「彼の統治期間中の相対的安定を高く評価する」ようになったイエメンの人々が増えていた。このレポートは次のような説明をしている。「反動的雰囲気を示す兆候が生まれる中で、サーレハの息子、アーメド・アリ・サーレハの写真が、しばしば、エジプトの将軍と並んで掲示されるのが首都で広く見られるようになった[16]」。父のサーレハ自身もそうした兆候を示す形で、二〇一四年一一月の『アル・アブラム・ウィークリー』への声明の中で、エジプトの新しい「実力者」への自らの熱烈な賞賛の念を隠さなかった。「アラブの春はよくない。それはシオニストに後押しされている。だが、エジプトの権力ピラミッドの頂点にアブドゥル・ファタハ・シシ大統領が就き、ムスリム同胞団が除かれたことによって、今や光り輝くろうそくの灯がともった[17]……。

アラブ社会の中でも最も複雑な社会であるイエメン社会の入り組んだ性格[18]は、こうして、二つの反革命陣営相互間の地域における対立のあとひとつ別のパターンを作り出した。そこでは、シーア派内のザイド派旧政権メンバー［訳注：サーレハ派］が、ザイド派イスラム原理主義勢力［訳注：フーシ派］と同盟し、反乱から生まれたスンニ派勢力の連合と衝突している。スンニ派連合では、ムスリム同胞団と他のスンニ派原理主義者が左翼やアラブ民族主義グループ（合同会議政党同盟）と同盟を組んで、顕著な役割を果たしている。この間、テロリストのアルカイダやイスラム国も、他の地域と同様に、内戦を利用して、その勢力を伸ばしている。[19]要するに、これはシリアの勢力配置に驚くほど類似した性格を帯びた情勢である。しかしながら、ひとつの大きな違いは、イエメン内戦への外国の直接的な軍事介入が、シリアのように旧政権側にイランとロシアがつくというのではなくて、反政府勢力から反乱後に政権陣営に移行した陣営［訳注：ハーディー派］にサウジ主導下の連合がついたということであった。サウジアラビアによるイエメン爆撃は、たとえそれがシリアでのロシアの爆撃やイランの介入に比べると強力でないとしても、殺人的で破壊的なものとなっている。

チュニジア「モデル」とその限界

アラブ諸国の中では、チュニジアは二〇一一年の反乱の後、ムスリム同胞団――この国の場合、その姉妹組織であるアンナハダ運動――が政権の座に就いた国としては、エジプト、リビア、イエメンに続く四番目の国である。二〇一三年のエジプトでのシシのクーデターは、当然ながら不可避的にチュニジアに巨大な影響を与えた。私は、二〇一二年一〇月にアンナハダ支配下のチュニジア政権の展望について評価をおこなったが、私の予測は、その管理下の経済実績は、以前の独裁体制下よりも悪化するだろうというものだった。

これは次のような多くの要因のためである。すなわち、独裁体制の後を受けたチュニジアが不安定であること、資本主義的経営の能力をアンナハダが欠いていること、強硬な原理主義的分子を内部に含み、サラフィー主義に好意的立場を取る、宗教的インスピレーションにもとづくポピュリスト的なプチ・ブルジョア運動に対してチュニジア資本主義が不信を抱いていること、そして、とりわけ、反乱の勝利によってその支持者が勇気付けられた社会的闘争の激化を抑え込む能力をその運動が持っていないことが挙げられる。[20]

これがアンナハダ支配下の政府が「独裁者によってこの政権に残された弾圧機構に対して非常に協調的な態度を取っている」[21]ひとつの理由である、と私は断言した。もうひとつの理由――確かに、これが最も重要な理由なのだが――は、アンナハダの創設者であり党首のラシェド・アル・

ガンヌーシ自身の発言の中で率直に示されている。それは、彼の運動本部を訪れたサラフィー主義派の代表に語りかけた時の発言である。二〇一二年一〇月にリークされて放送され、スキャンダルを生みだすことになったビデオの中で、ガンヌーシは訪問者たちに対して、チュニジアが抱える諸条件からして新憲法にシャリア(イスラム法)の尊重という条項を盛り込むことが適切でない理由を説明している。二〇一一年一〇月に選出された制憲国民議会はその時点で新憲法を起草中であった[22]。

彼は主にこう主張した。すなわち、権力の中心的支柱となっているもの――マスコミ・経済・行政・軍・警察――は世俗派のエリートの手中にあり、もしチュニジアのイスラム運動が隣国アルジェリアの同胞団系のイスラム運動と同じような運命を経験しないようにするのであれば、諸勢力のこの均衡を考慮に入れる必要がある、というわけである。このアルジェリアでは、一九九二年一月の議会選挙でイスラム運動勢力が勝利をおさめようとしたまさにそのときに、流血のクーデターがこの運動を抑圧したのだった。だから、強引なシャリアへの言及は賢明ではないが、他方、チュニジアの国教をイスラムであるとの一節を挿入することには広範な合意が存在するのであって、ガンヌーシはこの点を確立すべき鍵となる成果とみなした。それに向けて、ガンヌーシは、サラフィー主義派の訪問者に対して、力関係が国のイスラム化に向けてさらに有利に進むまで、そのメッセージを広めるために、団体とコーランの学校を創設するよう、熱心に説いたのだった。

サラフィー主義は、チュニジアの蜂起以降、ベン・アリ失脚後に期待が頓挫していく中で広がり始めた。労働運動と左翼がこのフラストレーションをうまくエネルギーにすることができなかっただけに、より一層そうなった。フランス語で表現した場合の頭文字を取ってUGTTという名称でも知られる強力なチュニジア労働者総同盟は、チュニジアでも群を抜いて最も重要な組織的社会運動であり、[23]左翼は「人民戦線」のもとに連合を形成し、二〇一一年以降はUGTT指導部の中でヘゲモニーを握るようになっている。同様に、アンナハダ内部でもサラフィー主義派の圧力に敏感な派と穏健派との間で軋轢が生まれた。[24]

サラフィー主義派が実行した襲撃や暗殺の増大と政府内のアンナハダの全体的振舞いとが結びついて、チュニジアは、エジプトにおけるムスリム同胞団の大統領在任の年と類似した結果へと行き着いた。世俗派の立場の人々やフェミニストだけではなく、アンナハダの民兵による物理的暴力によって脅かされて来た労働運動をも含む社会の広範な層の中で恐怖と怒りが増大した。[25]エジプトと同じく、旧政権の人員――チュニジアの「ディープ・ステート」（訳注：国家内国家）と旧来の政治的エリート――が自分たちの復権のためにこの恐怖と怒りを利用した。二〇一三年二月六日の「人民戦線」の指導者の一人、ショクリ・ベライド暗殺はアンナハダに対する大衆的憤激を巨大な形で噴出させることとなった。アンナハダは、暗殺への直接の犯行の罪には問われたわけではなかったが、暗殺のための政治的諸条件を作り出した責任を問われたのだった。

それから数か月後の七月二五日のムハンマド・ブラヒミ――「人民戦線」のもう一人の著名な

指導者――の暗殺は、その翌日に国民救国戦線（ＮＳＦ）の結成をもたらしたのだった。国民救国戦線は、「人民戦線」を構成する中心的諸政党だけでなく、「ニダ・チュニス」（「チュニジアの呼びかけ」）や若干の中道左派やリベラル派のグループをも結集したものである。「ニダ・チュニス」は、ベン・アリ体制の与党の解体によって作り出された空白を埋めるために二〇一二年に結成された組織で、基本的に旧政権の人員からなっているのだが、変わったという見せかけを与えるために若干のリベラル派と中道左派の人物が加えられていた。このようにチュニジアの国民救国戦線は、エジプトの同名の組織に対応していた。この団体は、チュニジアのタマッロドまでも含んでいた。それはエジプトのタマッロドが当初おさめたような成功を再現することはできなかったのであるが。国民救国戦線は、二〇一三年八月六日に民衆による反アンナハダ集会を呼びかけたが、これは、エジプトの二〇一三年六月三〇日の反ムスリム同胞団の大衆動員のチュニジア版となったのだった。この点では、チュニジアとエジプトの両国の間には、二つの大きな相違点が残っているのである。チュニジアでは、大衆運動において労働運動が中心的役割を果たしている一方で、軍が直接的な役割を果たすことはないのである。チュニジアは軍部の支配という伝統がない国である。それでもやはり、「国家内国家」を構成するそれ以外の分子が軍の行動の一翼を担っていた。

アンナハダをアプリオリに嫌っているとは疑われるはずのない専門家サドリ・キアリは、八月六日の集会について詳細に次のように書いている。

（二〇一三年八月六日に）出現した全国的動員の途方もなく大きいその規模を誰であろうと否定することはできない。輸送体制がすばらしく、資金源は謎である。もちろん、共謀関係も疑わしい。だが、ただ恨みもしくは不信あるいはまた頑迷な無知だけが、チュニジアの国の規模からしてこのような巨大な群衆の結集が操作された結果にすぎないと主張できる。ラ・マルサから来たブルジョアジー、メンゼル・ブザイエンからの失業者、至る所からやって来た賃金労働者、「ポスト・モダン」のアーティスト、ただ「楽しみ」を求めて「参加」するためだけに来た人々など、要するに、中産階級が支配的な勢力を占める、驚くほどさまざまな社会的階層の寄せ集めなのである。以下のような人々がやって来たというのもまた本当である。最悪の部類に属する左翼、善良そうな民主主義派、ありとあらゆる種類の労働組合員、共産主義者、アラブ民族主義派、へズブフランシスト（フランス党派の人々）、心情的進歩派、硬軟両方の世俗派、ブルギバ体制へのノスタルジー派（ブルギバは近代的チュニジアの創設者で、彼の体制をベン・アリがより腐敗した形で継承した）、そして、その時々にブルギバ派になる人々、「開明的な」軍事支配の支持者、あるいは何らかの労働者管理民主主義の支持者、意見をもたない日和見主義派。こうした雑多な多様性が見られるというのは本当である。誰もその点を否定することはできない。同様に、デモ参加者のさまざまな動機、相互に相容れないさまざまなスローガン、バルド広場に収れんされたさまざまな社会的利害の間を糸のように貫いて走る根本的な矛盾を誰も否定できない。

しかしながら、この逆説的とも言える結集の中に、チュニジアの将来に対する不満と深刻な懸念のまったく正当な表現を認めないとすれば、それはまったく的外れで、愚かしい議論というものだろう。この不満と懸念は全土で広く、利害が異なっていても、あらゆる部門の社会層によって共有されているものなのである。(26)

八月六日の出来事のチュニジアにおける結果が、本質において旧体制の人員の復活という道を開いたという意味では、六月三〇日のエジプトの出来事と類似していた。「ニダ・チュニス」が二〇一四年一〇月の議会選挙で過半数を獲得し、その指導者、ベジ・カイド・セブシが二〇一四年一一月の大統領選でチュニジア大統領に選出された。そのエジプト版であるアブドゥル・ファタハ・シシが選出されてから数か月後のことであった。だが、ここでもまた、両国の過程には大きな相違があり、その大きな要因となっているのがアンナハダの態度である。

ガンヌーシは、すでにアルジェリアにおける自分たちの同志たちが受けた悲劇的な弾圧に影響されていたが、八月六日のわずか数週間前に起きたエジプトの同志たちの悲劇的な失脚にひどくショックを受けたことは疑いがない。こうして、ガンヌーシは、エジプトのムスリム同胞団の愚かしい非妥協的態度とは驚くほど対照的な態度で妥協を受け入れ、アンナハダが支配する政府が二〇一四年一月に「テクノクラート」的な臨時政府に道を譲ったのだった。臨時政府が同じ年の秋の選挙を管理することとなった。ガンヌーシは自分の運動が議会選挙で第二位になったことに安堵したのももっともかもしれない。いずれにしても、アンナハダは、ここでもまたエジプトの仲間組織とはまったく対照的に、大統領選挙に独自候補を立てず、アンナハダに友好的なリベラル派の現職大統領モンセフ・マルズーキを支持することで満足した。

旧体制の円滑な復活を促進したもうひとつの中心的要因は、左翼によって演じられた役割とUGTTがもつチュニジアにおける諸勢力間の政治的仲介役として活動する能力だった。「人民戦線」に組織されたチュニジア左翼の支配的部分は、「ニダ・チュニス」との選挙上、政治上の同盟へと傾いた。実際、「人民戦線」は「ニダ・チュニス」を孤立状態から脱出させるのに決定的に貢献したのだった。「ニダ・チュニス」はそれまで、追放された旧体制を代表するものとして、左翼とアンナハダの両方からあしざまに非難された結果、孤立状態に陥っていたからである。イスラム原理主義の恐怖を掻き立て、強い国家を切望させることになった暗殺事件の衝撃が「ニダ・チュニス」の復権に寄与した、それと同じように、チュニジアの左翼もまた、「ニダ・チュニス」との間の「国民救国戦線」という同盟関係に入ることによって、「ニダ・チュニス」の復権に貢献したのだった。

UGTTはこうして、労働者階級の支持者にとっての「ニダ・チュニス」とアンナハダという二つの階級敵の間の調停者として行動した。その上、UGTTは、経営者団体であるUTICA（フランス語でのチュニジア工業・商業・手工業連盟の呼称の頭文字を取ったもの）が孤立状態から抜け出すのを助けることによっても、そうした調停の役割を演じたのだった。UTICAもまさに旧体制の政治的エリート層と同様に非難の的となっていたのだが、メンバーの支配的部分が、ベン・アリ体制下で成功した、政治的に結びついている縁故資本主義者で構成されていたからである。（世界銀行は、独裁者の失脚の後になってはじめて縁故資本主義の存在を指摘した。それだけに世界銀行は、チュニジアの激動を未完の革命と述べるほど革命的な論調――もちろん論調の上だけだが――を突然とるようになった）[27] ＵＧＴＴの調停によって旧体制の復活過程の円滑な進行が可能になった。しかしながら、ヘラ・ユスフは次のように書いていた。

国民和解の第一の設計者であるＵＧＴＴが、苦労の末に合意が成立したおかげで政治的緊張を和らげることに多少なりとも成功したとしても、われわれは必ず次の点に気づくのである。すなわち、この合意が、古い支配的エリート層と選挙から出現した新しいエリート層との間の権力の分担に限定されているので、民主主義に関する二つの対立するビジョンの間のギャップが拡大することになっていく、と。二つのビジョンとは、一方は、政党代表制と選挙での競争を中心とする民主主義の主張を体現するビジョンであり、もう一方は、社会的要求が優先順位の中心に置かれないかぎり、そしてまた提案される政治オルタナティブの中心に置かれないかぎり、いかなる存続可能な民主主義も存在しないと考えるビジョンである。さまざまな政治的、社会的諸勢力の間の交渉を通じた均衡を見出せるようにするために、経営者との統一戦線を構築することに合意したＵＧＴＴは、社会行動のための自身の能力が弱体化するリスクを冒している。[28]

チュニジアの権力移行がエジプトよりもはるかに円滑により平和的に進んだひとつの重要な結果として、連立政権が二〇一五年二月に成立した。この内閣は、旧体制の人員と「ニダ・チュニス」によって支配されているが、アンナハダの閣僚一人も含まれていた。これは、「ニダ・チュニス」がより性格の明確な内閣を形成するために必要となるだけ十分な議席を確保できなかったためなのだが、同時に「ニダ・チュニス」が「人民戦線」――「人民戦線」の一部は新しい新旧の与党との提携を望んでいた――との連合よりもアンナハダとの連合を優先した結果でもあった。

この結果は、ワシントンとEUを大いに喜ばせた。両者はともに同じような筋書きがエジプトでも可能になるかもしれないという希望を抱いていたのだった。いずれにしても、エジプトのSCAF（軍最高評議会）とムスリム同胞団と同様に、「ニダ・チュニス」とアンナハダは、新自由主義的な社会・経済的展望を目指すという点で同じ立場に立っている。こうした流れが強かったので、この和解ムードは、連立政府が「和解法」を起草し、金融犯罪や公金の不正流用に関与した実業家や公務員に恩赦を与えるというところにまで行き着いた。これらの人々は、自らの罪を認め、不正に得た利益を五パーセントの利息で返済する意思を表明することと引き換えに、恩赦を受けられることになった。この取引は、二〇一三年一二月に苦労の末に成立した臨時司法手続きを台無しにしてしまうものだった。[29]ノルウェー・ノーベル賞委員会は非常に喜び、二〇一五年のノーベル平和賞を「チュニジア国民対話カルテット」に授与した。このカルテットは、UG

TTとUTICA、さらに「ニダ・チュニス」とアンナハダとの調停のあと二つのパートナーである弁護士協会と人権擁護連盟で構成されていた[30]。

イスラム国の構成員が起こした二〇一五年三月と六月のテロ攻撃は、この同じ後退過程を政治・治安の側面から加速させ、人権擁護団体から市民的権利と自由を脅かすものとして非難された「反テロ法」を採択する契機となった。「対テロ戦争」の呪文がベン・アリの治安機構の重要な構成員の表舞台への復帰を正当化する役割を果たした[31]。こうして、チュニジアは、ジンバブウェのロバート・ムガベとイギリスのエリザベス女王に次ぐ世界で三番目の最高齢の元首が大統領を務める下で、旧体制復活へ大股で歩みつつある。

こうして、二〇一一年の「青年革命」の挫折は完了した。このような情勢の下で、チュニジアの青年たちが、エジプトの青年と同様に、二〇一四年には三十一歳未満の七〇%以上が棄権という形で大挙して選挙をボイコットしたことは当然であった[32]。同時に、チュニジアの青年には当然にもアラブの国の中でも最も強固に二〇一一年の希望を支持する根拠があるのだが、このチュニジアが人口比で最大の青年の隊列をいわゆるイスラム国に参加させている国でもあるということもまた、何ら驚くに当たらない。二〇一〇年一二月一七日のモハメド・ブアジジの殉死は、すべてを巻き込む火災の口火としての役割を果たしたが、この殉死をもたらした社会的憤激の根源となる原因は、政治的混乱を背景とする新自由主義的政策の追求によってただただ悪化させられてきたのであった。アヌアール・ブハールは、この痛ましい情勢を次のように適切に概説している。

経済はいぜんとして脆弱で、実質成長率は失速し推定二・八パーセントにとどまっている。国際収支の不均衡、高騰するインフレ（六・五〜七％）、財政の九・二％に相当する赤字は、国庫を健全状態にすべきだし、高失業率（一五％）の問題に取り組み、国の内陸部や国境地域に位置する周辺地域に投資するべきだとする圧力を受けている政府にとってストレスの主要源泉となっている。

急激に拡大し国内総生産の五〇％にまで達しているインフォーマル経済の規模もまた、経済成長の足手まといになっている。アルジェリアとリビアからの密輸品が国境地域のみならず、全国で取引されている。インフォーマルな露天商との競争はいくつかの地方企業の倒産をもたらしている。

革命四年後にこの国が経験している深刻な経済危機は、インフォーマル経済の増大の趨勢を促進する役割を果たしている。しかし、同時に、官僚の腐敗、行き過ぎた規制、重税、法外な額の創業費用などの闇経済の構造的決定要因も存在しているのである。国家がフォーマル経済におけるオルタナティブを提起して、腐敗に取り組むことができない間は、闇ビジネスは栄え続けるだろう……。

チュニジアの沿岸地帯と不安定な周辺地帯との間の格差は、不安定の源泉であり、民主主義の確立を脅かすものである。過去四年間はこれらの地帯の経済実績を改善しなかった。(33)

アラブの左翼と戦略的挑戦課題

革命によって生み出された希望が挫折することは、挫折の副次的な表現として、テロリズムの発展の古典的源泉となる。一九六八年五月～六月フランスの革命的情勢および同じ年にヨーロッパを席巻した青年の反乱の波が作りだした希望が挫折したことにより、左翼のテロリズムをもたらしたが、その主要舞台は、フランス、ドイツ、イタリアであった。他の諸国も同様の現象を経験した。

二〇一一年の「アラブの春」によって生み出された希望の挫折もまた、イスラム原理主義のテロリズムへの志願者補充の主要源泉となっていて、アラブ各地から若者を惹きつけている。テロによる現実逃避は、可能な道のうちでももっとも安易な道筋を歩むことである。一九六〇年代末から一九七〇年代にかけて、大国の覇権的支配に対抗するイデオロギーは、アラブ地域をも含めた全世界的レベルで圧倒的に急進的左翼であった。『人民は希求する』やその他の著作で私が詳しく説明したいくつかの理由のために、一九八〇年代以降、アラブ地域において覇権に対抗する支配的なイデオロギーとなったのはイスラム原理主義である。したがって、今日、希望の挫折が地域的に姿を現しているのは、当然にもイスラム原理主義の現実逃避的周縁部においてである。

しかしながら、今日のイスラム原理主義のテロリズムは、かつての左翼のテロリズムより比較にならないほどより残虐で、より強力である。もちろん、イスラム原理主義が左翼とは政治分布の上では正反対の極右に位置するということは言うまでもない。それは、世界の諸大国が警察手段だけで戦うことのできるテロリズムではなく、ミサイルや軍用機で戦っているテロリズムなのである。一方では二〇一一年の「アラブの春」に続く四年間、いわゆる「イスラム国」がめざましい発展と拡大を遂げたが、他方ではイスラム国の分派的テロリストがアルカイダとの戦慄すべき競合を展開しながら全世界に波及しつつあるのであって、こうした事態こそ、一九九〇年九月一一日にジョージ・ブッシュによって告げられた「新世界秩序」の「新世界不秩序」への転落の最もあからさまな表現にほかならない(34)。

バラク・オバマは、自分より前のどの大統領に比べても、アメリカ帝国に対する自らの統治という点で、とりわけ戦略的に決定的に重要な中東において、より破局的なバランスシートを残して舞台を去るという見通しに直面させられている。これは、この記録を自ら保持していた大統領ジョージ・W・ブッシュを引き継いだ者にとってこれは大したことなのだ。オバマは、自分の前任者が残した悲惨な事態を新たな、ひどいどん底にまで突き落としてしまったのである。この急速に広がる火事に対して、オバマ政府は、国務長官の任にあるジョン・ケリーとともに、国連やEUと連携して、火に圧倒されて拡がり過ぎてしまった消防隊のように行動している。ジョン・ケリー国務長官について、『フィナンシャル・タイムズ』は辛らつにこう述べている。彼は「当事者を一堂に集めることができる場合には、問題を解決する自らの能力に対する無限の自信を示した(35)」と。二人は、二〇一一年のアラブの反乱のすべての主要舞台において、連立政権のチュニジア・モデルに沿って妥協と和解を促進する試みに取り組んでいる。シリア、リビア、イエメン、そしてエジプトにおいてもである。エジプトでは、その消防隊は、シシが弾圧的手段でムスリム同胞団を無力なものにするという自らの非現実的な決断で火を掻き立てているのだと正しくも信じているのである。

シリアのケースでも同じなのだが、この局面で期待できる最良のものは、このような調停の努力が成功で報いられることである。「アラブの春」の後に続いた悲劇を阻止することは、実際、何にもまして優先されるべき最優先の課題となっていて、きわめて緊急な基本的な人道主義的必要性からしてそうなのである。同時に、アラブ地域における二つの反革命陣営の間の和解と連合を構築すること——もちろん、テロリストの過激派はそれには含まれない。和解努力のひとつの中心的動機がまさにこの二つの陣営が協力して何とかこの過激なテロリストを根絶することにあるからである——は、西側列強の観点からする最良の筋書きを表している。しかしながら、実に異例なことではあるのだが、これは、進歩派の観点からしても最良の筋書きとなっているのだ。

もし旧体制とアンナハダとの間の和解が連立をもたらすことに成功していなかったならば、それに代わるオルタナティブはチュニジア左翼の主要部分と「ニダ・チュニス」との破滅的な協力となっていたかもしれない。これは——長期的には——「人民戦線」が増大する社会の憤激を具体化させ、導いていく機会を危うくすることになっていただろう。この憤激は、二〇一一年の反乱を引き起こすのに役立った後、この地域全体に同様の結果をもたらしている新自由主義的政策によってさらに激化していく運命にある。チュニジア情勢は、旧体制とアンナハダという二つの反革命的勢力の間の対立によって支配され続けていたことだろう。連立が成立している中では、「人民戦線」は二〇一〇年一二月一七日の革命の中心的支持勢力として、新自由主義の枠組みをともに忠実に支持するという点で和解した二つの反革命陣営に対する主要な政治的反対勢力として、最適の位置に身をおくことになった。

実に残念なことに、アラブ地域の左翼はこれまでのところ、地域で第三の道を決定的に切り開くことができていないことを示している。この場合の第三の道とは、微笑をたたえた新自由主義にほかならない（イギリスの）トニー・ブレア流の第三の道ではなくて、地域的反革命の対立し合う二つの極、つまりアラブの春の鍵をなす進歩的願望に対する不倶戴天の敵である旧体制とイスラム原理主義者の双方に対して等しく反対する第三極のことである。アラブ地域の左翼はそうするのではなく、ここ数年、相互に対立し合う二つの反動的極のうちの一方と同盟するという伝統を発展させてきた[36]。左翼の一部はイスラム原理主義との対決という名の下に現政権を支持し、進歩派が支持すべき一切のことに対する裏切りを正当化するために、イスラム原理主義を「ファシズム」だとする誤った烙印を押した。この点が最もはっきりと当てはまるのが一九九二年の軍事クーデター以後のアルジェリアのケースだが、ムバラク政権下でのエジプトと一九九〇年代初めのチュニジアでもまたそうであった。言い換えれば、これは、至るところでイスラム原理主義運動が権力への重大な競合相手となるところにまで成長していたということである。

独裁政権に対する真の断固たる反対という理念に導かれたアラブ地域の左翼のもうひとつの部分は、ムスリム同胞団との同盟を追求した。「民主的変革を求める二〇〇五年ダマスカス宣言」はそうした一つの同盟であった。二〇一一年の反乱が始まると、この協力関係は、シリア左翼の最も著名な構成部分が、ムスリム同胞団が支配し今や悪名高いものとなっている「シリア国民評議会」へ参加するという新たな形を取った。(37) アジス・アル・アズメハは、当初のこの経験について次のように論評している。

ダマスカスにおけるいわゆる市民社会運動の時期、つまりバッシャール・アル・アサドが権力を継承した後の短い期間だったが、アラブの春に先立つダマスカスの春の時期に、私は自らの見解を次のように明らかにした……。不透明な情勢の下で、自らが組織的に弱いという観点から、近代性、民主主義、世俗主義に反対するムスリム同胞団のような勢力との「歴史的妥協」が提唱されている。そして、民主主義が漠然とした無条件的なスローガンであり、すべての社会的、政治的病を治す魔法のような公式だと信じられている。本当に世間知らずなことだが……。

近年にわれわれの不意を打った大きな出来事や衝突よりもずっと以前、私は、民主主義に関するイスラムの言説(その当時、人々はISISよりも同胞団に焦点を当てていた)が民主主義的というよりもむしろポピュリスト的なものであり、……民衆の利益を追求するいかなる歴史的妥協においてもこのような勢力はけっして提携相手ではない、と確信していた。私を批判する者たちは、私が「意図を批判」していると述べた。この批判は正しい。それは認める。自分の立場を述べる際には、政治的判断をおこなうのであって、その意図に対する判断のない政治的判断は空虚である。政治的判断に礼儀作法が入り込む余地はない。(38)

民主主義がムスリム同胞団の世界観と根本的に矛盾している以上、ムスリム同胞団を――あるいはいかなる宗教であれ宗教的原理主義に賛同しているいかなるグループをも――真の民主主義派として信じることはできないと強調する点において、アズメハは正しい。左翼が、あいまいな条件にもとづいて、大きな組織的な力関係の不均衡が存在し同胞団が有利な立場にあるのに、このムスリム同胞団との同盟に入っても、左翼が望むような道を同胞団に歩ませることができるというのは幻想であると彼が批判しているのもまた正しい。しかしながら、これによっても、より限定的で戦術的な同盟という問題は未解決のまま残されている。というのは、政治的行動は他者の意図の評価に基づくだけでなく、明らかなことだが、自分自身の目標と意図、そしてある一連の戦術が戦略的目標の達成に貢献するその度合いに基づかなければならないからである。

マハ・アブデラフマンが語っているように、エジプトの左翼は今世紀の最初の一〇年間、このようなジレンマに直面した。

たとえ短期的で戦術的な連合であっても、それがつまずいた最大の不和の種は、政権やその治安機構との対決をどれほどのレベルにするのが望ましいかという問題である。左翼やナセル主義者、そして様々な政治的色合いが入り混じっている青年グループにとって、第二次インティファーダが与える急進化の促進効果とそれに続く街頭をめぐる政治的攻防は政権との対決の境界線を拡大する好機であった。活動家たちはこの機会を捉えて政治的要求の上限を引き上げ、闘争を街頭へと導いた。他方、ムスリム同胞団は、サダト政権やムバラク政権との和解の一環として巧妙な政治取引や舞台裏の取引というこれまでの実績をもつ組織である。同胞団のメンバーたちは、あらゆる機会を捉えて街頭に出ることによって政府に公然と挑戦することには、ほとんど乗り気ではなかった。戦略におけるこの根本的な違いはムスリム同胞団とそれに対立するグループの間でいくつもの緊張状態を引き起こした[39]。

実際、シリアでは、ムスリム同胞団は、ダマスカス宣言が出されてからまもなくして、宗派主義的動機に基づいて、サウジが後押しをする同盟関係に入っていった。ハフェズ・アル・アサド（アサド父のこと）政権の中心的支柱だったが自らの主人の後継者（アサド大統領）と決別した人物との同盟である。シリアと同じく、本家であるエジプトのムスリム同胞団も、第二章で述べたように、ＳＣＡＦ（軍最高評議会）の協力関係にまで至るムバラクとの何度かの妥協をおこなった。それでも、マハ・アブデルファハマンはエジプトでの同盟の経験について肯定的な説明をしている。

仲間になりそうもない者同士の短期的で戦術的な協力は、ムバラク統治下の最後の十年間、ひとつの明白な役割を果たした。歴代の強権的な政府が何十年にもわたって買収、分断支配、法による弾圧手段、むき出しの暴力を通じて反政府の政治勢力を弱体化することに成功してきたところにおいては、分裂し弱体化された反政府勢力は、同盟の形でその人数を膨張させることによって政権に対する抗議運動をはじめて継続することができた……。

しかしながら、これらの連合は、長期的な戦略的同盟というよりもむしろ短期的で戦術的なものである。それは、根本的な問題をめぐる何らの意味ある妥協を要求するものではなかったし、長期的な戦略的目標に向けた共同活動を求めるものでもなかった。ムバラクの失脚、そして軍主導の支配という新しい政治的局面の到来とともに、これらの古い連合は不適切になった。[40]

しかしながら、いま述べられたような同盟がこれに参加した左翼の意向やムスリム同胞団の意向から見て、本当に短期的で戦術的なものにとどまったのかどうかという疑問が生じるかもしれない。ムスリム同胞団の方は、自らの象のような巨大な組織に比べると子どものように小さい規模のグループとの同盟について、非常に短期的で日和見主義的かつ自己利益追求的な関係を保っていた。実は、これに関わったエジプトの最も重要な左翼グループにとって、ムスリム同胞団との同盟は、ムバラクの失脚とともに、「重要性を失う」ことにはならなかったのである。第二章で見たように、このグループ、ハムディーン・サバヒのカラーマ党は、ムスリム同胞団の同盟の一翼として二〇一一年から一二年にかけての議会選挙に参加したことで、そうしなければ数か月後の大統領選挙で成功を収められそうになっていたのに、第三極を形成するための大きな好機を逃してしまった。

旧体制とそのイスラム原理主義的な競合相手とに対する左翼の側に見られる左右対称的とも言える態度から浮かび上がってくる中心的問題は、自らが宣言する、あるいは真の左翼であればおしなべて宣言すべき価値観に対して、アラブの左翼の主要部分が過去において忠実なままにとどまり続けることができなかったということである。搾取され、虐げられたすべての人々のために、ありとあらゆる範囲の社会的、民主的闘争に積極的かつ断固として参加する左翼――フェミニスト的価値観や民族解放の価値観を擁護して活動するとともに、宗教に関する民主的な諸権利とともに世俗主義をも大胆に支持する左翼(きちんと理解された世俗主義が第一に擁護すべきなのは、ヒジャブを被らない女性の権利と同じくらいヒジャブを着用する女性の権利である)――このような左翼だけが、中核となるべきいかなる価値観についても反対の極に立っている勢力との短期の戦術的同盟を結ぶことができるのである。

左翼は、その時々に純然たる戦術的理由で「ありそうもない仲間」と「共に打つ」――旧政権の勢力に反対してイスラム勢力と協力する、あるいはその逆であっても――のだが、どちらの場合においても、二つの反革命陣営から同じように距離を置いて自身の根本的な道を明らかにすることで、常に「別個に進んで」いくべきなのである。戦術的な短期的同盟は必要な場合には悪魔との間でも結ぶことができる。だが、そうした場合でも悪魔を天使として描くようなことを決してしてはならない。たとえば、「ムスリム同胞団」を「改良主義者」と呼んだり、旧体制勢力を「世俗派」だと呼んだりして、その深く反動的な本質を表面的に飾り立てることはしてはならないのである。

二〇一〇年一二月一七日から始まったアラビア語圏全域で解き放たれた巨大な革命の潜在的可能性は、けっして消滅してはいない。それは、たとえシリアを荒廃させたような荒廃した内戦の灰塵の下にくすぶっている時でさえにも、今なお大いに生きている。そして、進行中の悲劇が当然のように揺り起こす感情、すなわち二〇一一年以前より悪化した状況に対して揺り戻しと後退が起きているという圧倒的な感情にもかかわらず、実は、アラブ地域の反乱には、「人民の意思」の表舞台への突然の登場にとどまらない、少なからぬ積極的成果があるのだ。逆説的なように聞こえるかもしれないが、最も著名なアラブのフェミニストの一人、チュニジアのアハレム・ベルハジが、われわれに想起させてくれているのは次の点である。すなわち、モロッコからチュニジア、エジプト、さらにイエメンにさえ至るまで積極的な成果が存在しているという点のひとつは、女性の権利の前進――言うまでもなく、たとえこのような前進がジェンダーの抑圧に終止符を打つというにはほど遠いものであるにしても――なのである(41)。

五周年に当たる二〇一五年には、地域的革命プロセスは、イラクとレバノンにおいて、宗派を超えて感動的なまでに巨大な社会的抗議運動の予期せぬ高揚を経験した。両国では、宗派主義が階級的な発展力学をそらせる最も強力な装置となっていて、いかなる水平的な社会闘争をも宗派的対立という方向へと導いてしまうとみなされていたのだった。それでもやはり、二〇一三年以降、アラブの春はアラブの冬に変わったことは否定できない。それは過酷で身を切るように寒い冬である。今後さらに多くの季節が確かにやって来る。それだけが確かであり、希望の源泉だ。

将来のアラブの春を持続的なもの――アラビア語圏とそれを超えた地域の人間の発展と解放という新しい時代への移行の実現――に変えていく鍵は、これまで決定的に欠如してきた断固として独立した進歩的指導部を建設することである。そのような指導部なしには、社会経済体制を根本的に転覆して国の資源や国富が真に人民の利益のために動員される体制を作り出すことは不可能であろう。そして、これがないと、アラブ地域は、野蛮が衝突する地獄に巻き込まれたままという運命に終わるだろう。。世界のこの地域を資本主義的な自由主義の模範の地に変える「民主主義の」奇跡は存在しないからである。

原注　終章

(1)「バーレーン革命の道筋にとっての主要な障害――オマーンにおける強い影響力を持つ労働者階級の運動や社会運動、およびクウェートにおける強力な政治運動などの他の湾岸諸国の抗議運動にも潜在的に共有されているもの――は、次のような事実にある。すなわち、バーレーン革命が現地の王政に直面するだけではなくて、ＧＣＣ（湾岸協力会議）の巨大なサウジ王国と対決しなければならないのだ。サウジ王国は、仲間の君主国が転覆される脅威にさらされる時にはいつでも、これらを救済するために介入するだろう——それはサウジ自身が一斉蜂起によって打倒される日まで続くだろう。」

Gilbert Achcar, *The People Want: A Radical Exploration of the Arab Uprising*, trans. G.M. Goshgarian, London: Saqui Booksm, and Berkeley, CA: University of California Press, 2013, pp. 198-99. バーレーンでも、二〇一一年の反乱に比べるとより静かだったが、闘争が展開された。次のものを参照すること。Ala'a Shehabi and Marc Owen Jones, eds, *Bahrain's Uprising*, London: Zed, 2015.

（2）Achcar, *The People Want*, pp.260-61.

（3）Ibid., p.208.

（4）次のものを参照すること。Francoise Clément and Ahmed Salah, "Post-Uprising Libyan Associations and Democracy Building in Urban Libya", *Built Environment*, vol. 40, no. 1, 2013, pp. 118-27. 次のものも参照すること。Fadil Aliriza, "Libya's Unarmed Revolutionaries", Foreign Policy (online), 16 August 2013.

（5）以下を参照すること。International Crisis Group, *Divided We Stand: Libya's Enduring Conflicts, Middle East/ North Africa Report, No. 130*, Tripoli/Brussels: ICG, 14 September 2012.

（6）次のものを参照すること。Roman David and Houda Mzioudet, *Personnel Change or Personal Change? Rethinking Libya's Political Isolation Law*, Brookings Doha Center/Stanford University

Project on Arab Transitions, Paper No. 4, March 2014.

（7）次のものを参照すること。Ali Bensaâd, "Comment Daech progresse in Libye", *Liberation*, 12 December 2015. 上記の著者によれば、カダフィー一族の成員たちは、イスラム国よりもハフタルの方に魅力を感じているという。

（8）反乱後のリビアについて、以下を参照すること。Peter Cole and Brian McQuinn, eds, *The Libyan Revolution and Its Aftermath,* New York: Oxford University Press, 2015; Frederic Wehrey, *Ending Libya's Civil War: Recociling Politics, Rebuilding Security,* Washington, DC: Carnegie Endowment for International Peace, September 2014; Patrick Haimzadeh, "Libya's Second Civil War", *Le Monde Diplomatique*, April 2015; Mattia Toaldo, "Libya's Transition and the Weight of the Past", in Anna Bozzo and Pierre-Jean Luizard, eds, *Polarisations politiques et confessionnelles, La Place de l'islam dans les "transitions"arabes*, Rome: Roma TrE-Press, 2015, pp.77-97.

（9）次のものを参照すること。Laurent Bonnefoy, "Les Trois gagnants de la révolution yéménite", *Orient XXI*, 18 July 2014.

（10）次の二つのものを参照すること。'Adil al-Shurbaji, *I'adat Haykalat al-Jaysh al-Yamani*, Doha: Al-Markaz al-'Arabi lil-Abhath wa Dirasat al-Siyasat, May 2013; Mawan Noman and David Sorenson, *Reforming the Yemen Security Sector,* CDDRL Working Papers No. 137, Stanford, CA: Stanford University, June 2013.

(11) Robert Worth, "Even Out of Office, a Wielder of Great Power in Yemen", *New York Times*, 31 January 2014.
(12) 次のものを参照すること。Laurent Bonnefoy, "La Revanche inattendue du confessionnalisme au Yémen", *Orient XXI*, 18 September 2014.
(13) Worth, "Even Out of Office".
(14) 次のものを参照すること。International Crisis Group, *The Huthis: From Saada to Sanaa, Middle East Report No. 154*, Brussels: ICG, 10 June 2014.
(15) Helen Lackner, "An Introduction to Yemen's Emergency", *Open Democracy*, 25 January 2015.
(16) International Crisis Group, *The Huthis*, p.16.
(17) Ahmed Eleiba, "Saheha Speaks his Mind", *Al-Ahram Weekly*, 27 November 2014.
(18) イエメンの二〇一一年の選挙の後の背景的情勢については、次のものを参照すること。Helen Lackner, ed., *Why Yemen Matters: A Society in Transition*, London: Saqi, 2014.
(19) イエメンのムスリム同胞団の役割とその特異な性格については、以下の二つを参照すること。Laurent Bonnefoy, "Au Yémen, des Frères musulmans pas comme les autres", *Orient XXI*, 8 April 2014; Stacey Philbrick Yadav, "Yemen's Muslim Brotherhood and the Perils of Powersharing", Washington DC: Brookings Institution, August 2015.
(20) Achcar, *The People Want*, p.268. エンナハダ政権支配下の情勢については、次のものを参照すること。Francsis Ghilès, "Still a Long Way to Go for Tunisian Democracy", *Notes International CIDOB*, no. 73 (May 2013).

(21) Achcar, *The People Want*, p.269.

(22) このビデオはテレビで放映された。それは、以下のオンラインで観ることができる。ProLaiques Tunisie, *Video al-Ghannushi ma' al-Salafiyyin al-Musarrab*, 9 October 2012,<https://www.youtube.com/watch?V=m5vqhT8TxRw>. このビデオがセンセーショナルな発言になるようにするために編集で手直しされている、と言うのは簡単だ。にもかかわらず、ガンヌーシはその放映のすぐ後にテレビで、放映されたビデオの内容は編集されているけれども本当であり、自らの意図したことはただ、サラフィー主義者たちに国家を尊重し、その法律を遵守するように促すことだった、と断言したのだった。Minbar Tunisi Hurr, Radd al-Shaykh Rashid al-Ghannushi 'ala al-Video al-Musarrab, 11 October 2012, <https://www.youtube.com/watch?v=_ZqFW-KE1jiM>. 憲法問題に対するアンナハダの態度については、次のものを参照すること。Monica Marks, "Convince, Coerce, or Compromise? Ennahda's Approach to Tunisia's Constitution", Brookings Doha Center Analysis Paper No. 10, February 2014.

(23) チュニジアの反乱の中でのUGTTの役割について、最も包括的なものは、次の優れた著作である。Hela Yousfi, *L'UGTT: Une passion tunisienne*, Sfax: Med Ali Edition, 2015. より簡潔にまとめられた研究については、次のものを参照すること。Joel Beinin, *Workers and Thieves: Labor Movements and*

Popular Uprising in Tunisia and Egypt, Stanford, CA: Stanford University Press, 2015.

（24）次のものを参照すること。Fabio Merone and Francesco Cavatorta, "Ennahda: A Party in Transition", *Jadaliyya*, 25 March 2013. チュニジアのサラフィー主義派の運動については以下を参照すること。Fabio Merone and Francesco Cavatorta, "Salafist Movement and Sheikh-ism in the Tunisian Democratic Transition", *Middle East Law and Governance*, no. 5, 2013, pp. 308-30; Fabio Merone, "Enduring Class Struggle in Tunisia: The Fight for Identity beyond Political Islam", *British Journal of Middle Eastern Studies*, vol. 42, no. 1(2015), pp.74; Monica Marks, *Tunisia's Ennahda: Rethinking Islamism in the Context of ISIS and the Egyptian Coup*, Washington, DC: Brookings Institute, August 2015. ジハード主義の現象については以下を参照すること。Haim Malka, "Tunisia: Confronting Extremism", in Jon Alterman, ed., *Religious Radicalism after the Arab Uprisings*, Lanham, ND: Rowman & Littlefield, 2015, pp.92-121; Georges Fahmi and Hamza Meddeb, *Market for Jihad: Radicalization in Tunisia*, Beirute: Carnegie Middle East Center, October 2015.

（25）アンナハダ統治下のチュニジアの経験についての優れた研究については、以下を参照すること。Mohammed Hachemaoui, *La Tunisie à la croisée des chemins: quelles règles pour quelle transition?* Berlin: Stiftung Wissenschaft und Politik, August 2013.

（26）Sarki Khiari, "Quand l'Histoire recule par le bon côté", *Nawaat*, 7 August 2013.

（27）世界銀行がジャスミン革命の後に没収されたベン・アリ一族所有の二二〇企業を最初に調査したが、

これら企業だけで民間部門の全純利益の二一%をわがものにしていた。Bob Rijkers, Caroline Freund and Antonio Nucifora, *All in the Family: State Capture in Tunisia*, Policy Research Working Paper 6810, Washington, DC: World Bank, March 2014. これに続いて、世界銀行のチュニジアに関する概況報告の中で、縁故主義、腐敗、略奪、超過利潤抽出に特別の関心が寄せられた。*The Unfinished Revolution: Bringing Opportunity, Good Jobs and Great Wealth to All Tunisians*, Development Policy Review, Washington, DC: World Bank, May 2014. 言うまでもないことだが、世界銀行が理解する「革命を仕上げる」とは、他でもなく、新自由主義の「すぐれた統治」を実現することを意味している。チュニジアでのベン・アリ治下の「縁故資本主義」については、以下をも参照すること。Bpb Rijker, Leila Baghdadi and Gael Raballand, *Political Connections and Tariff Evasion: Evidence from Tunisia*, Policy Research Working Paper 7336, Washington, DC: World Bank, June 2015.

(28) Yousfi, L'*UGTT*, p.237.

(29) 次のものを参照すること。Tasia Wagner, "Testing Tunisia's Transition: The Law on Economic and Financial Reconciliation", Institute for Strategic Islamic Affairs, October 2015.

(30) 次のものを参照すること。Hèla Yousfi and Choukri Hmed, "What Is Tunisia's Nobel Prize Rewarding?", *Open Democracy*, 25 October 2015.

(31) 次のものを参照すること。Yezid Sayigh, *Missed Opportunity: The Politics of Police Reform in Egypt and Tunisia*, Beirut: Carnegie Middle East Center, March 2015.

（32）次のものを参照すること。Amel Boubekeur, "Islamists, Secularists and Old Regime Elites in Tunisia: Bargained Competition", *Mediterranean Politics* (online), 2015. 青年の闘争の場については、次のものを参照すること。Charles Tripp, *Battlefields of the Republic: The Struggle for Public Space in Tunisia*, LSE Middle East Center Paper Series No.13, December 2015. チュニジアの庶民居住地域における青年に関する優れた調査については、以下を参照すること。Olfa Lamloum and Mohamed Ali Ben Zina, eds., *Les Jeunes de Douar Hicher et d'Ettadhamen, Une enquête sociologique*, Tunis: *Arabesques/International Alert*, 2015.

（33）Anour Boukhars, *The Reckoning: Tunisia's Perilous Path to Democratic Stability*, Washington, DC: Carnegie Endowment for International Peace, April 2015, pp.19-20.

（34）私の『野蛮の衝突』を参照すること。歴史の大いなる皮肉であるが、ジョージ・W・ブッシュがイラクへの最初のアメリカの戦争に先立って、議会で自分の「新世界秩序」についての演説をおこなったのは、実際「九月一一日」であった。

（35）Geoff Dyer and Demetri Sevastopulo, "Kerry Walks High Wire in Talks with Putin", *Financial Times*, 18 December 2015.

（36）アラブ左翼の概観については、以下を参照すること。Mohamed Elagati et al., *Al-Yasar wal-Thawrat al-'Arabiyya*, Cairo: Muntada al-Bada'il al-'Arabi lil-Dirasat / Rosa Luxemburg Stiftung, 2013; Jamil Hilal and Katja Hermann, eds. *Mapping of the Arab Left: Contemporary Leftist Politics in the*

Arab East, Ramallah: Rosa Luxemburg Stiftung Regional Office Palestine, 2014.

(37) 本書第1章を参照すること。

(38) Aziz al-Azmeh, *Suriyya wa al-Su'ud al-Usuli: 'An al-Usuliyya wa al-Ta'ifiyya wa al-Thaqafa*, Beirut: Riad El-Rayyes, 2015, pp. 76-77.

(39) Maha Abdelrahman, *Egypt's Long Revolution: Protest Movements and Uprisings*, Abingdon, UK: Routledge, 2015, p.107.

(40) Ibid., pp. 110-11.

(41) Ahlem Belhadj, "Women's Rights and the Arab Uprisings" (online video), conference delivered at SOAS, University of London, 7 December 2015.

資料　トランプ政権の誕生と2017年の中東

ジルベール・アシュカルに聞く

アラブ世界では、希望はいぜんとして可能であり、残り続けている

聞き手：ハッシーナ・メシャイ

『ル・ポアン・アフリク』誌（二〇一七年三月三日）より

「アラブの春」は今、どこへ

『ル・ポアン・アフリク』誌――、アラブ世界に対する見方が、当初、悲観的だったのは、なぜでしょう？　すなわち、この考え方とは、ベルナール・レヴィにはおなじみのものなのですが、アラブそれ自身の文化によってこの地域はいかなる民主主義をも受け付けないのだ、というものです。その後、いわゆる「アラブの春」の時期が来ると、おそらく素朴にそう思ったのでしょうが、楽天主義的見方が生まれました。そして、最後には、今回の冬、すなわち、世界のこの地域が経験している現在の氷河期のために、悲観主義が再び生まれています。

ジルベール・アシュカル――この気分の変化は、二〇一一年に「アラブの春」と呼ばれたものが直面した課題の大きさを過小評価したからである。この陶酔感というものは、人々がこれらの運動を新憲法と自由選挙によって決められる民主主義への単なる移行だとみなしたために生じた。二〇一一年～二〇一二年の間に自由選挙が実施されたトルコ、エジプト、リビアの三カ国では、自由選挙が解決策とはならなかった。なぜなら、問題はそれよりもはるかに根深く、社会・経済体制総体に関係しているからである。

同時に、必要とされる社会・経済の変革が表現している諸困難に対する過小評価も存在していた。この変革は、単なる憲法の変更よりもはるかに根本的なものなのである。

少なくとも、春というものを長い期間かかって進んでいく季節の移り変わりにおける最初の春であると考えるのなら、二〇一一年に始まったこの出来事は「春」ではなかった。二〇一一年は、長年にわたって、つまり、数十年の間、持続するであろう長期の革命的過程の始まりだったのだ。地域の安定は、社会・政治体制の根本的な変革という犠牲を払ってはじめて達成されるだろう。この根本的変革がなければ、われわれは、革命の局面と反革命の局面が不可避的な形で次々と入れ替わるという事態を今後目撃していくことになろう。この局面の移り変わりは、その争いという点からするならば、きわめて凄惨なものにしかなり得ない。いずれにせよ、歴史的な類推からすると、一七八九年のフランス革命から六年後、フランスは血にまみれた事態（総統政府の成立による市民革命の急進化に対する巻き返しのこと――訳者）が広がる国となった。

アラブ世界は、二〇一一年の衝撃波がシリア政権にぶつかって以降、反革命の局面の中にある。シリア政権が、テヘランから得られる支援のおかげで、二〇一三年に生じた局面の逆転の起点となった。イランは、地域における自らの同盟勢力（レバノンのヒズボラやイラクのシーア派民兵）を通じて、大々的にシリア政権の側に加担して来た。シリア政権は一時期敗北寸前にまで追い込まれていたのだが、その後、イランの介入がシリア政権を救い、同政権による反転攻勢を可能にした。これが局面の逆転の合図となった。二〇一三年以降、二〇一一年から二〇一二年の革命的局面から反革命的局面への移行が起こった。シシ元帥が組織したエジプトのクーデターに続いて、リビアとイエメンが内戦となった。

この反革命の局面それ自身は、長期間の過程におけるひとつの段階にすぎない。二〇一一年について抱いた陶酔感が短期的な視野でしかなかったのと同様に、現在の極端な悲観主義もまた同じく印象のみで判断する見方でしかない。何も解決されていないがゆえに、二〇一一年の爆発的な潜在的可能性は手つかずにそのまま残り続けている。政治的問題以前に、二〇一一年の決起の真の根本的原因である社会的、経済的諸問題はただ悪化の一途をたどっている。われわれがこの地域の新たな爆発を目にすることになるのは避けがたい。おそらく少なくとも新たな「春」を期待することができるだろう。

問――アラブの春と東欧のビロード革命とはどう違うのでしょう?

アシュカル――東欧で起こったことは、社会的、経済的、政治的構造の根本的な転覆であった。アラブ世界でも必要とされているのは同じく体制の転覆である。しかしながら、主要な相違は、東欧においては、その国家は歴史的に例外的存在であって、官僚たちによって支配されていたのであって有産階級によって支配されていというわけではなかったということである。官僚は、自らの官僚体制をあくまでも擁護するという点については、有産階級だったらもつであろうほどの強い利害関係をもたないのである。官僚たちは、その多くがまさしく実際にそうしたように、新体制への自らの転身を望むことができた。東欧の独裁体制は、覆せないものと信じられていたけれども、カードで組み立てられた城のようにもろくも崩れ落ちたのは、まさにこうした理由による。

アラブ世界では、王国であろうと、一部の自称共和国であろうと、支配的一族が経済の主要部分をわがものにして、国家自身を自分たちの私的所有物とみなしている。抑圧機構は、したがって、支配的一族の親衛隊として形成されているのである。

問――あなたは、この地域には、一つの革命的極と、イスラム主義諸政党と既存政権の擁護勢力という二つの反革命的極、との間のトライアングルが存在している、と指摘しています。だが、このトランアングルはチュニジアにも当てはまるのでしょうか？

アシュカル――六カ国が二〇一一年に決起を経験した。チュニジアは、その民主的な成果が今日まで防衛されてきたという意味では、最良の政治的状態を表している。チュニジアでは、反革命の二つの極は、他国のように相互に戦う代わりに、同盟を望んでいる。そうなっているのは、「アンナハダ」のせいでも「ニダ・チュニス」のせいでもなく、何よりも第一に組合運動、すなわち、チュニジアの労働運動のせいである。しかも、この労働運動は、この国の民主主義の前進に大きな役割を果たしたので、二〇一五年にノーベル平和賞を受賞した。こうして、チュニジアはアラブ世界において例外とみなされている。チュニジアは独立した強力な労働組合運動が存在する唯一の国である。

チュニジアでは、旧体制の大物たちとアンナハダの間の打算的同盟が今後、成立する。青年の革命は、最後には、ベン・アリの前身であるブルギバ主義国家からの連続性を保障するためによわい九〇歳を超える大統領の就任というところに行き着いた。これが二〇一一年に青年たちが望んだことでなかったことは確かである。チュニジア青年の政治的欲求不満と青年の大量失業とが結びつくという事態が生まれている。なぜこの国がその人口の割合からしてイスラム国に最大の兵士集団を提供しているのかの理由は、こうした事態によって説明される。

オバマ政権の対シリア政策の誤まり

問――あなたは、バラク・オバマ前米大統領の対シリア政策に対して実に厳しい言い方をしています。オバマはそれ以外の行動を取ることができたのでしょうか？

アシュカル――バラク・オバマにはシリアの悲劇を生み出す上でかなり大きな責任がある。ある国の荒廃について二つのタイプの責任が考えられる。ひとつは、ブッシュ政権がイラクでしたような直接的に犯した罪である。そして、もうひとつは、シリアでオバマ政権がしたような荒廃をそのまま放置するという責任である。私はこれを、「危機にある人民を助けない」という責任だと呼んでいる。シリアの反政府の中で世俗派でありしかも民主的である勢力がまだ重要な役割を果たしていた時点で、バラク・オバマはこの反政府勢力への支援を拒絶した。オバマは、シリアの反政府勢力に武器を与えることを拒否しただけでなく、この地域のアメリカの同盟勢力からするこの反政府勢力への対空火器の一切の引き渡しをも拒否した。シリア反政府勢力へのこの種の武器の引き渡しを阻止するために、アメリカのＣＩＡがシリアのトルコ側の国境とヨルダン側の国境とを管理していた。その時から、反政府勢力は、シリア政府空軍から無防備な状態のままにおかれることになった。シリア政府派は、民間人居住地帯に対してヘリコプターから投下される樽爆弾の投下を含む、国土の破壊と住民への大量虐殺を行ってきた。

しかも、シリアの反政府派への財政支援、監督、武器の提供という任務を湾岸地域の王制に委ねることによって、オバマは、シリアの反政府派の中でジハード派集団が徐々に支配的になっていく情勢が生み出されるままにしたのだった。産油国の王制から優先的に財政支援を受けるのは、反政府派の中のジハード派であるからである。ヨーロッパも、この事態に対して、それを放置することによって自らの無力さを立証した。たとえば、フランスは、少なくとも言葉の上では、シリアの反政府派に対する最も精力的な支援を表明した。しかし、この支援は現実に転化されることはなかった。ヨーロッパは、いつも通りに、アメリカに追随したが、独自の政策を展開することはなかった。ヨーロッパは、アメリカが拒否して実施しなかったことを行うべきであった。なぜなら、難民の危機であれ、テロの危機であれ、その結果が最も直接に及ぶのはヨーロッパ自身だからである。

トランプ政権の中東政策の矛盾

問――ドナルド・トランプは矛盾に陥っていないでしょうか？　シリア問題について、彼は、ロシアを支持しているようですが、反イランの立場に立つ発言を続けています。ところが、イランはロシアと同盟しています。彼はこの矛盾をどのように解決しようとするのでしょう？

アシュカル――実を言うと、矛盾はロシアの側の方が大きいように思われる。ドナルド・トランプとウラジーミル・プーチンはともに、イスラム嫌いであることや「文明の衝突」的な世界観をもつという点では、共通している。矛盾は、ロシアが、シリアでは、レバノンのヒズボラやイラクのシーア派のような原理主義派と手を結んでいるイランと同盟しているという事実にある。戦場で政権の側に立って状況をコントロールしているのがヒズボラ派などであることが分かれば、シリア政権が原理主義に反対する防波堤なのだと主張することは、いかなる点からしてもでたらめだということになる。

ロシアがイランに反対してアメリカと共同の戦線を形成するということを、トランプ新政権が、自身の公約である米ロ関係の劇的な改善のための条件にするということは、予測し得ることである。これは、シリア現地での再編成を意味するのであって、テヘランが送り込んだ諸勢力のシリアからの追放へと向かうことになる。ドナルド・トランプの政策が予測不可能であるという点を考慮に入るべきだが、以上が論理的に推測されることだ。

問――あなたは次のように書いています。「もし（シリアにおける和平の実現を通じて）この種の急進的民主主義の経験が広がり、それがシリアから近隣諸国へと拡大していくようなことにでもなれば、それは、アメリアが支配する地域の秩序にとって、ＩＳＩＳが表す脅威よりもはるかにずっと大きな脅威となるだろう」と。これに関してあなたが言いたいのはどういうことでしょうか？

アシュカル――サウジ・アラビアにとって、イスラム国は軍事的な公害ではあっても、反対モデルではけっしてない。両者のイデオロギー的インスピレーションは、共通していて、「ワッハーブ主義」と一般に称されているイスラムに関する最も反動的な解釈なのである。それとは反対に、真の民主主義革命は、サウジアラビアの指導者たちにとってはるかに深刻な脅威となるだろう。だから、シリア革命を最も強硬なイスラム原理主義の中に埋没させてしまうために、アサド政権と湾岸諸国の王制との間の利害の一致が見られるのである。シリアで決起が始まった最初の数か月の時期に、バシャル・アル・アサドは、シリアの刑務所に収監されていたジハード派の戦士を、反政府派の中で活動させるために、釈放した。湾岸諸国の王制の側も、シリアの反政府勢力の中で原理主義グループの発展を促進するために全力を傾けた。

問──エジプトについては、シシ元帥は、あなたが書いているように、権力掌握以降、大々的な抑圧を行っているのに、西側から実に寛大な評価を受けています。人々は、混乱よりも強固な権力の方を好むのでしょうか？

アシュカル──混乱よりも強固な権力の方を好む者は誰であろうと、混乱へとまっしぐらに至るのが独裁というものだという点を理解していないのである。それはイロハだ。われわれは、そのことをリビアでもシリアでも見てきた。冷戦以来、西側はアラブ世界において専制的政権との関係をとりわけ大切にして来た。しかしながら、二〇一一年になると、西側各国政府は、この地域の民主運動への支持を表明したように思われた。しかしながら、西側は、たちまちその本性に戻ってしまい、仕方なく再び独裁者と取引するようになっている。

シシはエジプトにおける大きな爆発の諸条件を作り出しつつある。この爆発は、再度のタハリール広場ではなく、まさにより悲劇なものとなろう。二〇一三年七月三日のクーデターの翌日、EUが介入して、軍部とムスリム同胞団とを妥協させようと試みたが、シシはいっさいの妥協を拒否した。それ以降、彼は、西側の圧力に対抗するためにモスクワとの関係を築いた。すると、すぐさま、ヨーロッパ各国政府がはこの野蛮な指導者との関係正常化の樹立というこの不快なショーを演出した。残念なことに、エジプトがすでに莫大な負債に陥っていて、深刻な経済危機に苦しんでいるのに、フランスは先頭に立ってシシにラファール戦闘機を販売している。

希望はいぜんとして可能だ

問――アラブ世界は常に軍部とジハード派との間には挟み込まれて両方から締め上げられて身動きできない状態におかれています。この事態を避けるための希望はどこのにあるのでしょうか？

アシュカル――私は楽観主義と希望とを区別している。残念ながら、今日、楽観主義的になるいかなる根拠もない。だが、「アラブの春」という素晴らしい経験を積み、旧体制と原理主義派という二つの反革命の極に対するオルタナティブを築き上げる能力をもつ世代が生まれている。この世代の中に、二〇一一年に目覚めた解放の希望の潜在的可能性が存在しているので、希望はいぜんとして可能である。それは、シリアのような国にとってさえもそうである。二〇一一年に決起した青年の多くの部分が出国して亡命していることを喜ばなければならない。これらの青年たちは、こうして生き残り、政治的変革の潜在的能力を保持することができている。とりわけ、もしわれわれが、長期にわたる政治的変革のまだまったくの端緒にいるのだという点を忘れなければ、事態は容易ではないが、不可能ではない。

訳者あとがき

寺本勉／湯川順夫

本書は、以下のジルベール・アシュカルの最新の著作の翻訳である。

Gilbert Achcar *Morbid Symptoms, Relapse in the Arab Uprising* SAQI. London, 2015.

この邦訳では、原著が二〇一五年に出版された点を考慮し、二〇一七年の今日に最新の情勢についてアシュカル本人が語っているインタビューを最後に補足しておいた。短いインタビューであるが、アメリカのトランプ新政権後の中東情勢、そしてとりわけ、サウジアラビアとカタールの最近の対立を語ったものである。特に後者の問題は、今回の事態を予測する分析が本書においてすでになされていて、あらためてアシュカルの分析の的確さを証明するものとなっている。

著者のジルベール・アシュカルは、レバノン生まれで、アラブ中東問題ならびに世界の軍事問題の専門家であり、現在は、ロンドン大学のオリエント・アフリカ研究学科の開発・国際関係担当の教授を務めている。しかし、彼は研究者であるだけではなくて、同時にアラブ地域全体の解放を目指す運動の中で一貫して活動してきた実践者でもある。その意味で、彼の分析は、鋭いばかりでなく、アラブ現地の運動を知り尽くしたところから来る深い知識に裏打ちされた実践的教訓にも富んでいる。

日本では、アシュカルの著作は次の二つが、邦訳・出版されている。

・『野蛮の衝突―なぜ21世紀は、戦争とテロリズムの時代になったのか?』(作品社、二〇〇四年)

・『中東の永続的反乱 - イスラム原理主義、パレスチナ民族自決・湾岸戦争・イラク戦争』(柘植書房新社、二〇〇八年)

アシュカルの基本的立場

本書のテーマである、「アラブの春」はどこへ? という問題に対するアシュカルの分析を紹介する前に、アシュカルがアラブ・中東の問題をどのように捉え、解放をどのように展望しているのか、を簡単に紹介しておこう。

第一に、彼はアラブ地域全体を、言語や文化やその歴史からして、ひとつの有機的な地域世界として捉える。その意味で、彼は、この地域の解放を、パレスチナ解放闘争を軸とするアラブ世界の統一した解放によるアラブ全体の革命として展望する。アラブ地域の有機的統一性を認めるからと言って、彼が、イスラム世界が均質的な世界であるとするステレオタイプのイスラム観に立っているわけではないし、イスラム主義に反対する彼の解放の展望には、アラブ世界の中のクルドをはじめとする民族的少数派やユダヤ人やキリスト教徒をはじめとする宗教的少数派の自決権の承認が重要な要素として組み込まれている。

アラブ世界総体を一つのまとまりとして捉えるということは、しかし、アラブ世界を世界の他の地域とまったく隔絶された異質の世界として捉えることを意味してはいない。それは、歴史的に帝国主義の支配を免れてきたわけではないし、今日では新自由主義的グローバリゼーションのもとにある世界資本主義に組み込まれている。そこには、世界資本主義のもとにある南の世界に共通する諸矛盾があり、労資の対立、女性の抑圧に対する抵抗、民主主義と自由を求める運動が存在している。こうした観点とは対照的なものが、アシュカルが序章の中で指摘しているように、フランシス・フクヤマに代表されるようなイスラム世界に対するステレオタイプな見方である。これでは、イスラムの世界が、基本的にイスラム原理主義に支配されていて、民主主義的価値観と相容れない世界であり　イスラム世界の人々は、イスラム原理主義によるテロリズムを支持しているのだ、ということになってしまう。このような見方こそ、欧米のイスラム憎悪、反イスラムを醸成するものである。

もちろん、この地域が同じように今日の新自由主義の世界資本主義に組み込まれている点で、他の南の地域と共通性を持っているからと言って、アシュカルはアラブ世界の国家のあり方の固有の性格を否定しているわけではない。むしろ、この地域の根本的変革を展望する上で、この特異性をしっかりと考慮に入れておくべきだと彼は主張するのである。アシュカルは言う。「二〇一一年以前のアラブ地域は、縁故資本主義（クローニー・キャピタリズム）という全般的な経済的環境において、家産制的国家が優勢であることによって特徴づけられていた。これは、……それが王政であるか「共和制」であるかにかかわりなく、まさに本当に、家産制的国家なのである。……そのような家産制的国家――アラブの王国八か国および二〇一一年以前のリビアとシリア――では、支配的一族がどうみても国家をほとんど「所有」している。一族は自分たちの支配を維持するために近衛兵の最後の一兵まで戦う」（本書22頁）。これこそが「アラブの春」に決起した民衆が対峙しなければならなかった体制であった。

アシュカルの分析のもうひとつの重要な視点は、歴史的な変化の中でアラブ世界を捉えることである。変わらぬ昔からずっとイスラム主義が社会の中に強固に根を張り続けている不変の世界としてアラブ世界を捉えることもまた、ステレオタイプの固定したイスラム世界観にならざるを得ない。これに対して、アラブ世界では、少なくとも第二次世界大戦以降、ずっと一貫してイスラム主義が前面に出ていたわけではなく、一九五〇年代から一九六〇年代で支配的だったのはむしろ、エジプトのナセルに代表されるアラブ民族主義の流れであり、それに対する少数反対派としての共産党であった。その後、アラブ民族主義の限界が露呈し、共産党の路線が破産した結果としてはじめて、イスラム主義が前面に出るようになり、それが「アラブの春」の直前まで続いてきた。アシュカルは、このように歴史的変化の中で一貫してアラブ世界を捉えようしているのである。

「アラブの春」とは何だったのか？

アシュカルは次のように指摘する。「アラブの春」に先立つ二〇世紀末から二一世紀はじめにかけて、アラブ地域全般にわたって、社会の閉塞状態が深まり、社会的矛盾が充満し、それが爆発寸前にまで達していた。独裁体制のもとで、言論の自由と民主主義が圧殺され、労働組合の権利や女性の権利などの民主的な権利の抑圧が続いていた。支配的一族による国家の私的支配は、新自由主義的グローバリゼーションのもとで、少数の支配的エリート層のみが国の富を独占して豊かになっていくのに対して、青年の失業率はきわめて高かった。社会の不平等が極端にまで拡大し、腐敗が横行していた。グローバリゼーションの下で、人々の生活もまた困難をきわめていた。上からの家産的資本主義を支える膨大な国家の行政機関と公共経済部門で働く公務員大衆は、支配的エリートとは対照的に薄給にあえいでいた。食品の外国への依存が深まり、パンなどの食品価格の上昇が人々の生活を直撃した。こうした社会的危機の下で、新しい闘いが始まりつつあった。パンをはじめとする食料品価格の高騰に端を発した暴動が間欠的に起こるようになっていて、チュニジアやエジプトを中心に労働者のストライキ闘争が見られるようになっていた。民衆の切実な要求に根ざしたこうした「社会運動」を担ったのは、既存の政治勢力の枠外に追いやられていた労働者、青年、女性たちであった。グローバリゼーションにもとづく経済の開放と近代化の中で、地域における教育が急速に普及し、高等教育機関を卒業する青年と女性は、大幅に増大した。しかし、こうした学生、女性に対しては、支配的一族の「コネ」がなければ、経済不振による高い失業率や女性の社会進出を阻む厳しい宗教的規制の中では、公共部門であろうと民間部門であろうと、就職口は閉ざされていた。こうして、労働者と学生と女性の連帯の基盤が形成されていった。王制であるか共和制であるか、世俗派であるかイスラム主義であるかを問わず、既存の各国の政治体制に反対する、これらの新しい社会勢力は、独裁体制に対して自由と民主主義を求め、イスラエルの侵略に反対しパレスチナ連帯闘争を展開するだけでなく、賃上げ、労働組合の権利、女性の権利という社会的要求をも掲げて、闘いを開始していた。これらの新しい政治勢力の共闘を作り上げていく上で、大きな役割を果たしたのは、最先端の情報技術である。独裁体制の厳しい検閲の網の目をかいくぐるために、人々は、インターネットや携帯電話などの最新の情報端末を駆使して、相互に情報を交換し、意見の交換と討論を行い、相互に連帯する広範なネットワークを形成するようになっていた。

この問題でアシュカルが指摘するもうひとつの重要な点は、こうした労働者、青年、女性の新しい社会運動の発展とは対照的に、「アラブの春」に至る過程で、イスラム原理主義の勢力の影響力がむしろ後退し始めていたということである。かつてのアラブ民族主義とマルクス主義の運動に代わってアラブ地域で支配的影響力をもつようになっていたイスラム原理主義は、新自由主義の経済に真に対置するものをもっていなかった。せいぜいのところ、その経済における腐敗を道徳的に非難し、慈善活動を唱えるだけにとどまっていた。それはとうてい、富の大々的な再分配にもとづく社会的公正の実現という、民衆の要求に十分に応えられるものではなかった。

こうして、「アラブの春」は、新しい政治的勢力によって担われ、その内部に社会的要求を内包しつつ展開された。その意味で、この運動の中で、イスラム主義の政治勢力が前面に出ることはなかった。

「アラブの春」はどこへ

二〇一一年にチュニジアからはじまり、エジプト、リビア、そしてアラブ全域に一気に広がった「アラブの春」の運動は、世界の多くの人々の心をとらえた。一九八九年の「ベルリンの壁」の崩壊以降、民衆が決起して独裁体制を倒す民衆蜂起のようなことは、「二〇世紀の極端な」時代の過去のことであり、そのような革命の時代は二〇世紀とともに終わったのだ、とする言説が支配的なものとなっていた。勝ち誇った支配層は、これに勢いを得て、心ならずも力関係からこれまで受け入れざるを得なかった人民のさまざまな既得権益を掘り崩す全面的な反転攻勢に打って出た。この新自由主義の全面攻勢の前に、人民の利益を守るとして来た政党や労働組合などの多くの既存勢力の指導部は闘わずして、それに屈伏していった。新自由主義の資本主義が勝利を謳歌する一方で、貧困と格差が拡大し、社会の亀裂が深まった。その中で、二一世紀になって、「アラブの春」の運動が起こったのである。この民衆の運動は、イスラム主義勢力ではなく、青年、学生、女性、労働者が中心的な担い手であり、自由と民主主義と社会的要求をかかげ、独裁体制による警察・軍隊を使った残虐な弾圧にもけっして屈することなく闘い抜いた。チュニジア、エジプトでは、暴力的弾圧にも屈しない圧倒的な民衆の包囲によって、警察と軍隊の機構は動揺し、分解の危機に直面した。民衆自身が自分たちの地区の人々と生活を自衛武装して守ろうとする地区委員会の運動も端緒的に始まりつつあった。そこにはまさしく、民衆の大衆的決起に伴って、いつの時代にも生み出される革命の「端緒的」形態が見られた。革命は、過去のものではなく、いぜんとして今日のものではないのか、多くの人々が、「アラブの春」に期待し、希望を託した。

だが、人々のこうした期待に反して、この民衆反乱は、そのまま発展することなく、「イスラム国」の台頭、シリア内戦の激化に見られるように、中東全体が再びアラブの春以前の状態に舞い戻ってしまったかのようである。一体、「アラブの春」はどうなってしまったのか、どこへ行ってしまったのだろうか？　民衆の運動の後退は長期にわたって続くのだろうか？　多くの人々が抱くこの疑問に対して、アシュカルは、本書においてその解明を試みている。

ではアシュカルはどう分析しているのか？　だが本書の内容はここで詳しく述べる必要はな

い。それは本書で詳しく展開されている。ただ一つだけ、アシュカルが今日のアラブの基本的な政治的対立の構造をどのように捉えているという点を指摘しておきたい。それは、「アラブの春」に代表される労働者、青年、女性の革命派を一方の極としながら、他方で、それに敵対する各国の既存の政権とイスラム主義派という二つの極が存在し、この三つの極の間の政治的対立構造がアラブにおいて成立しているというものである。二〇世紀の最後の四半世紀において、既存の各国政権に対する抵抗を主として体現したのは、イスラム主義派であった。それに対して、「アラブの春」は、イスラム主義派に代わって、革命派が前面に出た大衆運動であった。しかし、アシュカルが本書の述べているように、二〇一三年のシリアにおけるイランによるアサド政権への強力な軍事的支援のてこ入れ以降、それまで反政府派の攻勢に押されて窮地にあったアサド政権が反攻に転じると、「アラブの春」に対する揺り戻しが始まり、このシリアにおける情勢の転換は、エジプトの政治情勢に跳ね返っていった。以降、アラブ全体の情勢は、革命派が後景に追いやられ、イスラム派と既存政権派との対立が前面に出ることになった。こうして、「アラブの春」は、挫折し、今日、「アラブの冬」を迎えることとなってしまった、とアシュカルは言うのである。ただ、彼は、「アラブの春」に見られたアラブ全域の革命過程は長期にわたる過程であるとみなしていて、現在が揺り戻しの局面に入っているからといって、けっして悲観的な立場には立っていない。長期的展望に立って、革命派の極を強化していく必要がある、としているのである。

本書について、編集者であり、訳者の友人でもある川出勝氏が、本書の編集・出版に意欲を燃やしていたのだが、彼の突然の死によってそれはかなわなくなってしまった。それでも、なんとか、本書の出版にまでこぎつけることができた。本書を川出勝氏に捧げたい。

訳者あとがき

訳者紹介

寺本　勉（てらもと　つとむ）
1950年生まれ。元高校教員。ATTAC Japan会員、ATTAC関西グループ事務局員。
翻訳書
「市民蜂起　ウォール街占拠前夜のウィスコンシン2011」ジョン・ニコルス著（かもがわ出版）2012年（共訳）
「台頭する中国　その強靭性と脆弱性」區龍宇など著（柘植書房新社）2014年（共訳）

湯川順夫（ゆかわ　のぶお）
1943年生まれ。翻訳家。Attac Japan会員。
翻訳書
『野蛮の衝突――なぜ21世紀は、戦争とテロリズムの時代になったのか？』ジルベール・アシュカル著（作品社）2004年
『マルクス〔取扱説明書〕』ダニエル・ベンサイド著（柘植書房新社）2013年（共訳）など

アラブ革命の展望を考える――「アラブの春」の後の中東はどこへ？

2018年1月20日　第1刷　定価3200円＋税

著　者　ジルベール・アシュカル
訳　者　湯川順夫・寺本勉
装　丁　株式会社オセロ
制　作　有限会社越境社
印　刷　株式会社紙藤原
発　行　柘植《つげ》書房新社
113-0001　東京都文京区白山1-2-10　秋田ハウス102号
TEL.03(3818)9270　FAX.03(3818)9274
http:/www.tsugeshobo.com　郵便振替　00160-4-113372
乱丁・落丁はお取り替えいたします　ISBN978-4-8068-0706-3